BIBLIOTHÈQUE NATIONALE

Les Hommes de la République & de l'Empire

LAZARE HOCHE

D'APRÈS

SA CORRESPONDANCE ET SES NOTES

PAR

CLAUDE DESPREZ

RES NON VERBA
(devise de Hoche).

PARIS
J. DUMAINE, LIBRAIRE-ÉDITEUR
Rue et passage Dauphine, 30

LAZARE HOCHE

ANGERS, IMP. DE COSNIER ET LACHÈSE.

LAZARE HOCHE

D'APRÈS

SA CORRESPONDANCE ET SES NOTES

PAR

CLAUDE DESPREZ

RES NON VERBA
(devise de Hoche).

PARIS
J. DUMAINE, LIBRAIRE-ÉDITEUR DE L'EMPEREUR
rue et passage Dauphine, 30

Mourir jeune, c'était, au dire des anciens, le dernier bienfait que les dieux pussent accorder à l'homme qu'ils aimaient. Ils l'enlevaient ainsi aux inquiétudes, aux afflictions, aux misères de la vie, et les regrets le suivaient dans la tombe.

Si cet homme avait déjà donné des espérances, s'était fait remarquer par de grands talents, par de belles actions, l'imagination excitée achevait la carrière comme il l'avait commencée, elle le voyait parcourir un champ immense, elle entendait les mille bouches de la renommée proclamer son nom, la gloire resplendissait autour de lui, on lui dressait des statues..... s'il eût vécu, que n'eût-il pas fait?

Ainsi pensera la postérité sur Hoche. Général, organisateur, administrateur, politique, homme d'État, il avait montré tous les talents d'un grand homme, toutes les qualités d'un homme de bien, et quand il mourut, il n'avait que 29 ans.

C. Desprez.

PREMIÈRE PARTIE.

Dunkerque. — Landau. — 1793.

CHAPITRE Ier.

Jeunesse de Hoche. — Ses commencements.

Quand, en suivant la large avenue de Paris, on arrive devant le château de Versailles, que l'on débouche sur la vaste place que forment les Petites-Ecuries et les grilles du château, que l'on a devant soi le palais qui se déploie, et la cour profonde au milieu de laquelle Louis XIV, à cheval, le bras étendu, donne encore des ordres à ses maréchaux qui l'entourent, on s'arrête saisi : c'est la majestueuse grandeur de la royauté.

A quelques pas de là, sur une petite place de forme ronde, d'aspect sévère, s'élève un piédestal sans ornement, une statue modeste : c'est Hoche, c'est la simplicité forte de la république.

Lazare Hoche naquit à Versailles le 24 juin 1768(1). Son père, ancien militaire, était garde-chenil du roi. Sa mère mourut lorsqu'il n'avait que deux ans. Il fut élevé par une tante marchande de légumes à Montreuil. A l'école et dans les combats qu'ils se livraient, Hoche était le premier des enfants de son âge. Le curé de Saint-Germain le remarqua ; il le prit pour enfant de chœur et lui donna quelques notions de latin. A quinze ans, Hoche entra comme palefrenier surnuméraire dans les écuries de Versailles. Un livre de voyages qui lui tomba sous la main, lui inspira le désir de voir des contrées lointaines, et il voulut s'engager dans un des régiments qui servaient dans les colonies. Le sergent recruteur auquel il s'adressa le trompa, et au lieu d'être envoyé aux Grandes-Indes, Hoche se trouva incorporé dans les gardes-françaises. Il y fut le bien venu ; il avait commencé par dépenser le prix de son engagement pour payer à boire à ses camarades. Vif et intelligent, Hoche ne mit qu'un mois à apprendre les détails de l'exercice, et il passa à l'étude des

(1) Rousselin, *Vie de Hoche*. — Hoche, *Rép. à la dénonciation de Hudry* (22 sept. 1793). — Champrobert, *Vie de Hoche*.

manœuvres. Les grenadiers de la caserne de Babylone le désignèrent à leur chef, et Hoche prit rang parmi eux.

La révolution se préparait ; les esprits étaient remués ; on s'attendait à de grands événements ; tous, même les humbles, voulaient être en état d'y jouer un rôle. Hoche fut pris de la passion de s'instruire. Mais comment, avec sa paie de soldat, en trouver les moyens ? Hoche se mit à broder des bonnets de police et des vestes qu'il vendait dans un café auprès du pont Saint-Michel, et l'été venu, il parcourait les campagnes autour de Paris, tirant de l'eau ou bêchant la terre pour les jardiniers. Les livres lui coûtaient assez cher pour qu'il en profitât : d'ailleurs, une de ses grandes qualités, c'était l'ordre, et tout d'abord, il avait compris la puissante fécondité du précepte : *Fais ce que tu fais*, et l'appliquait avec rigueur. Aussi les connaissances qu'il acquérait se classaient nettement, et son esprit se développait avec méthode : l'expérience pressée que donnent les temps de trouble allait bientôt achever de le former.

Toutefois, le goût de Hoche pour l'étude ne l'éloignait pas de ses camarades. Il trouvait encore des épargnes pour aller, de temps en temps, réchauffer les sentiments d'une franche cordialité, en vidant avec eux une bouteille d'un généreux vin.

Hoche ne recherchait que les braves: « Les braves, disait-il, sont les meilleurs. » Tout dévoué à ses amis, il embrassait aveuglément leurs querelles. Un jour l'un d'eux, dans une rixe aux portes de Paris, avait été tué ; Hoche voulut le venger. Il se rendit chez le meurtrier, et ne l'ayant pas rencontré, il renversa tout dans sa maison. Plainte portée, Hoche fut mis en accusation et condamné à trois mois de prison : quand il en sortit, il n'avait plus de chemise, ses habits étaient en lambeaux, sa figure hâve et décharnée. Ses camarades exaspérés voulaient faire un mauvais parti au rapporteur de l'affaire ; Hoche les retint. « A quoi bon, leur dit-il, ce ne serait qu'un mal de plus ! »

Dans le régiment, se trouvait un caporal haï de tous, parce que c'était un délateur, et en même temps redouté de tous, parce qu'il passait pour très habile aux armes. Hoche le provoqua, en reçut une blessure au front sur le côté droit, mais lui enfonça dans le corps son sabre jusqu'à la garde.

Les premiers frémissements annonçaient l'approche de la révolution. « Il faut opposer à la canaille les enfants de la canaille, » disait le marquis Du Châtelet, le colonel du régiment, et on consigna les gardes-françaises. Mais il fallait occuper les troupes retenues dans leurs casernes. On imagina de changer l'ordonnance et de donner aux soldats de nouvelles manœuvres à étudier. Les plus intelligents instruisaient les autres : Hoche était du nombre, il avait été fait caporal.

Un jour que, pour se distraire, les grenadiers s'étaient mis à chanter et à danser, leur gaieté, prise pour de la raillerie, offensa quelques officiers; ils demandèrent le nom des coupables : Hoche refusa de les désigner. On le menaça de l'envoyer à l'Abbaye. « Vous m'enverrez où vous voudrez, répondit-il, mais je vous préviens qu'il vous faudra agrandir les prisons si vous voulez y renfermer tous les rieurs ! » Cette hardiesse passa impunie.

Hoche avait les traits grands et réguliers, la figure douce, mais relevée par la cicatrice qui lui partageait le front, la taille haute et élégante, les épaules larges mais effacées, l'air noble.

« Quel beau général on ferait de ce jeune homme! » s'était écriée une dame de la Cour, en le voyant passer. Le temps allait lui donner raison.

CHAPITRE II.

La révolution. — Première campague.

La révolution avait commencé le jour où M. de Brézé venant, de par le roi, sommer les députés du Tiers-État de se séparer, Mirabeau, pour réponse, lui avait jeté ces audacieuses paroles : « Allez dire à votre maître que nous sommes ici par la volonté du peuple, et que nous n'en sortirons que par la puissance des baïonnettes ! »

Elle avait continué le jour où Paris, tenu en respect par le canon de la Bastille, s'était irrité de cette menace permanente, s'était soulevé, avait assailli et enlevé la vieille forteresse.

Ce jour-là, le peuple ne combattait pas seul : les gardes-françaises s'étaient jointes à lui; elles avaient formé la tête de ses colonnes; elles l'avaient conduit. Hoche n'était pas avec ses camarades. Ardent et décidé, sans doute, il n'avait pas été le dernier à adopter les nouvelles idées, mais soldat, il les avait soumises à ses devoirs militaires, et le 14 juillet, il défendait à la rue Verte, contre des flots d'insurgés, les canons et le dépôt de son régiment (1).

Lafayette avait distribué les gardes-françaises dans les différentes divisions de la garde nationale ; elles formaient les compagnies soldées et étaient chargées de la police de Paris ; Hoche en faisait partie : ses camarades l'avaient nommé sergent-major.

Le 5 octobre 1789, la générale bat dans tous les quartiers, la garde nationale accourt ; une multitude confuse remplit la place de Grève et les rues voisines ; ses flots houleux viennent battre le pied de l'hôtel-de-ville. Du milieu du tumulte s'élèvent des cris : « Du pain ! Vive Lafayette ! A Versailles ! » Lafayette craignant les désordres auxquels, à Versailles, cette foule peut s'abandonner, cherche à la retenir. Mais puisqu'il refuse de la conduire, elle se passera de lui, et une colonne de femmes, d'enfants se met en marche. Lafayette l'apprend vers cinq heures du soir. Aussitôt il part avec la garde nationale. Les malheurs qu'il redoute,

(1) Le marquis de Saint-Fère, *Prise de la Bastille.*

il arrivera peut-être encore à temps pour les empêcher. Il est à Versailles à 10 heures, mais le roi se défie de lui, se défie de ses troupes ; il ne laisse à leur garde que des postes extérieurs et d'un côté seulement du château (1). Lafayette, après avoir passé la nuit à prendre des mesures de toute sorte, se reposait quelques instants, lorsqu'on vient lui dire que la foule a forcé la grille du côté occupé par les gardes-du-corps et les suisses, et qu'elle se précipite vers le château. Sans perdre de temps, il envoie à la garde nationale l'ordre de marcher en avant. Elle était en bataille : Hoche et ses camarade s'élancent ; ils trouvent le palais envahi, et les malheureux gardes-du-corps se réfugiant de chambre en chambre, luttant et mourant pour donner à leurs maîtres le temps de se soustraire au danger. Ils ont barricadé une porte et défendent contre l'émeute ce dernier obstacle. « Ouvrez, leur dit Hoche de sa douce voix, les gardes-françaises n'ont pas oublié que vous les avez sauvés à Fontenoy (2) ! » Et la multitude est chassée du château, et Louis XVI et sa famille sont à l'abri du péril.

Le roi avait été amené à Paris, il semblait captif aux Tuileries. Ses partisans cherchaient par tous les moyens à exciter la pitié publique en sa faveur ;

(1) Mémoires de Lafayette, *Relation de l'affaire des 5 et 6 octobre 1789*. — (2) Michelet, *Histoire de la Révolution*.

dans les spectacles, ils saisissaient avec empressement tout ce qui pouvait être tourné en allusion : leurs manifestations provoquaient celles des *patriotes* et amenaient des troubles. Hoche, chargé de maintenir l'ordre au Théâtre-Français, fit arrêter un de ceux qui se faisaient remarquer par leur turbulence ; cet homme lui jeta une grossière injure à la face. Jour fut pris, duel convenu, mais, sur le terrain, l'affaire s'arrangea. L'adversaire de Hoche était le boucher Legendre, devenu depuis fameux dans la révolution : Legendre avait pour témoin Danton (1).

L'hôpital des gardes-françaises était mal géré, les comptes embarrassés. Hoche fut choisi par ses camarades pour les débrouiller : il se tira avec honneur de cette difficile besogne, et après cet essai d'administration, il rentra dans les rangs (2).

Les gardes-françaises avaient été de nouveau réunis en régiments. Dans une revue, un peloton frappa le ministre de la guerre Servan, par sa tenue, la précision et l'ensemble de ses mouvements : c'était Hoche qui le commandait. Le lendemain, il reçut un brevet de sous-lieutenant dans le régiment de Rouergue, alors en garnison à Thionville (3).

Mais ce n'était plus seulement les résistances

---

(1) Rousselin, *Vie de Hoche*. — (2) Hoche, *Réponse à la dénonciation de Hudry*. — (3) Rousselin, *Vie de Hoche*. — Hoche, *Réponse à la dénonciation de Hudry*.

intérieures que la révolution allait avoir à vaincre, c'était toute l'Europe. Les rois s'étaient coalisés pour l'étouffer. Hoche prit une part des plus actives à cette première de nos campagnes, étonnante par les succès que des soldats improvisés commencèrent par remporter, et triste par les revers qu'à la fin ils éprouvèrent.

Hoche était de cette petite armée de Dumouriez, qui passa hardiment devant l'ennemi pour venir occuper les défilés de l'Argonne et couvrir la France ; qui ensuite, forcée à une de ses ailes, se contenta de se retourner et ne craignit pas de laisser libre la route de Paris, sûre que les Prussiens n'oseraient s'y engager tant qu'elle resterait derrière eux. Hoche, à la retraite de Grandpré, était à l'arrière-garde : nos troupes qui voyaient l'ennemi pour la première fois, se troublaient ; des bataillons étaient prêts à se débander ; Hoche, quoique dans les grades inférieurs, les rallia et les maintint (1). Dumouriez s'établit à Sainte-Ménéhould, et, adossé aux forêts, attendit les renforts que lui amenaient et Beurnonville et Kellermann. Nos soldats, nouveaux au feu, le soutinrent à Valmy, et les Prussiens ne pouvant avancer, reculèrent.

La victoire de Jemmapes avait ouvert la Bel-

(1) Bergounioux, *Réclamations de Hoche au Ministre de la guerre.*

gique ; les Français étaient arrivés presque sur la Meuse, jusque sur la Roër ; on assiégea Maestricht. L'armée des Ardennes attaquait par la rive droite de la Meuse ; Hoche battait la campagne pour lui procurer des vivres et des fourrages. Tout à coup les Autrichiens, repoussés jusque vers le Rhin, reprennent l'offensive, passent la Roër, attaquent à Aldenhoven les divisions qui couvrent le siége et les poussent en désordre sur Liége. Il n'y a pas une minute à perdre pour éviter un désastre ; il faut au plus vite repasser la Meuse. Hoche est chargé d'évacuer les magasins et l'artillerie presque sous les yeux de l'ennemi ; il le fait avec tant de promptitude et de bonheur qu'il ne laisse pas un canon aux mains des Autrichiens (1). Le général Leveneur, témoin de son activité, se l'attacha comme aide-de-camp ; c'était le commencement d'une liaison qui devait durer autant que la vie de Hoche.

Le général comte Leveneur, d'une vieille famille de Normandie, avait, comme tous les grands seigneurs du xviiie siècle, adopté les idées nouvelles, mais comme un petit nombre d'entre eux, il y était demeuré fidèle, et même il les défendait les armes à la main. Il devina Hoche et fut pour lui plus qu'un ami, un père. Ce jeune homme ardent, plein de

(1) Bergounioux, *Réclamations de Hoche au Ministre de la guerre.*

cœur et d'une volonté si ferme lui inspira un vif intérêt ; il voulut le mettre en état d'occuper dignement les postes élevés où tant de qualités ne pouvaient manquer de le porter ; il lui enseigna les manières polies d'une société que Hoche n'avait pu connaître ; il l'engagea plus d'une fois à traiter par écrit certains sujets dont ils s'étaient entretenus, autant pour se préciser ses idées à lui-même, que pour s'habituer à en rendre compte, et le général Leveneur corrigeait lui-même ces essais (1). Toujours il resta pour Hoche un conseil plein de modération, un guide éclairé et sûr.

Cependant, l'armée n'avait pu tenir derrière la Meuse : pressée par l'ennemi, elle se repliait sur Louvain, sur Bruxelles, lorsque Dumouriez qui était allé tenter une expédition en Hollande, arriva. Il redonna de la confiance aux soldats, les reporta en avant, et attaqua les Autrichiens à Nerwinden. Il ne tint pas à Leveneur et à son aide-de-camp que l'ennemi ne fût battu ; Hoche, ce jour-là, perdit deux chevaux et fut blessé (2). Mais tandis que l'aile droite où il combattait, si elle n'enlevait pas les hauteurs occupées par les Autrichiens, du moins se maintenait, la gauche était mise en déroute ; il fallut ordonner la retraite. Pour la couvrir, Hoche, au

(1) Bergounioux, *Vie de Hoche*.
(2) Id., *Réclamations de Hoche au Ministre de la guerre*.

passage de la Dyle, en avant de Louvain, lutta toute une journée. Son cheval avait été tué, et c'était à pied qu'il ralliait les troupes et les ramenait sans cesse au combat (1). Enfin l'armée regagna la frontière, et Leveneur s'établit au camp de Maulde.

Dumouriez n'attribuait sa défaite qu'au gouvernement qu'il accusait de désorganiser tous les services ; il voulait marcher sur Paris, renverser la Convention, et, à sa place, rétablir un roi. Déjà il s'était entendu avec les Autrichiens, déjà il avait fait arrêter les commissaires qui venaient lui demander compte d'une lettre insolente qu'il avait écrite à la Convention ; mais, quand il s'adressa aux troupes, qu'il voulut les entraîner, elles refusèrent de le suivre. Dès lors, il n'avait d'autre parti à prendre que d'émigrer, il le fit.

En présence de l'ennemi, le soldat n'a qu'un devoir, lui faire face et couvrir le sol de la patrie. Hoche l'avait compris, Hoche l'avait dit, et sa brûlante parole, sans doute, n'avait pas peu contribué à faire échouer les projets de Dumouriez. Quelques jours après la défection de ce général, on saisit une lettre qu'écrivait un de ses officiers, on y lisait : « Les volontaires désertent et fuient de toutes parts, et la Convention croit qu'avec de tels soldats elle

(1) Bergounioux, *Réclamations de Hoche au Ministre de la guerre.*

peut faire la guerre à toute l'Europe! je vous assure qu'elle sera bientôt détrompée. » Hoche y fit cette réponse qui fut affichée à la porte du camp: « Eh bien! vous l'avez lu! on vous abandonne et l'on vous livre, parce que l'on craint de succomber avec vous : ainsi la trahison cherche son excuse dans la lâcheté : le crime veut s'absoudre par la honte..... S'il en est parmi vous qui se troublent aussi devant un danger qu'on exagère, qu'ils répondent à l'appel de ces traîtres et portent loin de nous la contagion de la peur. Le brave veut près de lui un brave qui le venge ou le suive. Hors des rangs ceux qui tremblent! La force de l'armée est dans le courage et non dans le nombre de ceux qui se pressent autour du drapeau (1). »

L'attitude si décidée de Hoche pendant ces moments d'incertitude et de doute le fit choisir pour aller en porter les détails à la Convention. A Paris, Hoche se vit recherché, questionné par les hommes les plus fameux de la révolution : il y avait dans cet empressement dont il était l'objet de quoi tourner la tête de tout autre, mais Hoche n'était sensible qu'aux maux de la patrie ; le spectacle des luttes et des déchirements intérieurs, quand le danger public commandait de faire taire tous les ressentiments, l'affligeait; il s'en revint tout triste à l'armée. Il

---

(1) Bergounioux, *Vie de Hoche*.

avait été nommé chef de bataillon; il renonça au bénéfice de ce grade, pour rester aide-de-camp du général Leveneur.

L'ardeur entraînante de ce jeune homme, son ton résolu et plein de conviction, avaient vivement frappé un des membres les plus influents de la Montagne, Couthon. Il avait demandé à Hoche de lui envoyer par écrit ses idées sur la défense de la frontière. Hoche travaillait à ce mémoire ; il venait de parcourir la ligne de la Meuse à la mer ; il avait vu l'armée disséminée dans une multitude de camps et réduite à un état de morcellement tel que, sur aucun point, elle ne pouvait opposer de résistance : « Notre finesse, disait-il, est toujours de placer de petits détachements là où les ennemis se sont montrés une heure. Ne rirait-on pas de pitié, si l'on voyait le commandant d'un poste de cinquante hommes mettre tous ses soldats en faction, à trente pas l'un de l'autre, afin d'éviter une surprise ? Je conviens qu'il ne sera pas attaqué sans le savoir ; mais qu'une patrouille de vingt hommes marche sur la première sentinelle, à coup sûr, celle-ci sera égorgée ou mise en fuite et ainsi des autres... » Cette dispersion était la cause des défaites qu'éprouvait coup sur coup la république. « Battus partout, ajoutait Hoche, on remarque déjà dans nos soldats le dégoût qui suit de continuelles défaites ; nous n'apercevons plus cette ardeur de combattre qui caractérise nos troupes. La joie et l'audace ne se font plus voir dans nos camps. L'œil morne de nos soldats semble dire qu'ils se voient condamnés à mourir inutilement et sans gloire. »

Le remède au mal, Hoche l'indique : « Rasons les places fortes que nous ne pouvons défendre sans nous disséminer, et plaçons-nous hardiment au centre des armées ennemies, plus forts réunis que chacune d'elles séparées ; de l'armée que nous aurons vaincue nous marcherons à celle que nous irons vaincre !.... Qu'un seul cri se fasse entendre, aux armes ! Ranimons le courage de nos soldats : réunissons les bataillons épars, qu'ils connaissent leur force ; exerçons-les souvent ; que la cavalerie voie l'ennemi ; que l'artillerie manœuvre tous les jours ; marchons fièrement ; point d'incertitude et la victoire est à nous (1). »

Hoche terminait ce remarquable travail lorsque des gendarmes vinrent l'arrêter. Quelques jours auparavant, on avait saisi au milieu de ses troupes le général Leveneur dénoncé par un de ses domestiques, et Hoche n'avait pu retenir un cri d'indignation : « Est-ce donc Pitt et Cobourg qui gouvernent, avait-il dit, que l'on prive la république de ses plus fermes défenseurs ! » Accusé d'avoir prétendu que

(1) Bergounioux, *Vie de Hoche.*

Pitt et Cobourg gouvernaient la France, il fut traduit par devant le tribunal révolutionnaire de Douay.

« Ainsi que je vous l'ai promis, citoyen, écrivit-il à Couthon, je vous fais passer mon travail sur la défense de la frontière du Nord ; ce travail est, sans doute, le fruit d'un patriotisme plus ardent qu'éclairé. mais pourriez-vous croire qu'il est d'un jeune homme traduit devant le tribunal révolutionnaire ? Quel que soit mon sort, que la patrie soit sauvée et je demeure content. Mais à chaque instant le danger augmente ; ici, chacun tremble sans aviser aux mesures nécessaires, et je viens vous prier d'ordonner qu'avant toute disposition, lecture soit faite de mon travail. Vos généraux n'ont aucun plan ; il n'y a pas aujourd'hui parmi eux un homme capable de sauver la frontière. Je vous demande donc d'être entendu, soit au comité, soit par les représentants près des armées. Qu'on me laisse travailler dans une chambre avec des cartes, les fers aux pieds, jusqu'à ce que les ennemis soient hors de France, je suis sûr d'indiquer les moyens de les chasser avant six semaines ; après, on fera de moi ce que l'on voudra (1). »

Couthon n'eut qu'à lire ce mémoire au comité de salut public : Hoche fut mis en liberté, nommé adjudant général et chargé de la défense de Dunkerque.

(1) Bergounioux, *Vie de Hoche*.

CHAPITRE III.

Siége de Dunkerque.

En déclarant la guerre à la France, les alliés avaient publié qu'ils n'en voulaient qu'à la révolution et que le roi et l'ordre rétablis, ils se retireraient satisfaits. Et cependant, maîtres de Condé, de Valenciennes, ils avaient oublié que Louis XVI avait un fils, et ils avaient pris possession de ces deux villes, non au nom de Louis XVII, mais de la coalition. C'était la part de l'Autriche; l'Angleterre voulait la sienne. Le duc d'Yorck, qui commandait son armée, se détacha du prince de Cobourg, et avec 40,000 hommes marcha contre Dunkerque.

Dunkerque, depuis les guerres malheureuses de la fin du règne de Louis XIV, était resté à peu près démantelé : en beaucoup d'endroits, le fossé n'avait pas de revêtements. L'enceinte était très étendue ; il fallait de plus occuper des forts détachés et des camps qui protégeaient la ville. Pour défendre tant d'ouvrages, ce n'aurait pas été trop de quinze mille hommes ; la garnison en comptait à peine la moitié, encore tout démoralisés, tout abattus par les défaites que nous venions d'éprouver. Les habitants formés en garde nationale pouvaient venir en aide aux troupes de ligne, mais travaillés par une foule d'étrangers qui remplissaient leur ville, on n'osait se fier à eux.

Une flottille était chargée de défendre Dunkerque du côté de la mer ; à la première apparition de l'ennemi, les marins s'insurgèrent, et forcèrent leur chef de rentrer dans le port.

Dans de pareilles circonstances, il semblait que Dunkerque ne pût manquer de tomber aux mains des Anglais.

Hoche arrive. Il ne commande pas en chef, mais il s'empare de l'esprit du général Souham et c'est lui qui ordonne tout. « La place sera brûlée avant d'être rendue (1) », écrit-il au comité de salut public. « Si la garde citoyenne entreprend de nous forcer, elle doit s'attendre à voir tourner contre elle

(1) Correspondance de Hoche, publiée par Rousselin. *Lettre du 29 août 1793.*

les armes destinées à combattre les tyrans et les traîtres (1). » Cette résolution, il la fait passer dans le cœur des soldats et les ranime, il rétablit la discipline dans leurs rangs et les mène au travail avant de les mener à l'ennemi. En même temps, il fait chasser de la ville les étrangers et les gens suspects, casser et emprisonner le commandant temporaire de la place qui agissait avec mollesse, rétablit la société populaire qui s'était dissoute, parle, écrit, excite, échauffe, *patriotise* les âmes, ramène par des exhortations autant que par des menaces les matelots à leur devoir, et les fait retourner à la station qu'ils ont abandonnée (2). Enfin, au bout de quelques jours, il peut écrire à l'adjoint du ministre de la guerre : « On nous promet des secours prompts et puissants, mais tardassent-ils quinze jours à arriver, dans l'état où, à force de travail, la place se trouve actuellement, on peut les attendre (3). »

Du côté de la Belgique, Dunkerque est couvert par des canaux et un vaste marais qui s'étend jusqu'à Furnes et qu'on nomme le Lang-Moor. Les Anglais se partagèrent; le maréchal Freytag alla prendre position à Hondschoote pour couvrir le siége

---

(1) Correspondance. *Lettre du 1er septembre 1793 au citoyen Audouin, adjoint du Ministre de la guerre.* — (2) Ibid. — (3) Ibid. *Lettre à Audouin, 1er septembre 1793.*

du côté de Lille, tandis que le duc d'Yorck s'engageait entre le Lang-Moor et la mer (1).

Les Français furent repoussés des villages qu'ils occupaient en avant de la place, et les Anglais commencèrent une parallèle qu'ils armèrent avec des pièces de la marine.

Cependant, les secours promis approchaient; Houchard et Jourdan s'avançaient avec une partie de l'armée du Nord. Le 5 septembre on entendit le canon. Aussitôt, Hoche fit une sortie vigoureuse pour retenir le duc d'Yorck dans ses lignes; il recommença le lendemain et le jour d'après; quelques bataillons seulement allèrent renforcer le maréchal Freytag.

« Mon cher concitoyen, écrivit Hoche, le 7 septembre, au commandant de la garde nationale, je pense que la générale battra aujourd'hui pour la dernière fois dans vos murs; vous voudrez bien en conséquence faire porter la garde citoyenne sur le rempart à ce signal qui sera celui de la défaite des tyrans (2). »

Et le 9, il mit à l'ordre du jour : « Ils sont enfin partis, ces vils esclaves des tyrans (3).... »

Freytag avait été forcé à Hondschoote, repoussé sur Furnes, et le duc d'Yorck qui, si Houchard eût

(1) Jomini, *Guerres de la Révolution*. — (2) Correspondance. — (3) Ibid.

eu la moindre étincelle de ce feu sacré qui embrasait Hoche, pouvait être cerné et réduit à déposer les armes, s'était hâté de sortir du mauvais pas où il était engagé, en abandonnant artillerie et bagages; le siége de Dunkerque était levé (1). Hoche avait sauvé la place; les représentants du peuple, Treilhard et Berlier, le reconnaissaient et allaient l'en récompenser, lorsqu'ils reçurent une dénonciation contre lui. Elle était de ce commandant de place qu'il avait fait suspendre et emprisonner. Hoche confondit son accusateur; Dunkerque n'eut qu'une voix pour le justifier (2). Il fut nommé chef de brigade et peu après général.

Hoche souffrait à l'idée de rester inactif tant qu'il restait quelque chose à faire; il écrivit au général Berthélemy : « J'ai été envoyé par vous à Dunkerque provisoirement; ai-je fait mon devoir? ai-je rempli vos intentions? Je crois l'avoir fait. Les ennemis ne sont plus devant Dunkerque, veuillez bien tenir votre promesse, et m'employer où besoin sera : le repos est une peine pour moi (3)! »

Mais on voulut qu'il terminât l'œuvre commencée, qu'il achevât de mettre Dunkerque en état de défense. En un mois, il traça et creusa des lignes qui

(1) Jomini. — (2) Correspondance, *Lettre de Hoche à la Société populaire de Dunkerque*. 18 septembre 1793. — (3) Ibid., *Lettre du 12 septembre 1793*.

allaient du Lang-Moor à la mer, et pour empêcher que l'ènnemi ne pût profiter de la marée basse, il barra la plage avec des pieux enfoncés dans le sable.

Alors, on le chargea de s'emparer de Furnes, de Nieuport et d'Ostende. Le 30 octobre, il mande à l'adjoint du ministre : « A l'instant où je vous écris, j'achève mes dispositions pour attaquer Furnes où j'espère aller diner demain, après-demain à Nieuport, et dans quatre jours à Ostende (1)! »

Les choses ne succédèrent pas à ses désirs : il prit Furnes, mais les habitants de Nieuport ne se laissèrent pas intimider par son énergique sommation : ils résistèrent.

Hoche se disposait à revenir les attaquer, lorsqu'il fut nommé général de division et commandant en chef de l'armée de la Moselle : il avait vingt-six ans.

(1) Correspondance.

CHAPITRE IV.

Hoche à l'armée de la Moselle.

En 1792, les armées du Rhin avaient débordé de nos frontières, envahi le Palatinat, pris Spire, Worms, Mayence, Francfort, mais ensuite, elles avaient été chassées de l'Allemagne et ramenées jusque sous les remparts de Strasbourg. Mayence, après un siége de plusieurs mois, avait capitulé ; Landau était bloqué. Le comité de salut public pensa que des hommes nouveaux ramèneraient la victoire ; il choisit Pichegru pour commander l'armée du Rhin et mit Hoche à la tête de l'armée de la Moselle.

Hoche la trouva derrière la Sarre près de se dissoudre ; les soldats ne savaient plus ni de quelle division, ni même de quelle brigade ils faisaient partie, quels étaient leurs chefs; les corps étaient mêlés et confondus (1).

Hoche commença par réorganiser, former les brigades, former les divisions, leur assigner leur place de bataille et les relier par une ferme et sévère discipline.

Le dénuement le plus complet dans lequel se trouvaient les troupes, le manque de vêtements, de souliers et même de pain, pouvaient servir de prétexte aux violences et au désordre. Hoche écrivit au comité de salut public, aux représentants en mission, fit faire des réquisitions, et, les premiers besoins satisfaits, Hoche s'adressant aux soldats, à leur honneur, put leur demander de veiller eux-mêmes et de réprimer les excès commis par les traîtres, lâches, malveillants, pillards, qui se seraient glissés parmi eux (2).

Frappée des continuelles défaites qu'elle venait d'éprouver, l'armée de la Moselle était abattue; il fallait avant tout la relever : « Français, lui dit Hoche, de toutes parts nos armées sont triomphantes; nous sommes les derniers à vaincre, mais nous vaincrons; des patriotes tels que vous, lorsqu'ils sont disciplinés, pour réussir, n'ont qu'à entre-

(1) Correspondance, *Lettre de Hoche au Ministre de la guerre du* 3 *novembre* 1793. — (2) Correspondance.

prendre. Nous allons propager la liberté ; vous avez déjà fait beaucoup de sacrifices ; mais que ne devez-vous pas faire encore ? vos pères, vos parents, vos femmes, vos enfants l'attendent de vous (1). »

« Les soldats, écrivait Hoche, ne demandent que la république et du pain. J'ai plus de mal avec les officiers. En général, il règne dans cette armée une intrigaillerie parmi les chefs qui désespère (2). » Et cependant ce n'était que par ces chefs que l'esprit du général pouvait descendre jusqu'aux soldats. Obligé de vaincre, sous peine de mort, Hoche n'hésite pas : il remplace tous les officiers dont il doute, tire des rangs inférieurs ceux qui lui inspirent de la confiance, et, sans égard pour la hiérarchie, leur distribue des commandements. En même temps, il fait appel à tous ceux qui se sentent capables de le seconder à l'état-major (3), et enfin, « les intrigants s'éclaircissent et la machine se monte. »

Il s'agit de lui donner l'impulsion. Hoche ne se ménage pas ; dans des lettres vives, énergiques, empreintes du commandement, il soutient, excite, anime, en parlant toujours aux nobles sentiments : « La patrie et l'honneur sont mes grandes ressources (4). »

(1) Correspondance, *Proclamation de Hoche à l'armée.* 23 *octobre* 1793. — (2) Ibid., *Lettre de Hoche à Audouin.* 11 *novembre* 1793. — (3) Ibid., *Lettre au Ministre de la guerre.* 14 *novembre* 1793. Soult, *Mémoires*, t. Ier. — (4) Ibid.

« Je te préviens, général, que je ne puis faire reposer tes braves compagnons ; dis-leur que le salut de la patrie exige ce sacrifice et que je suis bien peiné de les fatiguer aussi cruellement.... Le général Ambert te dira plus particulièrement combien je suis touché de ne pouvoir soulager ta troupe. Je ne peux que te répéter que la patrie est là et qu'elle est tout (1).... »

« Ne perdez jamais l'occasion de faire beaucoup de màl à l'ennemi un jour de bataille, que les troupes une fois lancées ne s'arrêtent qu'après avoir obtenu la victoire. Eclairez-vous bien et frappez de même. La baïonnette étant la seule arme qui convienne à la bravoure française, faites-en usage le plus possible (2).... »

« Je te défends de correspondre avec Kalkreuth, autrement qu'à coups de canons et de baïonnettes. La lettre que tu m'as envoyée hier a pour objet de connaître le chef de cette armée : je me ferai connaître à lui sur le terrain. .. Lorsque je t'en enverrai l'ordre, fonds sur l'ennemi comme l'aigle sur sa proie. Songe aux maux que nous souffrons (3) ! »

« Tes bataillons ont dû se reposer aujourd'hui ; tu

---

(1) Correspondance. *Hoche au général Leval. 13 novembre 1793.* — (2) Ibid. *Hoche aux officiers généraux de la Moselle. 5 novembre 1793.* — (3) Ibid. *Hoche au généra. Vincent. 15 novembre 1793.*

te mettras donc en marche après-demain; frappe, mais frappe fort (1)... »

Quelquefois même, il semble à Hoche que le langage ordinaire n'a pas assez de vigueur; il a recours au langage des camps, et qui pis est, au langage d'alors.

« Ecoute, b.... de sans-culotte; voulant profiter de l'état de sécurité des ennemis, je me mets en marche demain 27 brumaire, au lieu d'attendre le 28, comme un j... f.... Pars donc le 27 aussi, mais à deux heures du matin. Prends tes mesures en conséquence. Tes braves troupes, je le sais, sont fatiguées. Mais la patrie et l'honneur les engagent à faire des sacrifices. Tu les conduis à la gloire, et elle suffit pour enflammer les patriotes.... De la vigueur, f.... de la vigueur (2). »

Ce langage, de mauvais ton et de mauvais lieux, eut un moment de vogue. Il était propagé par un journal ignoble, le fameux Père Duchesne, rédigé dans les bureaux mêmes de la guerre. Hoche avait cru devoir l'adopter dans quelques-uns de ses rapports au ministre. Le général Leveneur qui, après sa disgrâce, s'était retiré en Normandie où il vivait oublié, mais qui de là suivait avec un vif intérêt celui qu'il regardait comme son élève, Leveneur aver-

(1) Correspondance. *Hoche au général Ambert.* 15 *novembre* 1793. — Ibid. Id. 16 *novembre* 1793.

tit Hoche à temps : « Mon général, lui écrivit-il, je crois que vous faites fausse route ; ceux qui dirigent en ce moment les affaires, n'approuvent pas, croyez-moi, ce qu'ils tolèrent, et je m'imagine que votre dévouement à la république n'a pas besoin de se prouver à leurs yeux par un langage qui n'est ni dans vos habitudes, ni dans vos sentiments. Lisez les discours prononcés à la Convention par les citoyens aujourd'hui les plus écoutés, et vous n'y trouverez rien qui rappelle une feuille sans doute fort républicaine, mais à laquelle aucun d'eux n'a ni prêté son concours ni donné son assentiment. Ou je me trompe fort, ou bien ils s'efforceront au contraire de faire modifier la langue que cette feuille parle par excès de zèle. Je pense qu'un rapport écrit par vous avec ce style ferme et élégant que vous rencontrez quand vous le voulez, ne nuirait pas à votre réputation de bon patriote et serait plus agréable. Ne vous croyez donc plus forcé de prendre le mot d'ordre des bureaux de la guerre, et de reproduire, dans votre correspondance avec le comité, l'éloquence d'Hébert. Ce n'est pas sur ce ton que Miltiade, du champ de bataille de Marathon, ni Scipion, des plaines de Zama, rendaient compte à leurs concitoyens de Rome ou d'Athènes, de la défaite des ennemis. Ce sont des exemples bons à suivre en tout point, et non celui qu'on vous a fait croire que vous deviez vous imposer. Restez vous-même, mon cher général, non-seulement vous le pouvez sans danger, mais si l'on m'a bien informé des sentiments du comité, je crois même que la prudence vous en fait une loi (1). »

Leveneur voyait juste : Hoche revint sur ses pas.

Du jour que son nouveau chef lui était apparu, l'armée de la Moselle avait repris confiance : « Courage! lui avait dit un de ses officiers dans un journal qu'il publiait, courage, défenseurs de la patrie, nous allons sortir de notre engourdissement ; notre nouveau général m'a paru jeune comme la révolution, robuste comme le peuple : il n'a pas la vue myope comme celui qu'il vient remplacer; son regard est fier et étendu comme celui d'un aigle : espérons, mes amis, il nous conduira comme des Français doivent l'être (2)! » Et depuis, toutes les paroles de Hoche avaient augmenté cette ardeur.

L'armée de la Moselle était prête à se jeter sur l'ennemi, et pour lui en donner le signal, Hoche n'attendait plus que des troupes qu'il avait demandées à l'armée du Rhin. « Les mesures sont prises, écrivait-il à l'adjoint du ministre; et, si j'en crois mes pressentiments, la meilleure cause triomphera.

(1) Bergounioux, *Vie de Hoche.*
(2) Rousselin, *id.*

Je survivrais avec peine à un revers; si j'avais ce malheur pourtant, j'enverrais à Paris nos dépouilles sanglantes; patriotes, montrez-les au peuple; qu'il batte son arrière-ban; et que son dernier effort soit le coup de grâce des tyrans (1).

(1) Correspondance. *Hoche au citoyen Audouin.* 11 novembre 1793.

CHAPITRE V.

Landau. — Les Vosges. — Attaque de Kayserslautern.

Le Comité de salut public prescrivait aux armées de la Moselle et du Rhin d'agir de concert pour délivrer Landau. Hoche avait à traverser les Vosges. Les Vosges, du côté de la France, bordent la vallée du Rhin. C'est une longue chaîne de montagnes de ce grès rouge veiné dont est faite la cathédrale de Strasbourg. La terre, de la plus belle couleur de brique, y est tellement riche de matières végétales que, comme la forêt Noire à laquelle elles répondent, les Vosges, jusque sur leurs sommets les plus élevés, sont couvertes de forêts. A l'est et à l'ouest, en descendent une multitude de rivières qui se rendent les unes au Rhin, les autres dans la Moselle. Plusieurs de ces rivières, la Pfrimm, la Queich, la Lauter, la Motter, la Zorn barrent la vallée du Rhin et forment des lignes successives de défense. Landau est derrière la Queich; Wissembourg derrière la Lauter.

Les Vosges ne sont praticables que par un petit nombre de gorges étroites et difficiles; les chemins qui les traversent aboutissent à quatre points principaux : Saverne, Bitche, Pirmasens et Kayserslautern.

Wurmser avec cinquante mille Autrichiens faisait face à l'armée du Rhin et à Pichegru. Hoche avait devant lui cinquante mille Prussiens, sous les ordres du duc de Brunswick.

Le plan de Hoche était de pousser les Prussiens sur Mayence, puis, franchissant les Vosges, de tomber sur le flanc des Autrichiens.

Le 17 novembre, il passa la Sarre, rejeta l'ennemi de l'autre côté de la Blies, entra à Bliescastel, à Deux-Ponts et dirigea six colonnes sur Pirmasens. Brunswick ne l'attendit pas; il se retira sur Kayserslautern. Hoche l'y suivit, mais pour empêcher les Prussiens de se dérober encore une fois, il fit faire à ses troupes un long détour; Ambert, avec la gauche, devait leur couper la retraite, pendant que

Hoche, avec le centre, et Taponnier, avec la droite, les attaqueraient de front et de flanc (1).

Le 28 novembre, Ambert, par des chemins atroces, et avec des difficultés sans nombre, était arrivé dans la vallée où coule la Lautern, petite rivière qui descend de Kayserslautern dans le Glain et la Nahe : il la remontait, lorsque ses éclaireurs signalèrent l'ennemi.

Les Prussiens étaient adossés à la croupe des Vosges. Ils avaient une première ligne d'infanterie et de cavalerie au versant des collines, et une seconde un peu plus haut, qui gardait un camp retranché, des redoutes fraisées, palissadées, hérissées d'artillerie. Ambert forma ses colonnes, monta à l'assaut de la première ligne, l'enfonça et la poursuivit, mais accablées par la mitraille qui pleuvait des redoutes, ses troupes furent ramenées dans le vallon. Elles se reformaient, lorsqu'avec des canons qu'ils avaient poussés sur les dernières pentes, les Prussiens les broyèrent encore. Hoche qui s'était égaré avec le centre n'arriva que vers quatre heures et demie du soir : il fit cesser le feu et replier la division d'Ambert de l'autre côté de la Lautern.

Le lendemain 29, la gauche et le centre repassèrent la rivière ; Ambert fut envoyé du côté d'Otterberg

(1) Saint-Cyr. *Mémoires. Relation du général Ambert sur l'attaque de Kayserslautern.* — Soult, *Mémoires*, t. I.

pour inquiéter les derrières de l'ennemi; mais, à son tour, engagé dans des bois impraticables, il ne put prendre aucune part à l'action, tandis que Hoche, après avoir enlevé comme la veille les premières positions des Prussiens, se retirait décimé sous le feu épouvantable de leurs redoutes.

Hoche ne se rebute pas, il rappelle à lui Ambert, concentre ses troupes et s'apprête à tenter un dernier effort. Une brigade attirée de la gauche à la droite prolonge toute la ligne ennemie et défile impassible sous son feu. Le signal est donné; les Français s'élancent; encore une fois ils poussent l'ennemi jusqu'à ses fatales redoutes et ne peuvent y entrer. Quand les nôtres se retirent, Brunswick lance sur eux ses escadrons, mais Hédouville, chef d'état-major de Hoche, se met lui-même à la tête de la cavalerie républicaine et culbute les Prussiens jusqu'aux pieds de leurs retranchements. Des deux côtés on fait avancer les canons, et jusqu'au soir on se couvre de boulets et de mitraille.

La droite n'a pas été plus heureuse que le centre et l'aile gauche : après un commencement de succès, elle a vainement essayé d'emporter les hauteurs qui de son côté protégent Kayserslautern (1).

Les munitions sont épuisées, et on apprend qu'un

(1) Soult, *Mémoires.*

corps ennemi s'avance de Lautreck pour prendre les Français entre deux feux. Hoche, triste mais non abattu, cède à la nécessité et commande de battre la *marche rétrograde* (1) : il est si fier dans sa retraite que l'ennemi n'ose l'inquiéter : il revient derrière la Blies.

(1) Rousselin, *Vie de Hoche*.

CHAPITRE VI.

Nouveau plan. — Bataille de Werdt. — Reprise des lignes de Wissembourg. — Déblocus de Landau.

La victoire ou la mort ! Telles étaient les redoutables paroles que le Comité de salut public ne cessait de faire retentir aux oreilles des généraux chargés de conduire les armées. Aussi, on s'inquiétait pour Hoche des suites de son échec ; mais lui, inaccessible à toute crainte qui n'avait que lui pour objet, ne songeait qu'à prendre sa revanche. Heureusement que, cette fois, le Comité se départant de sa barbarie habituelle lui en laissa le temps. Même, il lui fit écrire :

« Un revers n'est pas un crime lorsqu'on a tout fait pour mériter la victoire : ce n'est point par les événements que nous jugeons les hommes, mais par leurs efforts et par leur courage : nous aimons qu'on ne désespère point du salut de la patrie...... notre confiance te reste (1)... »

Hoche a formé un nouveau plan ; toutes ses mesures sont prises ; pendant quinze jours il a visité nuit et jour ses avant-postes, il a fait rompre les ponts, dégrader les chemins ; il a affecté les signes de la peur et répandu à dessein le bruit qu'il craignait d'être attaqué ; l'ennemi l'a cru (2).

Tout à coup, trois de ses divisions que d'autres suivront reçoivent l'ordre de filer sur Pirmasens ; elles traversent les Vosges et apparaissent subitement sur le flanc des Autrichiens qui sont aux prises, sur la Motter, avec l'armée du Rhin (3). Hoche l'a dit : c'est à la réflexion de préparer, mais à la foudre d'exécuter, et il lance ses bataillons sur les redoutes de Reischoffen et de Freischweiler. En vain les batteries vomissent la mort : « A six cents livres la pièce, camarades ! » s'écrie Hoche. « Adjugé (4) ! » répondent ses grenadiers, et ils gravissent les hauteurs au pas de charge, et ils entrent dans les redoutes, et ils tuent les canonniers à coups de baïonnettes et ils prennent les canons. Les Autrichiens

---

(1) Bergounioux, *Vie de Hoche*. — (2) Correspondance. *Lettre de Hoche au Ministre de la guerre*. 5 décembre 1793. — (3) Jomini. St-Cyr. Soult. — (4) Rousselin, *Vie de Hoche*.

se sauvent sur Werdt où ils se rallient. Hoche laisse un moment respirer ses troupes, puis les mène à l'ennemi qu'il culbute de nouveau.

Les Prussiens ont évacué la forte position de Lembach; Wurmser débordé se hâte de faire rétrograder son centre et son aile gauche pour les remettre en ligne avec sa droite : il attend les Français sur le plateau de Sultz. Hoche arrive devant les Autrichiens le 23 décembre à midi. Le combat s'engage d'abord à coups de canon, mais bientôt, Hoche fait battre la charge : les Français traversent un marais qui les sépare de l'ennemi, et l'abordent à la baïonnette. Supérieurs par le nombre et par la position, les Autrichiens soutiennent le choc; même ils obtiennent quelqu'avantage; notre droite, tout en luttant, recule. Deux bataillons restés en arrière sont accourus au feu ; ils débouchent; Hoche les jette sur l'ennemi et le rompt. Wurmser va chercher un refuge dans les lignes fameuses de Wissembourg (1).

Les armées de la Moselle et du Rhin sont réunies. Pour prévenir une mésintelligence funeste et les faire marcher d'accord, il ne faut qu'une seule autorité, qu'un seul commandement. Les représentants Lacoste et Baudot en investissent le général de

---

(1) Correspondance. *Lettre de Hoche à Privat.* 16 janvier 1794.

l'armée de la Moselle. Hoche accepte le 25, à midi.

Aussitôt, il envoie de tous côtés pour concentrer les troupes, faire venir des munitions, enfin tout préparer pour la grande bataille qu'il veut livrer le lendemain.

Ce n'est plus seulement à Wurmser qu'il a affaire; Brunswick est descendu des montagnes pour secourir les Autrichiens (1).

Hoche rassemble trente-cinq mille hommes en avant de Wissembourg, dirige une division vers les hauteurs pour tourner les Prussiens, fait marcher Desaix avec deux divisions sur Lauterbourg, pour menacer l'aile gauche des Autrichiens, réprimande, presse, aiguillonne.

Au commissaire du parc de l'armée du Rhin :

« Quand on marche à l'ennemi et qu'il se dispose des affaires aussi vives que celles que nous devons avoir, il faut tout prévoir; c'est ce que tu n'as pas fait.... Je t'invite, sur ta responsabilité, de faire passer de suite à Juselsheim au moins quinze caissons de 8, 12, et des cartouches d'infanterie (2). »

Au général Pichegru :

« Il est assez singulier, général, qu'aucun des généraux qui sont sous votre commandement, n'ait

---

(1) Saint-Cyr. Soult. — (2) Correspondance. *Hoche au Commissaire du parc de l'armée du Rhin. 25 décembre* 1793.

emporté de munitions. Faites en sorte qu'ils en aient tous demain à six heures (1).... »

Au général Championnet :

« Ton mouvement d'aujourd'hui n'a pas été assez vif; fais filer par la gauche, et montre-toi vigoureux comme tu dois être républicain. Fais pour le mieux, mais attaque partout... attaque, camarade, frappe; je compte sur toi; n'attends point de signal.... Je veux que demain les vils esclaves des rois soient battus partout (2). »

Au général Jacopin :

« Poussez demain vigoureusement (3).... »

Puis, toutes ces mesures prises, tous ces ordres donnés, Hoche se recueille et écrit au général Leveneur :

« Les voilà revenus ces transports que nous avons vus éclater autrefois en présence de l'ennemi. Le découragement et l'épouvante ont fui loin de nous; je ne suis entouré que de braves qui marcheront à l'ennemi sans rompre d'une semelle. Auprès des feux allumés sur toute la ligne, j'ai surpris dans tous les groupes la témérité et l'audace qui annoncent la victoire. Pas un murmure contre ce vent si froid qui souffle avec violence, pas un regret pour ces

---

(1) Correspondance. *Hoche au général Pichegru*. 26 décembre 1793. — (2) Ibid. *Hoche à Championnet*. 26 décembre 1793. — (3) Ibid. *Hoche à Jacopin*. 26 décembre 1793.

tentes qu'un des premiers j'ai fait supprimer. Il en est peu qui se piquent d'imiter le vainqueur de Rocroi et qu'il faudra réveiller pour la bataille; mais l'air est glacial, et j'aime mieux les conduire à l'ennemi, irrités par l'insomnie, que reposés par un sommeil toujours fatal à l'entraînement avec cette température. Reconnu par le plus grand nombre, j'ai partout été salué de ce cri : « Landau sera libre! » Oui, mon général, Landau sera libre : mais ce n'est plus assez d'arrêter l'ennemi, il faut le chasser devant nous; il ne s'agit plus de défendre notre territoire, mais d'envahir le sien. Les jours de douleur et de honte sont passés. Avec des soldats si bien préparés, une autorité aujourd'hui sans entraves, l'appui des représentants, je dois vaincre ou mourir. C'est une alternative que j'ai acceptée; aussi, mon général, si cette lettre n'est que l'annonce trop présomptueuse d'un succès que je crois infaillible, elle doit vous porter mes derniers adieux. Je suis à la veille du plus beau ou du dernier de mes jours, et j'ai voulu vous assurer que, si je ne dois plus vous revoir, j'ai toujours gardé au fond de mon cœur le souvenir de vos bontés, et que le général Hoche vous a conservé tout entier le respectueux attachement que vous avait voué votre ancien aide-de-camp (1). »

(1) Bergounioux, *Vie de Hoche.*

Tout ce qu'a prescrit Hoche a été fidèlement exécuté ; les troupes ont marché toute la nuit ; au point du jour elles sont réunies. A 6 heures, le 26 décembre, Hoche donne le signal.

Ce même jour Wurmser avait décidé de nous attaquer ; mais déconcerté de se voir prévenu, et apprenant en même temps que les Prussiens menacés par leur droite ne pourront le soutenir, il fait rétrograder ses colonnes et les établit sur la colline du Geisberg qui couvre Wissembourg. Hoche s'apprête à l'y cerner. La cavalerie autrichienne essaye de rompre le réseau qui se forme, elle est rejetée sur l'infanterie. Des ravins, des haies, des fossés, des batteries qu'il a établies sur la hauteur protégent l'ennemi ; mais rien n'arrête les républicains ; la charge bat, ils s'élancent à la baïonnette, enfoncent la première ligne, arrivent à la seconde, la culbutent également et enlèvent les canons (1). Les Autrichiens se précipitent en désordre pour passer la Lauter ; ils se pressent aux abords du pont d'Alstadt. Si l'on renverse les quelques bataillons derrière lesquels ils défilent, vingt mille hommes peuvent être pris ou tués. Hoche a sous la main quatre régiments de cavalerie ; il leur ordonne de charger à fond. Mais Donnadieu qui les commande ne sait comment

---

(1) Correspondance. *Hoche à Privat.* 16 *janvier* 1794.

disposer ses escadrons, il perd un temps précieux, laisse échapper le moment opportun, part enfin, mais pour se jeter dans des marais où ses chevaux se trouvent embourbés et où des batteries, élevées sur la rive gauche de la Lauter, achèvent de l'accabler. Hoche, qui par sa faute perd un des fruits les plus sûrs de la victoire, furieux, le fait arrêter et mettre en jugement. Quelques mois auparavant, Donnadieu était simple officier de cavalerie. Dans une déroute, il avait rapporté un drapeau qu'il prétendait avoir pris à l'ennemi. On l'avait envoyé à la Convention qui l'avait honoré d'un décret particulier et les représentants l'avaient fait général. Il fut condamné à mort comme incapable et lâche, et fut exécuté (1).

Les Français bordent la Lauter ; Hoche s'apprête à en forcer le passage le lendemain, mais les Autrichiens ne le lui disputent pas ; Hoche entre à Wissembourg en même temps que Desaix enlève Lauterbourg.

Il ne faut pas laisser à l'ennemi le temps de se rallier dans les belles positions qui s'offrent en avant de la Queich. De la droite à la gauche, Hoche excite ses lieutenants.

Au général Desaix :

« Jamais un républicain ne doit calculer avec la nature.... Songe bien qu'avec des baïonnettes et du

(1) Soult, *Mémoires*, t. I.

pain nous pouvons vaincre tous les brigands de l'Europe (1). »

Au général Morlot :

« Courage, ça va! pousse en avant le plus possible (2). »

Au général Simon :

« Marche donc; ne sais-tu pas que tu as des canons à prendre (3)? »

Du Rhin aux Vosges, toute la ligne des républicains s'avance imposante; mais les ennemis terrifiés ne tiennent nulle part; ils n'essayent même pas de défendre la Queich. Le 28, l'armée arrive sur les hauteurs qui dominent la vallée, et un immense cri s'élève : « Landau! Landau! » Landau est délivré.

Les Autrichiens avaient repassé le Rhin à Philipsbourg; Hoche laissa pour les observer une partie de l'armée du Rhin, et, avec l'armée de la Moselle, suivit les Prussiens qui se retiraient sur Mayence. Le 6 janvier il entra à Worms.

Par un ordre du jour daté de Landau, Hoche avait demandé à ses soldats encore douze jours de patience et d'efforts, après quoi ils auraient du repos. Il se préparait à tenir sa promesse et à cantonner ses troupes. Mais ce temps d'inaction ne devait pas être perdu : dans une circulaire, Hoche traçait

(1) Corr. *Hoche à Desaix.* 27 *décembre* 1793. — (2) Ibid. *Hoche à Morlot.* 26 déc. 1793. — (3) Ib. *Hoche à Simon. Ib.*

aux chefs leurs devoirs. Les marches, les fatigues, les combats avaient causé de grandes pertes ; les généraux feraient dresser des états de situation et rempliraient les cadres ; en même temps, ils veilleraient à l'instruction et à la discipline, et prendraient des mesures pour réparer ou remplacer les armes et objets d'équipement, pour fournir aux soldats des vêtements et des chaussures. Hoche leur recommandait d'être attentifs à tous les besoins des troupes. « Si elles vous sont attachées, disait-il, vous êtes sûrs de vaincre. » Ce n'est pas tout ; comme tôt ou tard on devait s'attendre à voir la guerre recommencer dans ce pays difficile, Hoche engageait les officiers à l'étudier, à bien connaître les gorges et les passages dans les montagnes : « Je vous préviens, ajoutait-il, que vous répondrez à la république du terrain que vous aurez à défendre et à garder (1). »

Hoche établissait les troupes derrière la Pfrimm, lorsqu'il reçut l'ordre du comité de salut public de marcher sur Trèves, avec l'armée de la Moselle. Il ne pouvait partir sans être relevé dans ses positions par l'armée du Rhin ; Pichegru se fit attendre. Hoche était en marche lorsqu'il reçut contr'ordre du comité. Il mit ses troupes en quartier d'hiver sur la Sarre et la Blies.

(1) Corr. *Hoche aux officiers généraux.* 14 janvier 1794.

CHAPITRE VII.

Rivalité des représentants en mission. — Pichegru passe pour le vainqueur de Wissembourg. — Réclamations de Hoche. — Haine de Saint-Just.

Hoche avait débloqué Landau et délivré l'Alsace ; mais il n'avait pas encore achevé de remporter la victoire, que déjà on cherchait à lui en ravir l'honneur.

A la nouvelle que les lignes de Wissembourg étaient prises, que l'armée du Rhin était rejetée sous Strasbourg, que cette ville même courait le danger de tomber aux mains de l'ennemi et qu'il s'y formait une conspiration pour la livrer aux Autrichiens, le comité de salut public avait envoyé en poste deux de ses membres, Saint-Just et Lebas.

A peine arrivés à Strasbourg, ces deux proconsuls font saisir, incarcérer, guillotiner tous les habitants que leur dénonce une société de Jacobins, et, la conspiration noyée dans le sang, ils se transportent à l'armée. L'indiscipline, la négligence, l'incapacité sont la cause des derniers revers; Saint-Just et Lebas arrêtent, dégradent, déportent, fusillent et écrivent au comité de salut public que tout était compromis, mais que leurs mesures énergiques et révolutionnaires ont tout sauvé (1). Restait au succès à confirmer leurs paroles.

Avant eux, il y avait déjà des représentants à l'armée du Rhin. Ces représentants étaient revêtus de *pouvoirs illimités*. Saint-Just et Lebas en avaient d'*extraordinaires*. Ils affectèrent en toute occasion de se séparer de leurs collègues et commencèrent par ne leur point rendre la visite qu'ils en avaient reçue. Bientôt même, ils demandèrent leur rappel ; des gens *corrompus* étaient impuissants pour le bien (2).

Les administrations civiles et militaires remarquèrent vite la division qui régnait parmi les représentants ; elles se tournèrent vers les plus puissants, ne prirent plus le mot d'ordre que de Saint-Just et de Lebas, et éludèrent les ordres qu'elles rece-

---

(1) Fleury, *Saint-Just et la Terreur.* — (2) Id.

vaient des autres, si elles n'osèrent y désobéir ouvertement.

Lacoste et Baudot, deux de ces représentants, dénoncèrent à la Convention la conduite de Saint-Just et de Lebas, et les funestes effets qu'elle produisait; mais Couthon, ami de Saint-Just, qui la présidait, ne donna pas communication de leurs lettres, et la Convention, avertie d'une autre manière, n'osa blâmer deux des membres du terrible comité qui commençait à peser sur elle (1).

Saint-Just et Lebas ne voyaient que l'armée du Rhin et Pichegru, qu'ils regardaient comme leur ouvrage. Lacoste et Baudot se tournèrent vers Hoche et l'armée de la Moselle. Le 25 décembre, au moment où les deux armées se réunissaient dans la vallée du Rhin, ils feignirent d'ignorer que Saint-Just et Lebas destinaient le commandement en chef à Pichegru, ils le donnèrent à Hoche (2). Saint-Just était exaspéré, mais dans ce moment, devant l'ennemi, un déchirement pouvait être funeste; il fit taire sa colère jusqu'au jour où il pourrait la satisfaire sans danger : il confirma l'arrêté pris par Lacoste et Baudot. Mais, on arrivait à peine en vue de Landau, on apercevait encore par delà la Queich l'ennemi qui se retirait, qu'un courrier partit pour

(1) Fleury, *Saint-Just et la Terreur*. — (2) Id.

Paris. Il portait au ministre de la guerre, au comité de salut public, à la Convention l'annonce de la victoire : c'était Pichegru qui avait pris Haguenau, forcé les lignes de Wissembourg et la Lauter, qui entrait à Landau ; c'était Pichegru qui chassait les Autrichiens et les Prussiens de l'Alsace (1).

Pichegru, au contraire, n'avait été, dès l'abord, pour Hoche, qu'un embarras. Quand Hoche était allé à lui, le cœur ouvert, il était resté froid et retiré ; quand Hoche lui avait écrit : « Nous servons la même patrie, je dois donc te seconder de tous mes efforts ; je n'ai donc pas balancé à t'envoyer des troupes qui, avec celles des Ardennes, te mettront à même d'agir vigoureusement ; tu peux donc compter sur moi comme sur un ami et un camarade (2).... » il avait comme pris à tâche de faire échouer toutes les entreprises de son jeune collègue ; âme basse et jalouse, du moment que Hoche lui eut été préféré, il ne dissimula plus son mauvais vouloir.

« Le citoyen Pichegru, écrivait Hoche aux représentants Lacoste et Baudot, ne m'a pas donné de ses nouvelles depuis six ou huit jours. Vous connaissez ce général mieux que moi ; mais il semble très-affecté que vous m'ayez déféré le commande-

---

(1) Correspondance. *Hoche au Ministre de la guerre.* 31 *décembre* 1793. — (2) Ibid. *Hoche à Pichegru.* 24 *novembre* 1793.

ment. Je dois vous dire que sans considération, et ne voyant que la république, je ne ménagerai aucun de ceux qui par mollesse, inactivité ou malveillance trahiraient ses intérêts (1). »

« J'ai prié Pichegru, mandait-il un peu après au ministre, de commander les ouvrages devant le fort Vauban, le haut et le moyen Rhin, tandis que je suivrais les ennemis. Je ne reçois aucune de ses nouvelles (2).... »

Et dans une autre dépêche : « Ceux même que j'ai chargé de conduire les travaux et d'y donner de l'activité par leur présence, s'en vont à Strasbourg et ne me donnent point de leurs nouvelles (3). »

L'armée du Rhin elle-même avait paru aider, à regret, l'armée de la Moselle à vaincre. Hoche avait été obligé de s'y transporter pour stimuler ses mouvements; il l'avait trouvée mal organisée, sans munitions.

« L'armée du Rhin, écrivait-il aux représentants, est tout en désarroi; son chef ignore où sont les divisions, puisqu'il ne sait où adresser ses lettres, et que celles écrites à Michaud arrivent ici. Vous connaissez la peine que j'ai eue à me procurer des munitions; enfin j'en ai eu à force de travail, et il

---

(1) Correspondance. *Lettre du 7 janvier* 1794. — (2) Ibid. *Hoche au Ministre de la guerre.* 7 *janvier* 1794. — (3) Ibid. *Id.* 8 *janvier* 1794.

faut que je les donne à l'armée du Rhin. Ses généraux ont laissé les leurs ainsi que leurs canons en arrière (1).... »

Et c'est à cette armée, à son chef qu'on rapportait toute la gloire de la campagne ! Hoche l'apprend ; il écrit au comité de salut public :

« Je supplie le comité de se faire représenter mes registres d'ordre et de correspondance et ceux du citoyen Pichegru, afin que celui qui commandait à Freischweiler soit connu, ainsi que le même qui commandait à Werdt, à la bataille de Sultz, à la bataille de Wissembourg et à la reprise des lignes ; qui a ordonné la prise de Lauterbourg, celle de Germersheim, Spire et Worms, la marche sur Landau, etc.... Les mêmes registres feront connaître les différents projets, car il n'est pas tel petit général qui n'ait les siens. Que m'importe à moi, qui ne veux que battre les ennemis et retourner ensuite dans mes foyers, que mon nom soit ou non dans les gazettes !... Mais j'enrage quand je vois tout le monde trompé par des gens qui ne valent pas quatre sous et qui veulent se faire valoir (2).... »

Et au ministre :

« Tu connaîtras que tu as été trompé ; que Pichegru n'a point commandé à Werdt où il n'est resté

(1) Corr. *Hoche aux représentants.* 26 décembre 1793.
(2) Ibid. *Hoche au Comité de salut public.* 8 janvier 1794.

qu'une demi-heure; qu'il n'était pas à Haguenau lorsque les troupes républicaines y sont entrées, puisque le même jour il m'écrivait d'Oberbron, à sept lieues de là, et qu'enfin il n'a pas été le 6 à la bataille de Wissembourg, puisque le 7 il était encore à Haguenau, à huit lieues en arrière (1).... »

En même temps, il envoie un de ses officiers à Paris, avec les preuves de ce qu'il avance : « Si on m'interroge sur votre compte, que faut-il dire? » demande l'officier, — « Tout ce que tu sais, » répond Hoche (2).

Quelques jours après Hoche rencontre Pichegru : « Je l'ai apostrophé, dit-il ensuite à quelques amis, de manière à faire bouillir le sang dans ses veines. Ses joues ne se sont pas seulement colorées! Quel homme (3)! »

La vérité fut connue; Hoche rentra en possession de ce qui lui appartenait; mais, en frappant Pichegru, il avait atteint Saint-Just, et Saint-Just ne pardonnait jamais. Hoche ne tarda pas à le sentir. Il se vit en butte à mille sourdes attaques; on l'accusa d'avoir fait manquer l'expédition de Trèves, tandis que c'était la lenteur de Pichegru qui l'avait retenu; le ministre le réprimanda, parce qu'il avait fait donner d'autorité quelques chemises, quelques paires de souliers

(1) Corr. *Hoche au Ministre de la guerre.* 7 janvier 1794. — (2) Bergounioux, *Vie de Hoche.* — (3) Soult, *Mémoires*, t. I.

à des soldats qui en manquaient; c'était tous les jours une tracasserie, une vexation nouvelle. Enveloppé de malveillance, Hoche fut sur le point de céder au découragement. « J'attends avec impatience, mon cher Dulac, les cartes que tes obligeantes lettres m'annoncent..... Me serviront-elles ces cartes? je l'ignore, mon cher ami; abreuvé de dégoûts, noyé dans la douleur la plus amère, tourmenté chaque jour d'une manière nouvelle, il semble que l'on ait pris à tâche de me faire finir comme Léchelle (1). Ce n'est plus, Dulac, l'homme que tu as connu qui t'écrit, c'est un malheureux qui ne peut manger, boire, ni reposer nulle part.... Je désire qu'une démission que je vais présenter incessamment soit acceptée sans aigreur, ainsi qu'elle sera donnée.... Tiré des rangs je ne sais par qui et pourquoi, j'y rentrerai comme j'en suis sorti, sans plaisir ni peine, me contentant de faire des vœux pour la prospérité des armes de ma patrie (2). »

(1 Léchelle, général en chef de l'armée de l'Ouest, s'était tué. — (2) Correspondance. *Lettre du 1er mars* 1794.

CHAPITRE VIII.

Mariage de Hoche. — Il est envoyé à l'armée d'Italie. — Son arrestation.

La vie publique n'offrait à Hoche que désagréments, ennuis et amertumes ; il chercha une consolation dans la vie intime : il se maria.

A Thionville, dans une fête, il avait remarqué une jeune fille d'une grande beauté et d'un maintien plein de décence ; il chargea un de ses amis de la demander pour lui.

« Ne l'oublie pas, mon cher Privat, lui écrivait-il, j'ai besoin de tenir à quelqu'un. Je demande le cœur et point de richesse ; cela te doit servir de base pour la conduite à tenir. La femme que j'aurai peut être assurée qu'il ne lui manquera que ce qu'elle ne demandera point (1). »

Etonné de cette proposition, le père de la jeune fille, garde-magasin aux vivres, se présenta chez le général Hoche : « L'honneur que vous voulez bien nous faire, lui dit-il, est au-dessus de ce que ma femme et moi nous pouvons espérer : notre fille n'est point faite pour un général; elle est destinée pour un soldat, un sergent ou tout au plus un lieutenant. — Je suis général républicain, répondit Hoche, j'étais sergent il y a quatre jours. — La manière honorable dont nous vivons, peut faire croire que nous avons plus de fortune que nous n'en avons véritablement. — Vous me faites outrage. Ce n'est point une dot, c'est une femme que je veux épouser. — Pardonnez, citoyen général, les observations que je vais vous faire; il est d'usage, quand un mari se présente, que les parents de la fille qu'il demande, prennent des informations. — Ces informations seront courtes et simples. Elles vous apprendront que je suis né à Versailles; ma mère est morte peu après m'avoir donné le jour; mon père vit encore et demeure à Paris. — Mais ma fille est bien jeune; pas encore quinze ans.... — Je veux une femme neuve, que je puisse former moi-même; votre fille

(1) Rousselin, *Vie de Hoche*.

réunit toutes les qualités que je recherche; je conclus, citoyen Dechaux, de toutes vos observations, que je serai votre gendre. — Citoyen général, vous avez pris d'assaut votre beau-père (1). »

Hoche fut agréé. « Viens dîner un jour à Thionville, mande-t-il au représentant Lacoste, tu y verras celle qui doit faire mon bonheur; point riche, mais patriote et d'une vertueuse famille (2). »

Cependant, en honnête homme, il voulut s'assurer qu'aucune influence ne gênait la jeune fille, qu'elle était libre dans le choix qu'elle faisait, il lui écrivit : « Ma chère Adélaïde, prêt à devenir votre époux, permettez que je vous présente quelques réflexions : mon amitié pour vous, mon estime, mon amour même m'en font un devoir.... Le nœud qui va vous unir à moi est saint et sacré; ce n'est pas pour un moment que nous serons liés l'un à l'autre, c'est pour toujours, pour toujours, songez-y bien. Peut-être n'avez-vous point assez réfléchi à cet engagement. Ne voyez en moi qu'un simple citoyen; qu'un nom trop prôné par les gazettes ne vous fasse point désirer de devenir l'épouse d'un homme dont l'unique ambition est de vous rendre heureuse. Il est encore temps; si quelque objet avait pu vous frapper, un mot, je retire ma parole, me borne à rester

(1) Rousselin, *Vie de Hoche*.
(2) Correspondance. *Lettre du 16 mars* 1794.

votre ami, et ne désire plus que votre estime. Faites librement cette confidence à un homme assez généreux et juste pour ne se plaindre que du sort. Si, au contraire, votre cœur n'a pas encore été touché, accordez-le à mon amour; en devenant mon épouse, devenez mon amie. Ne jurons point. Promettons à la face de l'Être créateur de ne jamais nous séparer. Je ne mentis jamais, votre candeur me répondra de votre sincérité (1). »

Adélaïde répondit en lui donnant sa main. Mais la malignité ne s'arrêta pas au seuil de Hoche, elle pénétra jusqu'à son foyer; de ses insinuations perfides, elle empoisonna son bonheur domestique. « Eh quoi! s'écriait-il, la noire envie me poursuivra-t-elle jusque dans l'intérieur de ma maison? Si j'étais charpentier ou couvreur, je serais heureux : parvenu à l'une des grandes places de la République, je ne puis trouver le bonheur.... Que veulent de mon union des êtres sans mœurs, dont l'impureté s'oppose à ce qu'ils en forment une pareille? Ne m'alliai-je pas à la vertu? Je ne parle pas de la beauté. Les parents de mon épouse ne sont-ils point patriotes? Grand Dieu! s'il faut toujours souffrir ainsi, faites que je rentre dans la poussière (2). »

L'implacable Saint-Just n'était pas encore satis-

---

(1) Bergounioux, *Vie de Hoche.* — (2) Rousselin, *Ibid.*

fait : il voulait la ruine, la mort de son ennemi. Mais comment arracher Hoche à une armée qui admirait en lui un héros, qui, en lui, chérissait un père ? On lui montra, comme une grande et digne tâche, l'armée d'Italie à réorganiser et à conduire à la victoire, et on l'y envoya.

Hoche ne s'abusa pas : il adressa au représentant Lacoste cette lettre empreinte de tristesse : « Je t'envoie, citoyen, copie des ordres émanés de moi et de ma correspondance. Je désire que l'un et l'autre servent à faire luire la vérité, et à retracer à nos neveux ce qu'il en a coûté à leurs pères pour conquérir leur liberté (1).... »

Il fit ses adieux à l'armée de la Moselle : « Le service de la République, citoyens, notre mère commune, m'appelle ailleurs. Continuez à bien mériter d'elle, comme vous l'avez fait jusqu'à ce jour. Le nom du nouveau chef que vous avez, a déjà frappé votre oreille. Avec Jourdan, vous ne pouvez, braves camarades, qu'anéantir les tyrans coalisés contre notre sainte liberté (2)... »

Et il partit avec ses aides-de-camp.

Hoche venait de traverser la France, il avait vu partout les citoyens courber la tête sous l'atroce régime qui les opprimait, il avait vu partout la dou-

---

(1) Correspondance, *Lettre du 16 mars* 1794.
(2) Ibid., *Hoche à l'armée.*

leur qu'ils essayaient vainement de renfermer en eux assombrir leur visage, et son âme, si vive, si généreuse, en avait reçu de pénibles impressions. Mais, à l'approche de l'Italie, à l'approche de l'ennemi, il avait secoué sa tristesse et retrouvé son ardeur d'autrefois. A peine arrivé à Nice, avant même de quitter les bottes qu'il a gardées pendant tout le voyage, il déplie ses cartes.

Depuis une heure il les étudie avec une attention ardente, lorsque tout à coup il s'écrie, en mettant le doigt sur les plaines du Piémont et de la Lombardie : « C'est là qu'est le vrai champ de bataille! C'est là que nous nous mesurerons avec l'Autriche! » et il s'assied à une table où on a servi des olives, du pain et de l'eau (1).

On annonce le général Dumerbion : A la vue d'un vieillard en cheveux blancs, Hoche se lève et l'invite à partager un repas qui n'a d'autre mérite que de rappeler celui de Pythagore avec ses disciples.

La noblesse de ce beau jeune homme, sa distinction naturelle, l'accueil si simple et en même temps si cordial qu'il en reçoit, déconcertent un moment Dumerbion; mais il se rassure, donne à sa figure et à sa voix quelque chose de rude et lit : « Le Comité de salut public arrête que l'expédition d'Oneille qui devait être faite par le général Hoche, sera confiée

---

(1) Bergounioux, *Vie de Hoche.*

au citoyen Guillaume Petit, général à l'armée des Alpes, auquel il a été donné des ordres à cet effet. Les représentants du peuple près l'armée d'Italie feront mettre sans délai le général Hoche en état d'arrestation et l'enverront à Paris sous bonne et sûre garde. »

Hoche avait écouté sans trahir la moindre émotion : il remit son épée qu'on lui demandait et Dumerbion plaça des gendarmes à toutes les portes. Il voulait en placer jusque dans l'appartement ; on lui fit sentir l'inconvenance de cette manière d'agir ; il y renonça.

En ce moment arrivaient des généraux appartenant à l'armée d'Italie : ils s'empressaient de venir saluer le vainqueur de Wissembourg, leur nouveau chef. Ils le trouvèrent prisonnier.

Ils témoignèrent à Hoche leur douloureuse surprise ; ils lui dirent leurs craintes ; tout prévenu alors était coupable ; tout suspect montait sur l'échafaud. Pourquoi aller se livrer aux bourreaux du tribunal révolutionnaire? Il pouvait leur échapper et gagner un pays étranger qui était proche, ils lui offraient de favoriser sa fuite. Hoche refusa : quelque danger qu'il y eût à le faire, il se devait à lui-même de paraître devant ses accusateurs ; il ne voulait pas que son exemple servît d'excuse aux traîtres passés ou à venir. Calme et tranquille il causa avec eux de l'armée d'Italie, de ce qu'elle avait fait, de ce qu'elle pouvait faire et de la manière de conduire la guerre dans ce pays. Quand ils se retirèrent, Hoche, en les remerciant de l'intérêt si touchant qu'ils lui avaient montré, les pria, s'ils voyaient de nouveau commettre quelque grande injustice, de ne pas écouter une irritation funeste.

Seul enfin, il pensa à sa femme ; il lui écrivit une première lettre qu'il lui fit porter par son secrétaire.

Le lendemain, il en envoya une seconde à son beau-père :

« Tu as appris par ma lettre d'hier à Adélaïde, mon cher ami, que j'allais à Paris, mandé par le Comité de salut public. J'ignore absolument les motifs de cette espèce d'arrestation. Quels qu'ils soient, n'ayant absolument rien à me reprocher, ma conscience est parfaitement tranquille.

» Bonvalet t'aura certainement détaillé la manière dont je fus reçu à Nice. Mon cher ami, je suis bien dédommagé des désagréments que j'éprouve par les marques d'estime que me donnent tous les jours des personnes qui ont entendu parler de moi...

» ....Cache bien à ma femme, à ma chère Adélaïde, que l'homme qui voudrait son bonheur aux dépens de sa vie est privé de sa liberté !... Eh! mon Dieu! que fait Adélaïde? Puissé-je ne plus vivre qu'à ses côtés ?..... Dans les républiques, le général trop aimé des soldats qu'il commande, n'est jamais vu de bon œil, tu le sais. Il est certain que la liberté pourrait souffrir d'un tel homme s'il était ambitieux. Mais moi, à qui puis-je nuire? J'ai toujours fait le bien. Eh! qui pourrait me soupçonner? Je ne vois cependant que ce seul grief contre moi. A mon départ, quelques personnes m'ont témoigné de l'attachement : Eh bien! que l'on me fasse rentrer dans la classe des autres citoyens; je serai fort heureux! Mon exemple ne pourra que servir la chose publique. Après avoir sauvé Rome, Cincinnatus alla labourer son champ; je suis loin de prétendre égaler ce grand homme, mais, comme lui, j'aime ma patrie, et si ma soumission peut être utile, je ne demande qu'à rentrer dans les rangs d'où le hasard et mon travail m'ont fait sortir trop tôt pour ma tranquillité (1). »

Et il partit, escorté de deux gendarmes. Arrivé à Paris, il se fit mener droit au Comité de salut public. Hoche attendait dans une chambre qu'on lui donnât audience lorsque Saint-Just y passa : « Que voulez-vous? » lui demanda le proconsul. « — Justice, répondit Hoche. — On vous fera celle que vous méritez! » et de sa voix de fer, le despote commanda de le conduire aux Carmes, d'où bientôt il fut transféré à la Conciergerie (2).

(1) Champrobert, *Lettres de Hoche*. — (2) Rousselin, *Vie de Hoche*.

CHAPITRE IX.

Hoche à la Conciergerie. — Le 9 thermidor.

Les lois révolutionnaires déclaraient suspect tout parent de suspect; le beau-père de Hoche fut incarcéré; son beau-frère Debelle n'échappa au même sort qu'en allant au-devant du feu de l'ennemi, qu'en tombant sur le champ de bataille de Fleurus, percé de sept blessures dont heureusement aucune n'était mortelle.

En apprenant les malheurs qu'il attirait sur la famille à laquelle il venait de s'unir, Hoche écrivit à sa femme pour lui demander pardon de l'avoir fait entrer dans sa destinée :

« Pourquoi, lui dit-il, pourquoi un hasard funeste t'a-t-il placée sur mon chemin? Si je ne t'avais pas rencontrée, tu serais heureuse au sein d'une famille honorable ; pardonne-le moi ; je ne prévoyais pas ce que je t'apportais de tourments et d'ennuis (1). »

Hoche, un moment tomba abattu sous ces coups; mais il se releva et se laissa même gagner par la gaîté qui l'environnait (2). De la Conciergerie on montait au tribunal révolutionnaire, et du tribunal révolutionnaire à l'échafaud. Cependant la Conciergerie n'était pas un séjour de tristesse et de larmes. Tout ce que la France comptait de distingué, hommes et femmes, nobles et roturiers, hommes de lettres et artistes, fermiers-généraux et rentiers, tout ce qui, à un titre ou à un autre, dépassait le niveau que des hommes atroces promenaient sur la Société, y étaient renfermés; tous étaient sûrs de mourir un peu plus tôt ou un peu plus tard, mais dans un court délai; tous aussi se pressaient de jouir des quelques jours, des quelques heures qui leur restaient à vivre, et s'étourdissaient pour ne point penser à la mort ou pour en cacher les approches sous des fleurs. C'étaient des jeux, des rires, des chants, une joie fiévreuse et délirante : aujourd'hui on inventait une divinité nouvelle, on inaugurait une nouvelle religion, un nouveau culte; demain, on singeait jusqu'aux scènes du terrible

(1) Bergounioux, *Vie de Hoche*. (2) Rousselin, *Ibid*.

tribunal lui-même ; on nommait des juges, des jurés, on amenait devant eux des accusés ; tous étaient condamnés, et on les menait au supplice. A la fin les juges eux-mêmes et l'accusateur public étaient mis en jugement et exécutés, et ils revenaient des enfers épouvanter ceux qui survivaient, en leur racontant par quels affreux tourments ils expiaient les crimes qu'ils avaient commis (1). Mais souvent au beau milieu de la comédie apparaissait la réalité : la fatale charrette venait réclamer la proie quotidienne des bourreaux, et on se séparait en se donnant la main : ceux qui restaient devaient suivre le jour d'après ceux qui s'en allaient.

Dans l'enceinte étroite de la prison où la communauté de l'infortune rapprochait encore, les liaisons se formaient vite.

La jeunesse de Hoche, l'élégance et la distinction de sa personne, sa belle figure, l'élévation de son esprit, son enthousiasme, la gloire qui l'entourait et qu'il expiait, tout en lui intéressait et attirait. Les hommes les plus marquants le recherchèrent, les plus grandes dames se montrèrent flattées d'être l'objet de ses hommages, et plus tard, dans des temps meilleurs, elles se le rappelèrent (2).

Mais ces amitiés nées d'hier, précieuses, sans

(1) Riouffe, *Mémoires sur les prisons au temps de la Terreur.* — (2) Rousselin, *Vie de Hoche.*

doute, au prisonnier à qui elles abrégaient les heures de la détention, ne lui suffisaient pas; elles ne lui disaient rien de sa vie passée, de ses plus chères affections. Un jour, en même temps qu'une douleur, Hoche éprouva un vif plaisir. Il vit entrer dans sa chambre un officier qui avait servi sous lui, qui était attaché à son beau-frère Debelle et qui était lié avec la famille de sa femme (1).

Sans doute Hoche souffrit en pensant que ce jeune homme de 22 ans à qui, pour trouver un crime, on reprochait d'avoir, il y avait près de deux ans, porté de la part des Lameth une lettre à Lafayette, n'en avait peut-être pas commis d'autre que de lui être dévoué. Toutefois, il ne put réprimer un mouvement de joie. Il allait pouvoir parler de sa jeune femme! ce bonheur dura peu. Un matin les geôliers vinrent faire l'appel des victimes : le nom de Thoiras était sur leur liste. Il embrassa Hoche, et lui remettant sa montre, il le pria de la garder en souvenir de lui. En échange, il lui demanda une des fleurs qu'il tenait à la main. C'était des roses qu'on venait de lui apporter. Chacun des compagnons de Thoiras sollicita la même faveur, et tous parurent devant le tribunal et montèrent sur l'échafaud, une rose à la boutonnière.

(1) Bergounioux, *Vie de Hoche.*

Cependant, la Terreur touchait à sa fin ; ceux qui avaient été longtemps les complices de Robespierre, qui l'avaient aidé à abattre chacun de ses rivaux, commençaient à craindre pour eux-mêmes et que le dictateur n'assît son trône sanglant sur leurs cadavres. Ils s'étaient réunis et l'attaquaient dans la Convention. Le bruit de la lutte avait pénétré jusque dans les prisons, et les mêmes hommes qui tout à l'heure s'avançaient avec résignation au-devant de la mort, maintenant se reprenaient à la vie. Toute la journée du 9 thermidor, toute la nuit qui suivit, se passèrent dans une fiévreuse anxiété ; les prisonniers allaient, venaient dans les corridors, se pressaient aux grilles, aux portes, affamés de nouvelles.

Seul, Hoche restait calme : il prit la plume et écrivit : « Aujourd'hui, 9 thermidor, an IIe de la république, à quatre heures après midi, me trouvant seul et un peu oublié au milieu de la préoccupation générale, etc...

» Pourquoi ai-je été arrêté ? ma mémoire ne peut m'en fournir d'autres motifs, sauf le bon plaisir du Comité, que mon refus de conférer avec les représentants, quand j'ai cru qu'il était pressant d'agir. Est-ce là de l'insubordination ? Quoiqu'il puisse m'en coûter, je resterai convaincu du mot d'Eugène, que « tout général qui tient conseil de guerre n'a pas envie d'entreprendre. » En présence de l'occasion qu'il fallait saisir, je n'ai jamais craint d'engager ma responsabilité. J'ai toujours pensé que la plus terrible, c'est d'avoir à rendre compte un jour à l'Etre suprême du sang humain qu'on aurait répandu sans nécessité ; et je dois le dire, celle-là, mais celle-là seule m'a toujours fait trembler. »

Et il continua, racontant sa belle campagne des Vosges « entrant dans les détails les plus minutieux, décrivant l'ordre des marches, énumérant les forces des armées, rappelant les divisions des représentants, traçant de Pichegru un portrait que, depuis, ce dernier s'est chargé de rendre fidèle (1). »

C'était sa défense. Hoche y avait employé toute la nuit. Au jour, il l'achevait et y faisait en marge quelques corrections, lorsqu'un grand bruit se fit entendre au dehors : c'était des cris et des menaces confuses. Hoche se levait enfin pour aller chercher des nouvelles et ouvrait la porte de sa chambre, quand il se vit en face d'un homme que conduisaient les guichetiers et que suivait la foule des détenus, en le couvrant de huées. Hoche ne le reconnut pas d'abord, mais le regardant de nouveau : Saint-Just ! s'écria-t-il, et sans rien ajouter il passa.

Robespierre et sa faction avaient été vaincus. Arrêtés, puis délivrés, ils avaient été cernés et repris

(1) Bergounioux, *Vie de Hoche.*

à l'Hôtel-de-Ville. On les amenait à la Conciergerie, pour de là les envoyer où ils en avaient envoyé tant d'autres, à l'échafaud.

C'était les partisans de leur système qui les avaient renversés ; ils voulaient le maintenir ; l'opinion publique les força d'y renoncer. Mais les prisons ne furent pas ouvertes tout de suite. On ne donna d'abord la liberté qu'aux détenus arrêtés sans motifs suffisants et qui étaient réclamés par des représentants. Hoche obtint sa liberté, grâce au représentant Lacoste ; aussi lui écrivait-il : « Je ne puis me plaindre de mes malheurs, puisqu'ils m'ont appris à connaître quel ami j'avais en toi, toi mon libérateur ! »

Une fois hors de la Conciergerie, Hoche ne pensa d'abord qu'à se retirer à Thionville : « Je suis libre, écrit-il à sa femme, rendons grâces au ciel ! Je vais te rejoindre à pied, comme il convient à un républicain (1). »

Mais des amis le poussèrent à reprendre du service, et il sollicita de l'emploi : on le nomma général en chef de l'armée des côtes de Cherbourg. Il embrassa sa femme qu'il avait fait venir à Paris et partit pour l'Ouest (2).

(1) Bergounioux.
(2) Champrobert, *Lettres de Hoche.*

DEUXIÈME PARTIE.

Hoche dans l'Ouest. — 1794. — 1795. — 1796.

CHAPITRE Ier.

Insurrection des départements de l'Ouest. — La Chouannerie. — Puisaye.

Aujourd'hui, il n'y a plus en France de Normandie, de Dauphiné, de Bourgogne ; il y a encore une Bretagne.

Demandez à un de ces paysans aux longs cheveux, à la veste flottante, à la large culotte, que vous voyez traverser ses landes, les mains enfoncées dans ses manches, la tête penchée, le dos courbé, avec l'apparence d'une caducité précoce, demandez-lui votre chemin : si son indolence lui permet de faire attention à vous, il répondra dans un langage particulier, mais qu'un signe de tête traduira, qu'il ne comprend pas ce que vous lui dites. Et pourtant la Bretagne fait partie de la France depuis plus de trois siècles !

Mais le temps paraît venu de la rattacher plus solidement à nous.

C'est aux chemins de fer à pousser devant leurs puissantes machines la barbarie, à porter dans cette contrée presque inculte l'activité industrieuse de la civilisation, à secouer la torpeur des habitants, à mettre en œuvre, à leur profit et au nôtre, cette qualité qu'ils ont si grande, la ténacité invincible qui est devenue proverbiale ; c'est aux chemins de fer à féconder un sol qui, jusqu'à présent, ne donne rien que parce que jusqu'ici l'incurie n'a rien su en tirer ; c'est à eux enfin à faire disparaître ces différences locales et surtout à expulser cette langue qui s'oppose à la parfaite unité, et par conséquent à la force de la France.

La Bretagne a toujours tenu à se distinguer du reste du pays. Avant 1789, aucune province ne jouissait de plus grands priviléges, aucune n'en était plus jalouse. Louis XVI, après avoir rétabli les parlements supprimés par Louis XV, avait bientôt senti combien ils gênaient la marche de l'administration, il avait voulu à son tour diminuer leur pouvoir; mais de la Bretagne partit une députation qui alla porter au pied du trône des réclamations si arrogantes qu'on la mit à la Bastille. Quelques années après, les embarras de toute sorte obligeaient le roi à recourir aux États-généraux.

La Bretagne s'empressa de nommer des représentants, et de leur donner ses instructions : elle leur enjoignait de faire rentrer la royauté dans les limites qu'elle avait dépassées, et de lui reprendre les droits qu'elle avait usurpés.

Mais quand l'Assemblée nationale, négligeant les intérêts privés pour ne s'occuper que des intérêts de tous, eut aboli les franchises des provinces, aussi bien que les franchises particulières, qu'elle eut donné aux diverses parties de la France comme aux divers individus, l'*égalité*, quand elle eut déclaré la guerre à la féodalité et à la royauté qui voulait la soutenir, et que balayant un système établi par la violence, de dessous ses débris, elle eut fait apparaître la vieille nation gauloise si longtemps opprimée, et le nouveau peuple français, les nobles de la Bretagne se trouvèrent atteints dans leur dignité et murmurèrent. Vinrent ensuite les décrets sur les biens des églises, sur la constitution civile du clergé, sur le serment à exiger des ecclésiastiques, et les prêtres mécontents à leur tour, passèrent dans le parti des nobles, entraînant à leur suite, les paysans qu'ils menaient. Dès lors, la Bretagne entra en fermentation. La Rouairie en profita.

Le marquis Tuffin de la Rouairie était une de ces natures passionnées, ardentes, qui vont loin dans la voie où ils se lancent, bonne ou mauvaise. Officier aux gardes-françaises, il avait fait scandale par ses amours et par ses duels, puis, un jour, il avait disparu pour s'enfoncer dans un cloître. Mais le bruit du monde avait pénétré jusque dans sa cellule ; le cliquetis des armes avait retenti à son oreille ; l'Amérique du Nord luttait pour sa liberté et appelait à son aide. Le trappiste jeta le froc et reprit l'épée. En Amérique, la Rouairie laissa de côté un nom qu'il jugeait flétri ; il chercha à en illustrer un nouveau et de brillants exploits firent connaître dans la guerre de l'indépendance, le colonel Armand.

De retour en France, La Rouairie fut choisi par ses compatriotes, les nobles Bretons, pour aller porter leurs plaintes à Louis XVI. Il était de cette députation factieuse qui fut si mal accueillie à Versailles ; cela ne l'empêcha pas de consacrer son bras et sa vie à la défense de la royauté, du moment qu'elle fut en péril.

Après avoir pris les ordres des comtes de Provence et d'Artois, chefs de l'émigration, La Rouairie revint en Bretagne. Là, il ourdit une vaste conjuration, dans laquelle il fit entrer nobles, bourgeois et paysans. Il les organisa, leur distribua des armes, de la poudre, des balles et, pour le soulèvement, il n'attendait plus que le signal des princes, quand ses projets furent éventés. Réduit à se cacher, il passait sa vie dans les bois et errait d'asile en asile : un de ses agents, à Londres, vendit aux républicains le secret de sa dernière retraite. La maison fut entourée, mais épuisé de fatigues et de maladies, la Rouairie venait d'y mourir. Son corps fut déterré, et, à côté de lui, on trouva ses papiers, ses plans, ses listes que l'on y avait enfouis. Thérèse le Moëslen, jeune femme qui s'était attachée à la Rouairie, Elliot son coopérateur et son ami, ses principaux partisans montèrent sur l'échafaud (1).

Au moment où l'œuvre de la Rouairie semblait anéantie avec son chef, toute une province voisine de la Bretagne, prenait les armes. La Vendée était aigrie ; ses prêtres étaient persécutés, son culte proscrit. La Convention aux prises avec l'Europe décréta une levée de 300,000 hommes. La Vendée aima mieux faire la guerre chez elle que sur la frontière. Les habitants en masse s'insurgèrent. Vingt armées furent battues par ces bandes inorganisées : la Vendée devint redoutable. On envoya contre elle

---

(1) *Mémoires* de Puisaye.

des troupes aguerries ; elle ne put résister. Pressée contre la Loire, Bonchamps, un de ses chefs, qui sans doute avait été associé aux plans de la Rouairie, lui persuada d'aller chercher des auxiliaires en Bretagne, mais lui seul pouvait l'y diriger, et il périt, au moment où il mettait le pied sur l'autre rive du fleuve.

Privée dès-lors de son habile et indispensable médiateur, la Vendée, au milieu de pays et de populations qui lui restaient étrangères, ne fit plus qu'errer, poussant en vain des cris de détresse. Elle eut beau, comme un sanglier blessé, se retourner sur la meute qui la poursuivait et d'un coup de boutoir la jeter çà et là, la meute dispersée se reforma et s'élança plus ardente à la curée. La Vendée alla, revint, tourbillonna, et, à la fin, tomba à Savenay.

La Bretagne n'avait pas remué. Et cependant, un homme commençait à y renouer les fils brisés de la conjuration de la Rouairie.

Le comte Joseph de Puisaye n'était pas Breton ; il était à peine royaliste : dans l'Assemblée constituante, où il avait représenté les nobles du Perche, sa province, il avait voté presque constamment avec la minorité de la noblesse dans le sens du tiers-état. Il n'avait pas émigré, et on l'avait vu combattre à l'avant-garde dans l'armée de Normandie, qui, sous les ordres de Wimpfen, semblait soutenir la cause du parti de la Gironde, proscrit par les Montagnards. Vaincu, il était venu se cacher en Bretagne. C'était un homme habile, se pliant à tous les événements, d'une volonté que n'effrayait aucun obstacle, d'une persévérance que ne lassait aucun revers. Découragement causé par une première entreprise manquée, défiance, répulsion même qu'inspire aux Bretons un étranger, il entreprit de tout surmonter, et il surmonta tout. Des prêtres, proscrits comme lui, le mirent en relation avec les paysans; il organisa çà et là de petits noyaux de résistance, attaqua, surprit des postes, fit une guerre de chicane qui le fit connaître et lui attira des auxiliaires. Là surtout où il se recruta, ce fut aux confins de la Bretagne et du Maine (1).

Sous la monarchie, la Bretagne était affranchie de la gabelle. Le sel y était à vil prix, tandis que dans les pays qui y touchaient, d'onéreux impôts l'élevaient à des taux exorbitants. Le profit engageait à la fraude; elle se pratiquait en grand. Pour la réprimer, les fermiers généraux entretenaient, aux limites de la Bretagne, une armée de douaniers qui étaient sans cesse en lutte contre une population adonnée à la contrebande. Survint la révolution, qui, en brisant les barrières provinciales, rendit la

(1) *Mémoires* de Puisaye.

fraude improductive, et, par suite, la fit cesser. De ce moment, contrebandiers et commis n'eurent plus d'état ; ils firent la paix et se tournèrent contre un ordre de choses qui les supprimait.

Parmi eux, il y avait une famille célèbre par son audace et ses ruses dans le métier. Elle se composait de quatre garçons et de leur père. Ils avaient, pour se reconnaître dans les périls, un cri particulier qui ressemblait à celui du hibou. Aussi, on ne les appelait que les *chats-huants* ou les *chouans*. Les premiers ils déclarèrent la guerre à la révolution. D'autres mécontents allèrent les joindre, et surtout beaucoup de jeunes gens de la réquisition. Dès-lors, on donna le nom de Chouans aux bandes qui commençaient à remplir les forêts.

Les contrebandiers avaient beaucoup d'amis dans les campagnes ; ils fournissaient à bas prix des objets de première nécessité que les impôts et l'arbitraire portaient au-delà de leur valeur. Les Chouans continuèrent à être, de la part des habitants, l'objet de ces favorables dispositions. La révolution devenait odieuse et ils s'armaient contre elle. N'eussent-ils fait d'ailleurs que combattre l'autorité, ils eussent été vus d'un bon œil : l'autorité, pour le paysan qui ne réfléchit pas à la protection dont elle couvre ses travaux, n'est que le collecteur impitoyable qui lui ravit le fruit de ses sueurs. D'un autre côté, parmi les Chouans, les campagnards comptaient des parents, des enfants; rien d'étonnant qu'ils les favorisassent. Aussi, s'empressaient-ils de pourvoir à leurs besoins et de leur donner les renseignements les plus exacts et les plus précis. Les Chouans tendaient des embuscades à coup sûr, tombaient sur les gendarmes, les détachements, les escortes, pillaient les voitures, les caisses publiques, enfin, par le désordre, faisaient le plus de mal possible au gouvernement.

La Vendée aussi, avait cherché à abattre son ennemi, mais c'était en se présentant loyalement, courageusement en face de lui; la chouannerie se cacha toujours. Elle fit à la république une guerre de lâcheté et de trahison. Sans doute les chefs ne permirent ce genre de lutte que pour aguerrir leurs hommes, et jusqu'à ce qu'ils eussent achevé de les organiser, mais les circonstances ne leur permirent jamais d'en changer le caractère. La chouannerie, née du brigandage, resta un brigandage.

Puisaye s'était étendu de proche en proche : il avait fini par embrasser, dans le réseau de son organisation, quatre départements en entier, le Morbihan, l'Ille-et-Vilaine, les Côtes-du-Nord, la Mayenne et partie de la Sarthe, de Maine-et-Loire et de la Loire-Inférieure; il tournait les yeux vers la Normandie, d'une part, et de l'autre, vers le fond de la Bretagne. Mais il avait besoin d'armes, de munitions, d'argent, de troupes disciplinées qui pussent servir de réserve et d'appui à ses rassemblements; il résolut d'aller les chercher en Angleterre, en s'y présentant, non comme un solliciteur que l'on aurait éconduit, mais comme un allié qui venait offrir la diversion d'un parti puissant dans la guerre que cette nation commençait contre la république. Il s'embarqua pour Londres vers le milieu de l'année 1794 (1).

(1) Puisaye, *Mémoires*.

CHAPITRE II.

Hoche réorganise l'armée de Cherbourg. — On ajoute à son commandement le commandement de l'armée de Brest.

Les troupes chargées de réduire les départements insurgés formaient trois armées : l'armée de l'Ouest en Vendée, l'armée de Brest en Bretagne, et l'armée de Cherbourg dans l'Anjou, le Maine et la Normandie.

Hoche, en prenant le commandement de l'armée de Cherbourg, au commencement de septembre, dit à chacun des officiers : « Servir la patrie, comme tu l'as fait jusqu'ici, maintenir et augmenter la discipline parmi les troupes qui te sont confiées, contribueront, sans doute, à te faire trouver en moi un frère digne de toi et un ami sincère (1).... »

(1) Correspondance. *Hoche aux généraux et commandants militaires de l'armée.* 5 septembre 1794.

Aux soldats :

« Je ne vous commanderai pas la confiance que le temps et ma conduite devront m'acquérir ; vous me verrez, dans toutes les circonstances, attentif à prévenir vos besoins, prêt à vous rendre justice et à maintenir de tout mon pouvoir les lois de la république, à laquelle nous devons toute notre existence (1).... »

Et aux habitants :

« Jusques à quand, citoyens, vos campagnes fertiles seront-elles troublées par le bruit des armes, et infestées de malveillants qui pillent et dévastent vos propriétés ?..... Mais parmi ces hommes armés contre la république, n'en est-il pas beaucoup d'égarés ?..... Quoi donc ! ces hommes préfèrent les bois et les forêts à leurs toits honorables ! Ils préfèrent le nom et le métier de bandits au nom de citoyen et au métier paisible de cultivateur ! Quelques jeunes gens préfèrent une mort honteuse à la gloire de servir leur patrie, qui, pour un moment, demande leur bras et va bientôt les renvoyer libres et tranquilles dans leurs foyers !. ... Si ma voix ne peut aller jusqu'à ces malheureux, dont le sort m'a touché, c'est à vous, pères, mères, parents et amis,

---

(1) Correspondance. *Hoche à l'armée.* 5 *septembre* 1794.

d'être auprès d'eux mes interprètes..... Je ne suis point envoyé pour anéantir la population, mais pour faire respecter les lois. Qu'ils posent les armes; que rendus à leurs occupations ordinaires, ils rentrent paisiblement chez eux;..... j'assure, de la part des représentants de la nation entière, à ceux qui seront tranquilles dans leurs foyers, paix, union, sûreté, protection, liberté, fraternité et garantie de leurs propriétés..... Et moi aussi, j'ai été malheureux! Je ne puis ni ne veux tromper ceux qui le sont..... Rentrez donc, citoyens qui avez été égarés.... vous ne me forcerez pas à déployer contre vous un appareil de guerre formidable que je saurais employer d'une manière efficace contre ceux qui s'obstineraient à préférer le nom de Chouan à celui de Français (1)..... »

Puisaye, à son départ pour l'Angleterre, avait recommandé à ses partisans de s'étendre, de se propager dans l'ombre et en s'effaçant le plus possible; il voulait endormir les républicains dans une fausse sécurité, pour ensuite les réveiller par un coup de tonnerre et profiter de leur surprise pour les accabler. Hoche fut d'abord trompé par cette apparente tranquillité.

(1) Correspondance. *Hoche aux citoyens des campagnes.* 15 *septembre* 1794.

« Je fais la guerre aux Chouans, écrivait-il ; les drôles de gens, on ne les voit jamais (1). »

Un instant il se crut condamné à l'ennui insupportable pour lui de l'oisiveté, et tout naturellement ses regards se retournèrent vers les frontières du nord, vers cette armée de la Moselle qu'il avait formée, et qui, devenue l'armée de Sambre et Meuse, gagnait la bataille de Fleurus, s'emparait de la Belgique, s'apprêtait à passer la Meuse et à pousser les Autrichiens jusqu'au Rhin.

« Je te prie, mandait-il au représentant Lacoste, d'embrasser Jourdan et sa brave armée. Je désire que l'on s'y souvienne encore qu'autrefois j'y servais aussi (2)... »

Et à un autre de ses amis :

« ..... Je ne puis ni ne veux me comparer à vous qui êtes grands. Couvrez-moi de vos ailes, et jetez sur un pauvre garde-côtes un regard amical de temps à autre..... Si je ne craignais de distraire Jourdan, je lui écrirais deux mots bien courts ; mais l'écolier peut-il entretenir le maître ? J'attends l'occasion favorable. Continuez, mes braves et anciens amis, à soutenir votre nom : lorsque la postérité fouillera votre correspondance.... une lettre de moi

---

(1) Correspondance. *Lettre de Hoche à Grigny.* — (2) Ibid. *Hoche à Lacoste. 5 septembre* 1794.

se trouvera peut-être là et votre liaison me fera échapper au naufrage de l'oubli (1).... »

Cependant les Chouans se lassaient de la prudente réserve que, dans toutes ses lettres, leur chef ne cessait de leur prescrire. Des vols, des pillages, des assassinats plus fréquents les révélaient.

Hoche commença par les croire en grande partie étrangers à la contrée, restes que les armées vendéennes, en passant et repassant, avaient laissés dans le pays. « Les Chouans proprement dits sont les troupes légères des Vendéens qui les entretiennent. Ces derniers ont senti qu'un corps d'armée ne pouvait se soutenir sur la rive droite de la Loire, sans la participation du peuple, qui jusqu'alors n'a pas donné les mains à ce projet (2). »

En y regardant de plus près, Hoche ne tarda pas à être désabusé : « Il est faux de dire que les individus qui commettent les crimes dont cette partie de la république est le théâtre, sont seulement des Vendéens : ce sont des hommes du pays (3).... »

Le mal était bien plus grand qu'on ne l'avait cru d'abord : il y avait à craindre que derrière chaque haie, derrière chaque buisson, il n'y eût un fusil

---

(1) Correspondance. *Hoche à Lagastine.* 15 *septembre* 1794. — (2) Ibid. *Rapport au comité.* 30 *septembre* 1794. — (3) Ibid. *Lettre de Hoche au représentant Bollet.* 30 *octobre* 1794.

prêt à s'abaisser, un homme prêt à faire feu. Hoche aussitôt s'occupa d'y apporter remède.

Pour défendre contre les Anglais le littoral, de la Vilaine à la Somme, pour soumettre dans la Normandie, le Maine et l'Anjou, les ennemis qui sortaient de terre, Hoche n'avait que 22,000 hommes. Il n'en demanda pas davantage. « Il est utile ici, écrivait-il au comité de salut public, de combattre l'opinion qui accorde la victoire au grand nombre (1). » 22,000 hommes lui paraissaient suffisants, du moment qu'ils seraient organisés.

Les désordres que d'indignes chefs toléraient, ou même que, par leurs exemples, ils engageaient les soldats à commettre, avaient contribué pour beaucoup à pousser les habitants de l'ouest à la révolte. « Le pillage, le viol, l'incendie avaient longtemps semblé être à l'ordre du jour.... Des réclamations avaient été faites par les plus paisibles habitants, et presque toujours les dépositaires de l'autorité n'en avaient fait aucun cas (2). »

Hoche, persuadé que des troupes n'ont de force que celle qu'elles tirent de la discipline, s'appliqua avant tout à la ramener dans les rangs, et, en peu de temps, il y parvint.

« L'armée de la Moselle, écrit-il à Lacoste, était

(1) Correspondance. *Rapport au comité.* 30 septembre 1794.
(2) Ibid. *Hoche au représentant Bollet.* 30 octobre 1794.

une grande fille que j'aimais comme ma maîtresse ; celle-ci est un enfant chéri que j'élève pour en faire hommage à la patrie (1). »

Toutes ces premières mesures eurent un si heureux résultat, et donnèrent de lui une si favorable idée aux représentants en mission, qu'ils mandèrent au comité de salut public que Hoche « était l'homme de la chose », et qu'au commandement de l'armée de Cherbourg, on ajouta le commandement de l'armée des côtes de Brest.

Hoche fut effrayé du fardeau qu'on lui imposait ; il chercha à s'y soustraire, mais il eut beau s'excuser (2), on ne l'écouta pas : il dut accepter.

« Je vais donc partir pour Rennes, écrit-il au représentant Bollet La belle perspective! Je cours risque de perdre ma réputation et d'être persécuté. En vérité, il faut être dévoué au salut de la patrie pour braver de pareils accidents. Ils sont pour moi pires que la mort (3).... »

Plus encore que l'armée de Cherbourg, l'armée de Brest avait besoin d'une réforme : « S'il est une armée dans laquelle on puisse apercevoir les suites désorganisatrices du choc des révolutions qui a bou-

---

(1) Correspondance. *Hoche au représentant Lacoste. 7 novembre* 1794. — (2) Ibid. *Hoche au comité de salut public. 10 novembre* 1794. — (3) Ibid. *Hoche au représentant Bollet. 11 novembre* 1794.

leversé nos institutions militaires, c'est certainement celle des côtes de Brest. Partout, et même au milieu du quartier général, l'on aperçoit le désordre, l'indiscipline et le gaspillage..... Depuis longtemps, le peuple de ces contrées gémit sous le joug militaire : assez longtemps, ceux qui s'intitulaient les défenseurs de la patrie par excellence, ont exercé, sur leurs malheureux concitoyens, tous les genres de vexations. Il est arrivé le moment où, rentrant dans les justes bornes de leur devoir, les défenseurs de l'État n'en feront plus trembler les citoyens paisibles, et bientôt la plus austère discipline facilitera sans doute le retour de l'ordre (1).... »

Et il répéte :

« ..... Ce n'est nullement la quantité de troupes qui est nécessaire, mais bien leur qualité (2)..... »

L'armée était disséminée dans des cantonnements ; la vigilance du chef ne pouvait plus s'exercer ; les officiers négligeaient le service ; les soldats se perdaient. Hoche la rassembla, et malgré l'hiver qui approchait, il la fit camper.

« Le système des camps peut seul finir la ridicule guerre que nous faisons, et ferions sans succès..... Dans les camps s'alimente la discipline ; là seulement, à l'heure qu'il vous plaît, vous trouvez les

(1) Correspondance. *Rapport sur la situation de l'armée de Brest.* 19 *novembre* 1794. — (2) Ibid.

troupes toujours prêtes à voler où est le danger; là seulement, soit de jour, soit de nuit, vous les rassemblez sans bruit de caisse, sans être entouré d'espions (1)...... »

Hoche s'adresse aux soldats :

« Le républicain dont les mœurs sont pures, fuit la volupté et l'ivresse; elles dégradent l'âme. Il ne connaît d'autre parure que l'entretien de ses armes et de son vêtement; il n'affiche pas les vertus, mais elles lui sont chères; il les pratique (2).... »

Aux chefs :

« Tous les citoyens se doivent une surveillance continuelle et réciproque : le bonheur public et l'ordre social l'exigent; mais c'est plus particulièrement aux chefs reconnus par la loi à veiller sur les hommes dont la conduite leur est confiée........ Une armée indisciplinée est le plus grand fléau d'un pays qu'elle occupe et qu'elle doit défendre. En conséquence, je rends les chefs responsables des fautes de leurs subordonnés. C'est à eux à les prévenir par une bonne police (3)..... »

« En acceptant nos grades, citoyens, nous avons contracté de grandes obligations envers la patrie. Vous sentez bien comme moi, que pour la bien ser-

(1) Correspondance. *Hoche aux officiers généraux.* 16 novembre 1794. — (2) Ibid. *Hoche à l'armée.* 19 novembre 1794. — (3) Ibid.

vir, il ne suffit pas de détruire ou de désabuser et ramener à l'obéissance des lois ses enfants rebelles, mais qu'il faut encore discipliner les troupes qui la servent, les faire chérir des habitants effrayés des campagnes, par la pratique des vertus républicaines, et les faire respecter par l'austérité des principes (1). »

Mais c'était surtout par l'exemple, que les officiers pouvaient ramener les soldats.

« Vous voilà enfin commandant d'un camp, mon cher Crublier; je ne doute pas que vous n'alliez oublier et Rosette et Marthon, pour ne vous occuper que des hommes à la tête desquels vous vous trouvez placé. Je vous recommande la plus grande activité, la plus grande surveillance..... Soyez le plus près de votre camp que faire se pourra : ne manquez pas un jour la parade, et faites souvent des visites de postes la nuit. Souvenez-vous bien qu'à votre âge l'on inspire la confiance avec l'activité, la bonne conduite et la fermeté..... Vous rappellerez souvent à vos grenadiers les sentiments d'honneur, de bravoure et de probité qui doivent les animer. Ne laissez entrer aucun étranger dans votre camp : surtout point de femmes (2). »

Toute faute, tout délit qui portait atteinte à la

---

(1) Correspondance. *Hoche aux officiers généraux.* 16 novembre 1794. — (2) Ibid. *Hoche à Crublier.* 14 mai 1795.

subordination, à la discipline, à l'exactitude dans le service, à l'ordre social, trouvait dans Hoche un vengeur impitoyable, mais il avait de l'indulgence pour les faiblesses attachées à notre nature. C'était de la sévérité tempérée d'une bonté charmante. « Si les soldats étaient philosophes, écrivait-il à l'un de ses généraux, ils ne se battraient pas. Tu ne veux pas qu'ils soient ivrognes, ni moi non plus; mais examine quelles peuvent être les jouissances d'un homme campé, et ce qui peut le dédommager des nuits blanches qu'il passe? Corrigeons pourtant les ivrognes, surtout lorsque l'ivresse les fait manquer à leur devoir (1)..... »

Des soins aussi assidus ne tardèrent pas à produire d'heureux effets, et Hoche manda au comité de salut public : « Déjà l'habitant regarde sans effroi l'homme qu'il appelle *bleu* et qu'il regardait comme son ennemi (2). »

Ce n'était pas assez : il fallait poursuivre ceux des rebelles qui refusaient de déposer les armes : Hoche organisa des colonnes mobiles : « Les troupes des camps doivent en sortir au moins trois fois par décade, pour faire des battues à deux ou trois lieues, tantôt dans un endroit, tantôt dans un autre (3).

(1) Correspondance. *Hoche au général Kricq. 17 novembre 1794.* — (2) Ibid. *Hoche au comité de salut public. 28 novembre 1794.* — (3) *Hoche aux officiers généraux. 16 nov. 1794.*

» Si dans le jour tu as fouillé quelque village, reviens dans l'un d'eux par contre-marche, au milieu de la nuit. Fais-le entourer soigneusement, et arrête les brigands qui s'y trouveraient. Ordinairement ils se tiennent dans les métairies, marches-y et jamais par les chemins qui conduisent d'un bourg à un autre, mais bien par les sentiers, afin de te fournir les moyens de les connaître (1)... »

Mais, pour réunir les troupes, il avait fallu les faire sortir des bourgs et villages où elles étaient dispersées. Aussitôt les administrations avaient poussé des cris et envoyé des réclamations jusqu'au comité de salut public et à la convention : « On les abandonnait, on livrait les patriotes à l'ennemi ! »

Hoche répondit à l'une de ces plaintes, et écrivit aux administrateurs du district d'Avranches : « Je reçois votre lettre. Je suis indigné de l'assassinat et du rapport que vous m'en faites; du crime, et de la terreur désorganisatrice qui vous agitent. Sont-ce bien des administrateurs qui annoncent que le meurtre d'un seul homme fait déserter les patriotes les plus prononcés des campagnes ? Quels patriotes que ceux qui abandonnent leurs foyers, leur poste parce qu'un homme a été immolé à une vengeance peut-être particulière !... Je vais dénoncer à la

---

(1) Correspondance. *Lettre du* 26 *février* 1795.

France entière votre frayeur et celle des habitants de votre district qui vous imitent. Elle seule ferait la contre-révolution, si la contre-révolution pouvait être faite. Vous êtes consternés par la mort d'un de vos concitoyens ! Sans doute, c'est un malheur, un très-grand malheur : mais, au lieu de le pleurer comme des femmes, vengez-le comme des républicains..... Sachez que le fonctionnaire public qui abandonne son poste, n'est pas plus coupable que celui qui répand lâchement la terreur et le découragement par des rapports exagérés. Vous pouvez dénoncer à qui vous voudrez et ma lettre et moi..... Au surplus, j'envoie des troupes d'infanterie pour garder votre soupe (1) !... »

« ... Voyez chaque jour, mandait-il aux représentants du peuple, voyez chaque jour ces administrations pousser les hauts cris, vous demander des troupes. Combien y en a-t-il qui, l'épée au poing, veuille les accompagner ? Où sont les administrés qui veulent nous donner des renseignements ? Lors même que le cadavre des victimes est encore à leur porte, interrogez les voisins, ils vous diront qu'ils n'ont point entendu le coup qui l'a frappé (2)... »

Malgré les mesures prises par Hoche pour les arrêter, les chouans faisaient des progrès alarmants.

(1) Correspondance. *Lettre du 10 novembre* 1794. — (2) Ib. *Hoche aux représentants Bollet et Boursault.* 16 *déc.* 1794.

De Londres, Puisaye ne cessait de les exciter ; il avait organisé par Jersey, une communication active avec la Bretagne. Aux chefs, il envoyait des brevets, des cordons, des rubans ; aux soldats des armes, des munitions, des vêtements, de l'argent, des assignats dont il venait d'établir une fabrique en Angleterre. En même temps il répandait dans les départements insurgés des proclamations, une lettre de l'évêque de Dol, légat du Saint-Siége ; il y faisait passer des prêtres pour achever de soulever et de fanatiser les paysans, et des émigrés pour les commander (1).

Les chouans ne se cachaient plus, ils se réunissaient, ils parcouraient le pays en bandes, abattaient les arbres de liberté, brûlaient les registres publics, pillaient les maisons des officiers municipaux, des acquéreurs de biens nationaux, de tous ceux qui leur étaient signalés comme patriotes, et les égorgeaient eux-mêmes quand ils pouvaient les saisir.

Les partisans de la révolution menacés, cherchaient un refuge dans les villes, et dès-lors, maîtres des villages, les chouans contraignaient les jeunes gens à marcher avec eux, et enrôlaient les pères pour, au besoin, les requérir.

De plus, sous peine de mort, ils défendaient toute relation avec les habitants des villes, faisaient dé-

---

(1) Puisaye, *Mémoires*. — Corresp. des chefs royalistes.

monter les charrettes, brisaient les roues, emportaient les essieux. Leur dessein était d'affamer les villes et de les amener à se soulever contre la République (1)...

Tel était l'état des choses, lorsque parut le décret rendu le 2 décembre 1794.

(1) Savary, *Guerres des Vendéens et des Chouans.*

CHAPITRE III.

Amnistie. — Cormatin. — Traité de la Mabilais. — Dénonciations contre Hoche. — On lui retire le commandement de l'armée de Cherbourg.

Pendant que la Convention faisait face à l'ennemi du dehors, elle s'était sentie tout-à-coup frapper par derrière. Elle s'était retournée avec colère et avait commandé d'anéantir ce nouvel ennemi. Ses ordres rigoureux, loin d'étouffer la guerre, n'avaient fait que l'aviver. Après deux années d'une lutte sanglante, la Vendée tenait toujours.

Robespierre était tombé ; on pouvait revenir à la douceur. On proposa à la Convention, et elle adopta une amnistie générale pour tous les insurgés de l'ouest qui déposeraient les armes, et se soumettraient aux lois de la République. Elle envoya une députation de ses membres, porter son pardon aux départements en révolte.

A bout de moyens, une partie de la Vendée, celle que commandait Charette accepta un armistice. Au contraire, la Bretagne dont chaque jour augmentait les forces, la Bretagne le repoussa avec dédain ; elle prenait pour une marque de faiblesse, cette démarche des républicains, et son audace s'en accrut.

Cependant un des chefs, Botidoux, ex-constituant, s'était détaché des autres, et avait fait sa soumission. Hoche l'engagea d'essayer des ouvertures auprès de ses anciens compagnons.

Les relations commencées, Humbert, un des lieutenants de Hoche, les continua. Il offrit à Boishardy qu'il combattait, une entrevue dans un lieu qu'il désigna, et il y alla seul (1). Cette confiance lui gagna l'estime de Boishardy. Il sembla qu'en se voyant on parviendrait à s'entendre ; on convint d'une suspension d'armes. Mais, il fallait l'étendre et la faire connaître à tout le pays insurgé : le conseil général des chouans chargea Cormatin, son major-général, de parcourir la Bretagne, le Maine et l'Anjou (2)....

Cormatin était arrivé en Bretagne, au moment où

(1) Savary, *Guerres des Vendéens et des Chouans.*
(2) Puisaye, *Mémoires.*

Puisaye se préparait à passer en Angleterre : il était muni des certificats les plus honorables, que lui avaient délivrés les princes et le marquis de Bouillé, sous les ordres duquel il avait servi. Puisaye avait besoin d'un officier qui connût la besogne de l'état-major, il le choisit. Pendant quelque temps, Cormatin se montra si docile aux instructions qu'il lui envoyait, que Puisaye ne l'appelait qu'*obéissant* (1). Mais, c'était un homme rempli de vanité, et qui n'aspirait qu'à paraître ; du moment qu'il entrevit un rôle à jouer, il oublia Puisaye et se mit en scène.

Cependant, avant de faire sa tournée dans les divers cantons qui avaient pris les armes, Cormatin écrivit à son chef qu'il allait profiter de la suspension des hostilités pour organiser plus fortement la chouannerie, pour se concerter avec Charette et Stofflet, pour remettre au général en chef de l'armée de l'Ouest la lettre dans laquelle Puisaye qui l'avait autrefois connu cherchait à attirer Canclaux dans les rangs des royalistes (2). C'était de la part de Cormatin un premier acte de trahison envers les républicains.

Pour détourner tous les soupçons, Cormatin demanda à être accompagné par un officier républi-

(1) Correspondance des chefs royalistes. — (2) Puisaye, *Mémoires*.

cain qui assisterait à ses entretiens avec les chefs vendéens ou chouans, qui connaîtrait toutes ses démarches, pourrait raconter toutes ses paroles, et il désigna Humbert.

Les dehors un peu épais de ce général faisaient espérer à Cormatin qu'il lui serait facile de le tromper, mais Humbert avant la révolution avait été maquignon et sous une enveloppe un peu grossière, il cachait la finesse propre aux gens de son métier.

Pour plus de sûreté, le représentant Bollet lui traça une instruction dont il ne lui était pas permis de s'écarter. On lui recommandait surtout de ne concourir ni dans ses conversations, ni dans ses démarches à aucune mission qui n'eût pour résultat le maintien du gouvernement républicain, son unité, son indivisibilité....., de ne faire ni acte ni traité... La nation ne contractait point avec des rebelles, mais seulement par générosité elle leur accordait leur grâce (1)...

Dans le cas où Cormatin agirait d'une manière suspecte, « il devait en donner sur-le-champ avis, et prendre les moyens les plus convenables pour s'assurer de sa personne. »

Humbert paraissait subir un ascendant dont la vanité de Cormatin se glorifiait : le major-général

(1) Savary. *Instruction particulière pour le général Humbert.* 9 *janvier* 1795.

des chouans espéra aussi s'emparer de Hoche : il vint à Rennes au quartier-général.

Cormatin fut bien vite détrompé : dès qu'il parut devant Hoche, devant ce jeune homme si simple et à la fois si digne, lui si hautain, arrogant même, se courba, s'humilia et descendit jusqu'aux larmes pour convaincre le général républicain de sa sincérité et de sa bonne foi.

Cormatin demandait à communiquer avec Charette, pour se soumettre de concert avec lui. « Mais, reprit Hoche, dans le cas où Charette ne se rendrait pas, les scènes d'horreur dont je suis témoin depuis quatre mois recommenceraient donc, et nous verrions encore des Français s'entre-déchirer ? — Non, dit Cormatin vivement affecté ; mais Charette nous a servis, nous devons naturellement lui faire part de nos démarches.... S'il ne se rend pas, nous renonçons à toute espèce de correspondance et de liaison avec lui. »

Cormatin aurait voulu étendre l'amnistie aux émigrés : Hoche répondit que le peuple qui pardonnait n'entendait pas transiger. Cormatin abandonna les émigrés. La seule condition qu'il mit à la soumission de la Bretagne, c'est qu'on accorderait aux habitants de ce pays l'exercice de leur religion.

La Convention avait décrété la liberté des cultes : il parut à Hoche que ce que demandait Cormatin n'était en rien contraire aux lois.

Restait à statuer sur le sort d'une foule de gens sans aveu, contrebandiers, déserteurs, qui s'étaient fait de la guerre civile une habitude. Hoche offrit à Cormatin et proposa au gouvernement de les enrégimenter et d'en former des corps de troupes qui serviraient aux frontières et combattraient à l'avant-garde.

La conférence avait duré cinq heures ; on se sépara (1).

Cormatin parcourut le Maine et l'Anjou et ensuite se dirigea vers Nantes où s'étaient réunis les représentants chargés de pacifier la Vendée. La soumission de l'Ouest intéressait trop le général Hoche pour qu'il restât étranger aux négociations qui devaient l'amener : il s'y rendit aussi. Là, il trouva un chevalier de la Vieuville, ancien officier aux gardes-françaises, qui affecta de lui rappeler qu'il avait été sous ses ordres. Hoche n'oubliait pas son origine et n'en rougissait pas, mais il n'accordait à personne le droit de s'en prévaloir contre lui : d'un mot il remit l'émigré à sa place (2).

Cependant Cormatin faisait l'important, parlait haut, menaçait même, parce que les représentants n'ayant pas encore reçu de Charette une réponse définitive, jugeaient prudent de les empêcher de

(1) Correspondance. *Lettre de Hoche au comité de salut public.* 12 *janvier* 1795. — (2) Puisaye, *Mémoires.*

s'entendre; négligence ou perfidie, il laissait tomber entre leurs mains la lettre que Puisaye adressait à Canclaux et qui pouvait compromettre ce général. Heureusement que Canclaux, lorsqu'on la lui présenta, eut l'idée de soutenir qu'elle n'était pas de l'écriture de Puisaye, et le persuada en la confrontant avec les pouvoirs que Cormatin, comme s'il les tenait de son chef, s'était fabriqués à lui-même (1).

Enfin, tous les obstacles levés, on permit à Cormatin d'aller trouver Charette.

Cormatin n'était pas venu à Nantes avec l'intention de faire la paix : auprès de Charette, il changea d'avis.

Les Bourbons commençaient à croire qu'ils ne rentreraient jamais en France par la force. Les rois qu'ils avaient poussés à prendre les armes se retiraient un à un d'une guerre désastreuse. La Prusse, une partie de l'Allemagne venaient de traiter avec la république; l'Espagne était sur le point d'en faire autant : l'Autriche non plus n'attendait qu'une occasion de se tirer d'affaire honorablement. Restait l'Angleterre à qui toute lutte qui affaiblissait la puissance de sa rivale ou tout au moins la tenait en échec, était profitable, mais les Bourbons se défiaient de l'Angleterre.

(1) Puisaye, *Mémoires*. — Savary, *Guerres des Vendéens et des Chouans*.

La guerre ne pouvait les faire remonter sur le trône; ils essayèrent de l'intrigue.

Tant que la Terreur avait plané sur la France, leurs partisans, même les plus dévoués, avaient refoulé au plus profond de leur cœur les sentiments qu'ils nourrissaient ; une pensée qui se serait trahie par un mot, par un signe, les aurait conduits à l'échafaud : mais Robespierre était tombé, et l'opinion publique réagissant avec autant de violence qu'elle avait été comprimée, entraînait jusqu'aux terroristes eux-mêmes. Ceux, en effet, qui avaient pris la moindre part au régime qui venait de finir se sentaient comme accusés, ils se justifiaient, ils abritaient leur conduite derrière l'impérieuse nécessité des circonstances. La faveur publique était passée à leurs adversaires, à ceux qu'ils avaient tenus si longtemps sous la crainte; la mode elle-même se parait de leurs noms; on donnait des bals *de victimes;* les coiffures, les vêtements étaient *à la victime* : encore un pas et on arrivait au *royalisme;* un peu d'habileté devait y amener les esprits : dès lors il ne serait plus besoin du concours intéressé et toujours douteux des étrangers, la contre-révolution se ferait au dedans, et les Français eux-mêmes relèveraient le trône et rappelleraient leurs princes (1).

Voilà ce qu'écrivaient à Vérone, au frère de

---

(1) Puisaye, *Mémoires*. — Corresp. des chefs royalistes.

Louis XVI, un Brottier, un Laville-Heurnois, un Duverne de Presles. C'étaient des gens sans consistance et qu'au besoin on pourrait désavouer ; Monsieur, qui prenait le titre de régent pendant la minorité de son neveu Louis XVII, retenu au Temple, leur accorda tous les pouvoirs qu'ils lui demandèrent.

L'*agence* aussitôt se mit à l'œuvre, profita de la liberté de la presse, soudoya des écrivains, inonda le public de pamphlets, de journaux, intrigua dans les assemblées électorales et fomenta des émeutes.

La Vendée, par son courage et ses malheurs, attirait depuis longtemps les regards. L'agence chercha à s'abriter sous cette gloire, et à trouver dans ce pays un appui à ses projets. Des premiers chefs de l'insurrection, deux seulement avaient survécu aux combats : Charette et Stofflet. Elle négligea l'un pour ne s'occuper que de l'autre et le combler de faveurs. Elle fit envoyer de Vérone, à Charette, des titres, des distinctions, des honneurs, et s'empara de lui à la fois par la vanité et par l'ambition : Charette devint son homme. « Dans les instructions que nous donnons au porteur de cette lettre, lui disait-elle, nous avons toujours en vue notre obligation principale qui est de ne rien faire qu'en votre nom et de tout rallier autour de vous (1). »

(1) Correspondance des chefs royalistes. *Lettre de l'agence à Charette. 16 novembre* 1795.

Charette était déjà en négociation avec les républicains; loin de l'en détourner, l'agence le poussa à conclure. La paix mieux que la guerre convenait pour établir les sourdes menées par lesquelles on voulait faire tomber la république.

Par Charette, l'agence pensait être maîtresse de la Vendée : elle voulut également mettre la main sur la Bretagne. Ses émissaires entourèrent Cormatin, firent taire ses scrupules, en opposant aux ordres de Puisaye les ordres du régent, et le gagnèrent en faisant briller à ses yeux les séductions du pouvoir. Cormatin changea tellement de sentiments et de langage que Solilhac qui l'accompagnait crut devoir le rappeler aux instructions secrètes du comité de l'armée royaliste. Cormatin ne tint aucun compte de ses remontrances, et, dans une réunion de chefs vendéens, il fut le plus vif à presser Stofflet et ses lieutenants d'accepter la paix qu'on leur offrait (1). Peu après, il signa lui-même, quoiqu'il n'y fût pas intéressé, le traité de la Jaunaie par lequel Charette se soumettait à la république.

Cormatin était déjà engagé; il revint en Bretagne, convoqua les chefs de la chouannerie à la Prévalaye, à quelques lieues de Rennes, et leur proposa d'imiter Charette.

Ces hommes qui n'avaient pris les armes que

(1) Puisaye, *Mémoires*.

pour rétablir la monarchie et qui se croyaient au moment d'y arriver, s'étonnèrent qu'on leur demandât de reconnaître la république. Les chefs du Morbihan refusèrent net et s'éloignèrent ; les autres allaient en faire autant et laisser Cormatin dans un humiliant abandon, lorsqu'à force de promesses, de caresses et presque de prières, le major-général parvint à les retenir (1). Toutefois, les chefs chouans ne consentirent à traiter avec les républicains que si Stofflet qui continuait la lutte, se décidait à déposer les armes. Il fallait encore les laisser communiquer avec cet autre chef vendéen.

Pendant tous ces pourparlers, les désordres continuaient. Malgré les promesses faites par les chefs, les patriotes étaient toujours traqués, pillés et égorgés. C'était de tous côtés des rapports affligeants.

On écrit d'Avranche, le 15 janvier :

« Les chouans assassinent presque toutes les nuits quelques officiers municipaux. Ce qui fait que plus de quarante communes sont sans officiers municipaux (2). »

De Château-Gontier le même jour :

« Les brigands ont encore égorgé cette nuit, neuf patriotes de la commune de Chemazé, à une lieue

(1) Puisaye, *Mémoires*. — (2) Savary. *Le représentant Legot au comité de salut public*. 15 janvier 1795.

et demie de la place.... Les administrateurs de Segré m'annoncent que les assassinats se renouvellent dans leur district et que les promesses faites par M. Turpin sont violées.... Deux à trois cents chouans ont fondu sur Cheffes, district de Châteauneuf, le 12, sur les six à sept heures du soir ; six patriotes ont été pillés et massacrés.... (1). »

De Domfront, le 1er mars :

« Les chouans font de jour en jour des progrès rapides : des volontaires massacrés, des particuliers assassinés, les lois brûlées, les arbres de la liberté abattus dans plus de vingt communes, les officiers municipaux en fuite, telle est notre position.... « Dans les campagnes, on s'imagine que la contre-révolution est faite, parce qu'on voit les lois impuissantes, et les républicains pillés, égorgés impunément...... « La nouvelle de la reddition de Charette et de Cormatin, à Nantes, loin de faire cesser le désordre, semble lui avoir imprimé plus d'activité... (2). »

De Vire, le 6 :

« L'amnistie et la pacification de la Vendée, n'ont point ralenti les brigandages des chouans. Les

---

(1) Savary. *Le général Varin au représentant Genissieu.* 15 janvier 1795. — (2) Id. *L'agent national au comité de salut public.* 1er mars 1795.

fonctionnaires publics, les commissaires, les acquéreurs de domaines nationaux, et, en général, tout ce qui tient à la révolution, est victime de leur scélératesse. La disette nous menace, nous demandons des secours..... (1) »

De Fresnay-sur-Sarthe, le 22 :

« L'insurrection est à son comble dans notre district. De quarante-sept municipalités, trente ont déjà vu dévorer par les flammes tous leurs papiers. Ces expéditions sont accompagnées d'atrocités qui font frémir.... (2) »

De Vire, le 13 avril :

« La disette et les horreurs des chouans nous désolent. Plus de sûreté pour quiconque a montré de l'attachement au gouvernement républicain. Plus de fonctions municipales ; les acquéreurs de biens nationaux pillés, maltraités, assassinés, incendiés. .. (3) »

Même, quand ils avaient l'air d'observer la trêve, les chouans la violaient.

» Dans tout le midi du district de Laval, les chouans ont, à la vérité, cessé les hostilités : mais ils vont de porte en porte, prennent connaissance de la force et des positions, montrent des porte-

---

(1) Savary. *L'administration au comité de salut public.* 6 *mars* 1795. — (2) Id. *Ibid.* 22 *mars* 1795. — (3) Id. *L'administration au représentant Lozeau.* 13 *avril* 1795.

feuilles remplis d'assignats, payent à boire aux soldats, et cherchent à les débaucher par tous les moyens possibles. Depuis ces entrevues qui cependant sont défendues, le soldat murmure, le service languit. Déjà deux soldats ont passé aux chouans, et ont ensuite écrit une lettre très-insolente à leur capitaine.... (1) »

« ...... La misère nous fait beaucoup d'ennemis : les cartouches se vendent..... (2) »

« Il y a quelques jours, on vit arriver au Mans, un certain général chouan nommé Geslin : il venait, disait-il, pour pacifier le pays : on a relâché les chouans détenus, et cet homme de paix a enrôlé publiquement (3). »

« L'Hermite et Geslin, commissaires pacificateurs envoyés de Rennes par les chefs chouans, ont prodigué les assignats, et employé tous les moyens de séduction, surtout à Foulletourte, pour débaucher la troupe. Depuis leur départ, dix dragons stationnés sur la grande route, d'ici au Mans, sont passés aux chouans avec armes, bagages, chevaux et munitions (4). »

Hoche plus que personne désirait la paix. Il avait

(1) Savary. — (2) Id. *Le général Leblay au général Hoche.* 14 *avril* 1795. — (3) Id. *Courbe au comité de salut public.* 14 *avril* 1795 — (4) Id. *Dubois au représentant Dubois-Dubais.* 15 *avril* 1795.

hâte de voir finir une lutte fratricide, dans laquelle s'épuisaient les forces de la patrie, sans profit pour elle : il avait hâte d'être libre pour s'élancer aux frontières, combattre non plus les enfants de la France, mais ses ennemis, les Autrichiens et les Anglais.

Aussi, du jour où il avait entrevu la possibilité d'un rapprochement, il avait donné à toutes ses divisions, l'ordre de suspendre les hostilités, de se borner au service indispensable, les patrouilles de sûreté et la garde des camps.

Hoche, un instant, crut à la sincérité des chefs. « Je crains bien, écrit-il au représentant Brue, que les chefs des brigands ne veuillent quitter le parti que parce qu'ils ne sont plus les maîtres d'arrêter le cours des assassinats. L'un d'eux, Cormatin, fait son possible pour cela, et il me paraît qu'il ne peut y parvenir. Je l'envoie copie des lettres que je reçois à l'instant de lui, il me paraît de bonne foi (1). »

Il ne tarda pas à changer d'avis :

« Ne craignez-vous pas, mande-t-il au représentant Bollet, que la garde territoriale que vous formez dans la Vendée, ne soit un noyau d'armée, auquel viendront se réunir les brigands, lorsque

---

(1) Correspondance. *Hoche au représentant Brue. 15 janvier 1795.*

l'idée de reprendre les armes leur passera par la tête (1)?... »

Le 14 mars, il écrit au même :

« Tout ce que j'apprends, tout ce que je vois, n'est pas la paix. D'un côté, on se réjouit, de l'autre, il se passe des événements affligeants. Dans tel endroit, il se commet des meurtres, des brigandages; dans tel autre, on est comprimé par la crainte (2). »

Le 20, au comité de salut public :

« Ce que j'ai pu découvrir des projets des chouans, est assez important pour affliger un républicain de bonne foi. Affamer les villes pour les faire soulever, intercepter toute communication, assassiner les patriotes et les fonctionnaires publics, tirer d'Angleterre de faux assignats, de l'or ; acheter nos soldats, nos matelots et le secret de nos opérations ; s'emparer des arsenaux, organiser une armée considérable, faire chouanner sur toute la surface de la république, commander partout la terreur, voilà le résumé de leurs projets atroces (3)... »

Le 1er avril, il écrit encore au comité de salut public :

« Les chouans demandent un délai de huit jours, pour envoyer une députation à Stofflet : si il leur est

---

(1) Correspondance. *Hoche au représentant Bollet.* 23 février 1795. — (2) Ibid. *Id.* 14 mars 1795. — (3) Ibid. *Hoche au comité de salut public.* 20 mars 1795.

accordé, nous sommes perdus. On veut nous affamer entièrement, et déclarer ensuite que pour avoir la paix, il faut un roi. J'ai hier, déclaré à vos collègues que mon opinion est qu'on fasse la guerre, si les chouans ne veulent pas se rendre demain (1)... »

Et dans une autre dépêche : « La première entrevue a eu lieu hier, entre les représentants du peuple et quelques chefs chouans : j'ai eu lieu de me convaincre de la mauvaise foi de ces derniers, et j'ai travaillé toute la nuit en conséquence (2)... »

Hoche se mettait en mesure pour n'être pas surpris par la guerre qu'il voyait venir. Mais ses ordres étaient à chaque moment entravés par les représentants en mission.

Quinze ou vingt avaient envahi les départements de l'Ouest, chargés par la Convention, les uns de veiller à la défense des ports et du littoral, les autres de réorganiser les administrations accusées de terrorisme, les derniers, enfin, de ramener la paix et le calme dans le pays insurgé. Ils ne se mettaient pas en rapport les uns avec les autres, n'agissaient pas de concert, et prenaient une foule d'arrêtés qui se combattaient ; ils étaient les premiers à s'en plaindre.

Baudran écrit de Laval au comité de salut public :

---

(1) Correspondance. — (2) Ibid. *Hoche au comité de salut public.* 1er avril 1795.

« Il y a une foule de représentants dont les missions se croisent. Je vois souvent affichés ici, des arrêtés pris, tantôt par deux, tantôt par trois, et quelquefois par cinq de nos collègues que je ne connais pas et avec qui je n'ai jamais conféré. Si, au lieu de m'en tenir à faire exécuter les lois, j'avais la manie de faire des arrêtés, je pourrais me trouver en contradiction avec mes collègues. Les administrations ne savent plus à qui s'adresser pour expliquer ou interpréter ces arrêtés; souvent on voit paraître des décisions partielles, contradictoires, etc. (1).... »

Mais c'était surtout dans leur manière de voir par rapport à la paix, qu'ils différaient de sentiments : les uns, tels que Boursault, dont les offres avaient d'abord été rejetées par les insurgés, appelaient *monstrueuse* la trêve consentie par Humbert et ratifiée par Hoche; les autres, comme Ruelle, qui voulaient que l'on regardât partout la pacification comme leur œuvre, faisaient bon marché de la dignité de la république et se courbaient sous des humiliations qu'on ne leur ménageait pas.

Placé au milieu de ce conflit d'autorités et de pouvoirs, Hoche surtout en souffrait.

« Ici, écrivait-il au comité, ici les catholiques sont protégés; là, ils sont poursuivis; dans ce

---

(1) Savary. *Lettre de Baudran.* 10 *avril* 1795.

département, on jouit d'une paix profonde, parce qu'on ne commet aucun acte arbitraire ; dans le département voisin, il se fait des visites domiciliaires toutes les nuits. On laisse à un canton les hommes de la réquisition ; dans cet autre, ils sont traités comme des conspirateurs (1)..... »

Mais, c'est dans ses notes qu'il a pu retracer sans contrainte l'anarchie où les représentants jetaient les départements de l'ouest.

« Quinze à dix-huit gouverneurs sont envoyés dans ces provinces ; ils doivent y passer, les uns trois mois, les autres six, et, pendant ce temps, être magistrats suprêmes, législateurs, administrateurs, généraux même. Ils disposent de la vie, de l'honneur, de la fortune du citoyen qui croit devoir les bénir, lorsque, pour leur service particulier, ses propriétés les plus chères ne lui ont pas été ravies. Des lois contre ces abus, il n'en existe pas. Les soi-disant représentants du peuple, qui, de vingt côtés, m'inondent de leurs paperasses, travaillent séparément à faire une législation particulière à l'armée et aux malheureux qu'ils nomment leurs administrés..... Les propriétés sont à la merci de ces vampires. Tout est enlevé, on ne paie rien. L'administration est confiée à des mains impures et inhabiles..... Le

(1) Savary. *Hoche au comité de salut public.* 26 *janvier* 1795.

malheureux habitant ne sait que penser de cette fluctuation monstrueuse, n'obéit pas aux lois dans la crainte de désobéir aux arrêtés, et, enfin, désespéré, ne connaissant plus de frein, n'ayant confiance en qui que ce soit, il s'arme pour défendre sa liberté et ses propriétés (1). »

Et Hoche, pour achever ce hideux tableau, nous montre un de ces représentants, Boursault :

« Il est enfin parti, ce satrape insolent, ce législateur burlesque ; la Bretagne, opprimée par cet intrigant, va peut-être enfin respirer. Nous ne verrons plus ce Janus proscrire et protéger tour à tour les patriotes et les aristocrates. Pendant le cours de sa mission, il n'a cessé de marquer les jours par une arlequinade. Ne pouvant vivre en paix avec aucun de ses collègues, blâmant les opérations qui ne lui appartenaient pas, dévoré de chagrin, d'ambition, il fut constamment en opposition avec tous, et avec lui-même. Cet homme a été comédien, il en a conservé les goûts et le ton ; il ne demandait pas un verre d'eau sans déclamer. Il est toujours en scène : il imite, de loin, à la vérité, tantôt Brutus, tantôt Tarquin. A table, lorsqu'il boit du vin *requis*, il vante la rudesse de son républicanisme, et l'instant d'après, il publie les faveurs dont l'ont comblé quelques souverains de l'Europe, etc. (2)... »

(1) Bergounioux, *Vie de Hoche*. — (2) Id., *Ibid*.

Les autres, à une ou deux exceptions près, ne valaient pas mieux.

« Ennemis implacables de toute honnêteté, ivrognes, débauchés, ignorants et vains, tel est le caractère des membres de notre congrès. » Et Hoche en vient presque à regretter Robespierre et son règne sanglant, sous lequel lui-même avait failli périr. « Ce gouvernement au moins était uniforme; on savait à qui entendre; aujourd'hui, l'homme de bien ignore quelle route il doit suivre (1).... »

Si encore tous ces représentants s'étaient bornés à épurer les administrations et à pacifier, mais ils entraient dans les affaires militaires, dans le placement et le déplacement des troupes.

Hoche avait-il besoin de trois bataillons qu'il tirait du Morbihan et du Finistère? un représentant prenait un arrêté pour les y retenir, sous le prétexte que ces troupes parties, le pays qui n'était pas sûr allait se soulever (2).

Un autre amenait la garnison de Cherbourg du côté d'Avranches et de Mortain, et un de nos ports militaires les plus importants restait sans défense, en prise à l'ennemi (3).

Un troisième détachait 3,000 hommes d'une colonne de 12,000, qui venait de l'armée du Nord en Bretagne et les gardait à Alençon.

(1) Bergounioux, *Vie de Hoche*. — (2) Savary. — (3) Id.

« Je suis très fâché d'avoir un pareil rapport à vous faire, écrit Hoche au comité : mais lorsque quinze à seize personnes me donnent des ordres contraires, je crois devoir le faire connaître au gouvernement..... Je vous prie d'ordonner qu'en soumettant mes opérations à deux, quatre ou six représentants près de ces armées, les dix ou douze autres, répartis sur divers points, n'ordonnent pas de mouvements, surtout lorsque les circonstances ne le demandent pas (1)..... »

Tant d'ennuis amenaient parfois dans le cœur de Hoche le découragement, la défaillance; il voulait se retirer, il suppliait le comité de l'employer ailleurs. Mais le comité lui écrivait qu'il avait sa confiance, que désormais les représentants ne se mêleraient plus des opérations militaires, et quelques jours après le comité prêtait l'oreille aux délations ; arrivait de Paris une lettre sévère pour réprimander le général de ce qu'une diligence mal escortée avait été pillée, de ce qu'un convoi avait été enlevé : « Le service était fait avec négligence à cette armée ;..... ce n'était pas tout de faire des plans, il fallait avoir la force de les faire exécuter (2). »

Alors Hoche répondait : « J'arrive de St-Brieuc, point intermédiaire entre la mer et le quartier gé-

(1) Savary, *Hoche au comité de salut public*. 26 janvier 1795.
— (2) Bergounioux.

néral des Chouans. La garnison est de quatre cents hommes, et sur toute la côte il y a un cordon de postes d'infanterie; je les ai vus.

» La position d'un général dont l'armée est divisée par pelotons de soixante, quatre-vingts ou cent hommes, sur une surface de quatre mille lieues carrées, n'est assurément pas brillante : elle est malheureuse, si en redoublant tous les jours d'efforts pour faire le bien, il est accusé de faiblesse et de négligence par le gouvernement auquel il est dévoué, tandis que les ennemis l'accusent hautement de mettre trop de rigueur dans sa conduite.....

» Je suis éloigné de manquer de nerf pour l'exécution des ordres donnés : je n'ai pas craint jusqu'à ce jour de dire hautement la vérité, et vous avez pu vous en convaincre par les ennemis que je me suis faits. Je pourrais répondre à ceux-ci, mais je ne donnerai pas aux ennemis de ma patrie le spectacle d'une lutte avantageuse pour eux et scandaleuse pour le public. Lorsque retiré du service, on attaquera mon honneur ou mes opérations, je saurai que répondre (1). »

Le gouvernement avait reçu l'avis que les Anglais faisaient de grands préparatifs et qu'ils allaient tenter une descente sur les côtes de Bretagne. Il

---

(1) Correspondance. *Lettre du* 31 *mars* 1795.

fallait être en état de les recevoir. Hoche donna des ordres pour concentrer les troupes ; ce fut le signal d'une nouvelle explosion.

De la Mayenne, de la Sarthe, de l'Orne partirent une foule de déclamations et de dénonciations contre lui.

Le représentant Dubois-Dubais à son collègue Lacombe, membre du comité de salut public :

« Combien le général Hoche a eu tort de lever ses cantonnements qui mettaient à couvert le département de la Sarthe! En rassemblant autour de lui toutes ses troupes, pour les réduire, ainsi que je l'ai remarqué depuis longtemps, à la nullité, il a inspiré de la méfiance aux chefs chouans et les a empêchés de se rendre à Rennes, ainsi qu'il était convenu. Je t'assure que la conduite de ce général me devient de plus en plus suspecte : car, jusqu'à présent, je n'ai reconnu de sa part ni aucun ordre, ni aucune disposition qui ne tende qu'à favoriser la chouannerie et ses odieux brigandages. Il est temps que nous ne soyons plus la dupe des ignorants et des ambitieux (1).... »

Le représentant Baudran au comité de salut public :

« Certains généraux ont-ils intérêt à terminer la

---

(1) Savary. *Lettre de Dubois-Dubais du 3 avril* 1795.

guerre promptement?... Plus le mal va en augmentant, et plus Hoche nous dégarnit de troupes. Au moment où je reçois les rapports les plus affligeants, le général Duhesme a reçu, par courrier extraordinaire du général Hoche, l'ordre de lui envoyer toutes les compagnies de grenadiers de la division. C'était cependant les seuls qui osaient faire tête aux chouans. Les patriotes font entendre des plaintes amères : « On nous avait vendus, disent-ils, on nous livre aujourd'hui ; mieux aurait valu n'avoir jamais été protégé, s'être fait chouan ! (1).... »

Dubois-Dubais au comité de salut public :

« Il y a longtemps que je vous ai mandé que je m'apercevais sensiblement par les ordres et les différentes mesures proposées par Hoche, qu'il s'efforçait d'organiser une nouvelle Vendée dans les départements de l'Orne et de la Sarthe, confiés à ma surveillance. Pour y réussir, malgré mes efforts et la situation critique de ces départements, il a retiré bataillon par bataillon le peu de troupes qui les défendaient des brigandages, et, ainsi que je l'ai prévu, il a réussi à rassembler autour de lui toutes les troupes pour les réduire à la nullité. Aujourd'hui les vœux de Hoche sont entièrement remplis. Le département de la Sarthe est en entier au pouvoir

---

(1) Savary. *Lettre de Baudran.* 13 avril 1795.

des Chouans, ainsi qu'une grande partie du département de l'Orne..... Hoche aura-t-il toujours de vous une confiance qu'il ne mérite pas? (1).... »

Cependant les négociations avec les chefs chouans continuaient; tout était convenu; on prit jour pour la signature du traité, et le village de la Mabilais, à égale distance de Rennes et de la Prévalaye, fut choisi. Cormatin croyait avoir triomphé de l'opposition de ses compagnons d'armes; mais, au moment de se mettre en route pour la Mabilais, les deux tiers de ceux qu'il avait réunis l'abandonnèrent. De soixante qu'ils étaient, vingt-deux seulement acceptèrent la pacification (2). Ils reconnaissaient la république et ses lois, et, en échange, obtenaient la liberté du culte et des indemnités.

Hoche n'avait pas paru à la Mabilais. Cormatin qui le connaissait, avait demandé formellement son exclusion de la conférence, et Ruelle, à qui ne coûtait aucune bassesse pour lui plaire, y avait consenti (3).

Ainsi, l'homme qu'un Dubois-Dubais, un Baudran dénonçaient comme un traître, qui d'accord avec les Chouans, prolongeait la guerre à dessein et favorisait leurs progrès, était le seul dont les chouans ne

---

(1) Savary. *Lettre de Dubois-Dubais*. 13 *avril* 1795. —
(2) Puisaye, *Mémoires*. — (3) Bergounioux, *Vie de Hoche*.

voulussent pas, parce que, sans doute, ils le savaient disposé à ne pas laisser avilir la république.

Mais les rapports calomniateurs avaient porté coup : le bruit se répandit même que Hoche allait être remplacé. « Je suis las, écrivit-il à un de ses amis, d'être sans cesse ballotté..... Qu'il vienne, mon successeur, il aura de la besogne ; sachez à quoi on me destine, quel reproche on me fait. Est-ce d'avoir dit la vérité ? Je la dirai toujours. Hélas ! il y a un an j'étais au fond d'un cachot bien humide pour l'avoir dite : cela ne m'a pas corrigé (1). »

Le Comité de salut public se contenta d'enlever à Hoche l'armée de Cherbourg et lui laissa celle de Brest. Hoche se réjouit d'un arrangement qui le débarrassait de la partie de son commandement qui n'était qu'un fardeau : il reprit confiance et écrivit à un ami : « Je me dois tout entier à ma patrie ; puissé-je la servir autant que je l'aime (2) !... »

« Va, dit-il à un autre, quoique fasse l'envie, elle ne nous abattra point. Nous avons, pour nous défendre, le souvenir de ces belles journées dans lesquelles nos armes fixèrent la victoire. Nos juges sont les soldats de Fleurus et de Wissembourg. La gloire ne met pas à l'abri de la proscription, mais elle immortalise le proscrit, et monter les degrés de

---

(1) Correspondance. *Lettre du 18 avril 1795.* — (2) Ibid. *Lettre du 25 avril 1795.*

l'échafaud, c'est parfois gravir ceux du Panthéon (1) ! »

Pour comble de bonheur, Hoche trouva un ami dans le général qui vint prendre le commandement de l'armée de Cherbourg. C'était Aubert-Dubayet, le glorieux défenseur de Mayence, qui, après avoir amené dans la Vendée les troupes qu'il avait formées et aguerries, en avait ensuite été éloigné, parce que la république se défiait des nobles, et qu'un de ses décrets leur défendait de mourir pour elle. Mais le décret était rapporté, ceux qui l'avaient fait rendre morts, et un brave soldat rentrait sous le drapeau qu'un des premiers il avait contribué à illustrer. Dubayet commença par demander à Hoche des conseils sur un genre de guerre qu'il n'avait pas encore fait. Hoche, touché, s'empressa de mettre à son service toute l'expérience que plusieurs mois de séjour dans ce malheureux pays lui avaient déjà permis d'acquérir.

(1) Bergounioux. *Vie de Hoche.*

CHAPITRE IV.

Puisaye à Londres. — Préparatifs d'expédition. — Insolence des chouans après le traité de la Mabilais. — Arrestation de Cormatin. — Proclamation de Hoche. — Débarquement des émigrés à Carnac.

Puisaye, en arrivant à Londres, avait rencontré mille obstacles; les ministres anglais, assiégés depuis trois ans par une foule de gens qui, ayant le plus grand désir de rentrer dans leur patrie, s'imaginaient tous en avoir trouvé le moyen et se faisaient fort d'amener en France la contre-révolution, avaient fini par fermer leur oreille et leur porte à tous les faiseurs de projets. Cependant il fallait s'ouvrir l'un et l'autre. Du jour où Puisaye fut admis en leur présence, il fit tomber leurs préventions.

Il n'était pas de ces rêveurs dont les plans chimériques ne reposaient que sur des illusions, c'était un homme qui avait vu et agi. Depuis le commencement de la révolution, Puisaye n'avait point quitté la France; il avait été mêlé aux partis, il avait suivi les diverses évolutions de l'opinion publique, saisi les différentes causes de mécontentement et en avait profité pour organiser, dans un coin reculé, une vaste conspiration dont il apportait l'appui à l'Angleterre, en échange des secours qu'il venait lui demander. Ces idées, il les développait avec une merveilleuse souplesse d'esprit, une grande facilité de parole et une abondance de plume presque intarissable. Pitt, ce politique profond qui, pour donner à son pays la domination des mers et l'empire du monde, l'avait jeté hardiment dans une guerre en apparence ruineuse, Pitt accorda tout de suite à Puisaye sa confiance, et mit à sa disposition les trésors, les magasins, les arsenaux et les troupes de l'Angleterre. Mais il avait eu plus d'une fois à se plaindre de l'indiscrétion des émigrés. Il exigea de Puisaye qu'il n'en mît aucun dans sa confidence (1).

Le grand défaut de notre nation, c'est la vanité. A Londres, parmi ces malheureux émigrés dont la plupart n'avaient pour vivre que les maigres res-

---

(1) Puisaye, *Mémoires*.

sources qu'ils devaient à la pitié compatissante des Anglais, il y en avait qui faisaient encore les importants et qui se paraient d'un crédit qu'on ne leur avait jamais accordé. Ils se donnaient comme les représentants de leurs compatriotes et les intermédiaires acceptés entre la France et le gouvernement anglais. Ne pas s'adresser à eux quand on était nouveau venu, ne pas leur demander de frayer la voie quand on avait une démarche à faire, c'était mettre en doute, c'était leur contester le pouvoir qu'ils s'attribuaient, c'était leur faire injure. Aussi, tout d'abord, se montrèrent-ils opposés à Puisaye. Quel était ce présomptueux qui, arrivé d'hier, rejetant tout secours, tout appui, voulait marcher seul et seul arriver jusqu'aux ministres? Ils se mirent à fouiller dans les souvenirs et à chercher par quel côté la vie publique de Puisaye leur offrait une prise. Puisaye avait été de l'Assemblée constituante, avait voté pour la réunion des ordres et n'avait pas émigré : donc, c'était un constituant, un révolutionnaire. Depuis, à la vérité, il s'était avancé à la tête d'une armée contre la Convention. Mais, cette armée c'était celle de Wimpfen, celle qui avait accueilli les Girondins proscrits et qui avait pris les armes pour soutenir leur cause. Puisaye n'était pas même attaché à la monarchie, c'était un républicain. Quel secours la royauté en pouvait-elle attendre? Qu'était-il venu faire en Angleterre? Quel était le but de ses conférences avec les ministres? Le voile qui les couvrait n'autorisait-il pas tous les soupçons? Qui savait si un homme, qui, loin de donner des gages à la bonne cause, s'était presque toujours montré dans les rangs qui lui étaient opposés, ne machinait point avec l'Angleterre de lui livrer la Bretagne et d'amener un prince anglais sur le trône de France?

Voilà les bruits qu'ils répandaient, voilà par quelles insinuations ils cherchaient à détruire Puisaye jusque dans l'esprit du comte d'Artois, alors en Hollande, au quartier de l'armée anglaise. Mais Puisaye les avait devancés. Il avait envoyé au prince un de ses émissaires et il en avait reçu des pouvoirs et une approbation générale pour tout ce qu'il avait fait ou se disposait à faire (1).

Quand les ennemis cachés de Puisaye virent que non-seulement il était en crédit auprès du gouvernement anglais, mais encore que le comte d'Artois lui accordait pleine confiance, ils cherchèrent à se rapprocher de lui. Puisaye accepta les offres des émigrés qui voulaient agir et ne lui demandaient que les moyens de combattre, et il les fit passer en Bretagne. Quant à ceux qui ne venaient à lui que pour

(1) Puisaye, *Mémoires*.

l'envelopper d'intrigues, il les écarta. Leur haine s'en accrut. Dès lors ils ne cessèrent d'écrire au régent à Vérone et à ses agents à Paris. Le premier résultat de leurs menées fut de détacher Cormatin de Puisaye et de le rendre infidèle à son chef, en le portant à traiter avec les républicains, contrairement à ses instructions.

Le traité de la Mabilais plaçait Puisaye dans la position la plus fausse. Il venait offrir aux Anglais l'appui d'une province et d'une armée, et cette province se soumettait, et cette armée abandonnait son général. Toutefois, Puisaye parvint à persuader aux ministres anglais que la soumission des royalistes n'était pas sincère, que ce n'était qu'une ruse habile qui leur permettrait de communiquer entre eux, de s'organiser plus fortement; qui leur donnait le temps d'attendre des secours, endormait les républicains dans une fausse sécurité et rendait certain le succès de l'expédition. Les préparatifs n'en furent poussés qu'avec plus d'activité. Les républicains venaient de s'emparer de la Hollande : les troupes anglaises qui avaient été chassées de ce pays durent être transportées en Bretagne. D'un autre côté on rassembla les émigrés à Jersey et à Guernesey pour en former des cadres, et on recruta en Angleterre, parmi les émigrés de Toulon et les prisonniers français. A Portsmouth, on travaillait avec ardeur à mettre en état les bâtiments qui devaient porter les troupes, leurs vivres et un matériel considérable. Les flottes avaient reçu l'ordre d'escorter le convoi. L'expédition fut prête à prendre la mer dans le commencement de juin 1795.

La Bretagne, malgré la paix, n'était pas tranquille. Après le traité de la Mabilais, « il n'y avait pas un chouan qui ne s'imaginât avoir fait grâce à la république (1). » Cette lettre de Coquereau le prouve :

« Monsieur, la paix est signée..... je vous prie de tenir vos troupes dans le sein de vos murs, et si vous avez quelque besoin, vous pouvez me le mander.... Nous pardonnons à nos ennemis, mais qu'ils ne s'énivrent plus... Comme nous sommes amis de la paix, nous tirons un voile sur le passé. Que les hommes de sang se reconnaissent, nous saurons leur pardonner..... Je vois que notre paix ne sera parfaitement consolidée que quand vos soldats seront rentrés dans leurs foyers (2)... »

Cormatin surtout débordait de suffisance et d'orgueil; Hoche écrivait : « Il délivre autant de passeports qu'une municipalité. » Il allait, venait, donnait des ordres aux royalistes, aux républicains, faisait des rassemblements, arrêtait des patriotes : il se croyait le roi de la Bretagne.

(1) Savary. *Lettre au général Grouchy.* — (2) Id. *Guerres des Vendéens et des Chouans.*

Hoche souffrait de tant d'insolence ; le bouillant Dubayet en était exaspéré : « Les royalistes me crispent ! » mandait-il au comité.

En attendant qu'ils trouvassent l'occasion de punir Cormatin comme ils le désiraient, l'un et l'autre allaient infliger à sa vanité une humiliation.

Aubert-Dubayet venait d'arriver à Laval, lorsqu'il reçut une lettre dans laquelle Cormatin lui demandait une entrevue. Déjà le ton de cette lettre, la qualité de général des Chouans que se donnait Cormatin, avaient indisposé Dubayet contre lui. Quand il se présenta, quel ne fut pas l'étonnement de Dubayet en reconnaissant dans le prétendu baron de Cormatin un nommé Désoteux qu'il avait connu en Amérique attaché au baron de Viomesnil et que plus tard il avait retrouvé aux ordres des Lameth, « toujours bas et servile intrigant (1). »

Dubayet était habitué à le prendre de haut avec lui, il le réprimanda vertement sur ce titre de général des Chouans dont il se parait et Cormatin, baissant la tête, promit d'y renoncer.

Deux jours après, Hoche, qui était venu aussi conférer à Laval avec Dubayet, s'en retournait à Rennes. A la Gravelle, il apprit qu'à une petite distance, la malle avait été arrêtée par les Chouans.

(1) Savary. *Dubayet au comité de salut public.* 8 mai 1795.

Hoche avait dix hommes avec lui, il continua. Il n'avait pas encore fait beaucoup de chemin lorsqu'il vit accourir un groupe de cavaliers; c'était Cormatin. Empressé et haletant, il dit à Hoche « qu'il y avait des gens là-bas! » que la malle avait été pillée, que le général pouvait courir des dangers, qu'il avait cru utile d'intervenir : il n'aurait pas été fâché d'apparaître en protecteur : mais Hoche le regardant avec dédain, d'un geste fit barrer la route par son escorte et ordonna à Cormatin de rester derrière lui ; s'il était attaqué, il saurait se défendre : il n'avait pas besoin de lui. Cormatin, interdit, balbutia quelques mots, prétendit que le général lui faisait un affront, se tint à l'écart un moment, puis bientôt disparut dans les terres. Hoche ne trouva personne pour l'arrêter (1).

Cependant les Chouans, loin de reconnaître la république et de se soumettre à ses lois, continuaient à se tenir réunis et armés, conservaient leur organisation, leurs chefs, leurs signes et même venaient d'adopter un uniforme.

De nouveau, ils parcouraient les campagnes, en chassaient les patriotes, pillaient leurs maisons et confisquaient leurs biens.

De nouveau, ils formaient des magasins, rassem-

(1) Correspondance. *Lettre de Hoche aux représentants.* 10 *mai* 1795.

blaient des munitions, enrôlaient les jeunes gens et se grossissaient de tous les déserteurs qu'ils pouvaient attirer dans leurs rangs.

Dans le district de Sillé, un prêtre *réfractaire* recommençait à prêcher ouvertement contre la Convention et le gouvernement républicain et, « pendant qu'il chantait la messe, un chouan, le mousquet sur l'épaule et un panier sous le bras, criait aux assistants : N'oubliez pas les soldats du roi (1). »

Hoche, depuis longtemps, n'en était plus aux conjectures sur les projets des Chouans. Lui-même s'était, sous un déguisement, glissé au milieu de leurs réunions et avait surpris leurs secrets : leur mot d'ordre était vive le roi! vive l'Angleterre! vive Bonchamps (2)!

Mais déjà ils avaient ouvert les hostilités contre la république. Ils recommençaient à intercepter les vivres, démonter les charrettes, briser les roues, brûler les essieux, et sous peine de mort, ils défendaient aux paysans de porter du blé aux habitants des villes.

« Notre position ne peut se peindre, écrit le général Duhesme à Dubayet.... Depuis deux jours, les distributions de vivres ont cessé pour les citoyens et

---

(1) Savary. *Lettre de Dubayet au comité de salut public.* 22 mai 1795. — (2) Correspondance. *Lettre de Hoche aux représentants.* 12 mai 1795.

pour les soldats. Ces derniers, depuis deux jours, sans pain supportent la faim avec une patience héroïque. La pénurie est telle, que l'on fait le pain avec du son pour le peuple qui est affamé..... Le projet est de faire évacuer le district par les troupes républicaines : on veut nous y forcer par la famine, et les aristocrates de la ville secondent ce dessein, s'ils ne l'ont enfanté..... On est venu à bout de persuader au peuple que ce sont les républicains qui causent cette famine (1)... »

On ne pouvait se laisser mourir de faim, on fit des détachements pour aller enlever des vivres dans les campagnes ; alors les chouans jetèrent le masque, ils attaquèrent les convois.

En vain Hoche, en vain Dubayet, en vain les représentants qu'ils avaient auprès d'eux et qu'ils remplissaient de leur esprit dénonçaient-ils ces faits au comité de salut public ; en vain montraient-ils jusqu'à l'évidence que la république était dupe d'une paix illusoire, et que maintenir davantage cet état de choses, c'était laisser l'insurrection s'établir, s'étendre et prendre des forces que peut-être on ne pourrait plus abattre, le gouvernement reculait toujours devant une résolution énergique : il recommandait la prudence, la modération ; il était faible.

(1) Savary. *Lettre de Duhesme.* 13 mai 1795.

Mais le 23 mai, on saisit sur un courrier de Cormatin des lettres adressées au conseil du Morbihan et qui mettaient à découvert sa mauvaise foi (1).

« Songez-vous, disait-il, que nous ne sommes plus un parti isolé : que nous tenons à tous les royalistes de France ; que nos démarches dépendent d'une décision générale?... »

Et comme les chouans du Morbihan, qui avaient toujours montré la plus grande répugnance à traiter avec les républicains, voulaient que, rejetant un semblant de paix, on recommençât franchement la guerre, il ajoutait :

« Où nous mèneront les moyens que vous semblez adopter ? à une déclaration formelle de guerre, qui, ou nécessiterait nos amis à se battre, lesquels le faisant dans ce moment n'auront pas les ressources suffisantes, ou qui, s'ils ne le peuvent absolument, laisseront tomber sur nous tout le poids des forces que, avec le temps, nous pouvons nous partager.... Voilà quelle doit être notre manière de voir. Quelque douloureux qu'il soit pour nos cœurs de dissimuler..., nous y sommes contraints ; et la nécessité est partout une loi irrévocable... »

Les représentants envoyèrent ces pièces au comité de salut public, en lui demandant l'autorisation de

(1) Savary. *Les représentants Brue, Guezno, Guermeur au comité de salut public. 23 mai 1795.*

faire arrêter Cormatin. Le comité écrivait encore : « que n'ayant reçu que des copies des lettres, il devait faire observer qu'il fallait bien s'assurer si ces lettres étaient en effet écrites et signées par les chefs; que, au reste, il fallait être en force, avant de faire un éclat (1). »

Mais les représentants, sans doute poussés par Hoche, n'avaient pas attendu cette réponse : sur un ordre signé d'eux, Cormatin et sept des principaux chefs avaient été pris et dirigés sur Cherbourg (2).

Depuis longtemps s'amassait dans le cœur de Hoche une violente haine contre Cormatin : enfin il est soulagé, sa joie éclate : « Vous l'avez vu passer cet insolent conspirateur qui avait l'audace de nous offrir sa protection, écrit-il à l'un de ses lieutenants; les forfaits ne restent jamais impunis; son châtiment en est la preuve (3)... »

Aussitôt, il fait mettre à l'ordre du jour :

« Braves camarades, votre courage n'est plus enchaîné : vous pouvez désormais combattre ceux de vos ennemis qui ont insulté à votre longue patience, et repoussé le bienfait de la clémence nationale : leur lâcheté vous les livre à demi vaincus (4)... »

Et il lance sur les chouans trente-deux colonnes

(1) Savary. *Le comité aux représentants.* 30 mai 1795. — (2) Id. *Arrêté de Grenot et Bollet.* 25 mai 1795. — (3) Correspondance. *Lettre de Hoche au chef de brigade Desprez.* 31 mai 1795. — (4) Ibid. *Hoche à l'armée.* 1er juin 1795.

mobiles. Lui-même les dirige : « On le voit, le mousquet sur l'épaule, à pied, à la tête des compagnies de grenadiers (1)... »

Les chouans sont partout poursuivis. Dans le Morbihan, atteints trois fois, ils sont trois fois mis en déroute, laissent trois cent dix des leurs sur la place, et parmi eux, leur chef, le comte de Silz.

Dans les Côtes-du-Nord, Boishardy essaye de résister ; il voit tous ses compagnons tomber ou fuir. Lui-même est sur le point d'être pris. Blessé de deux coups de feu et d'un coup de sabre, il se tue d'un coup de pistolet. Les grenadiers républicains lui coupent la tête et la promènent triomphalement dans les rues de Lamballe et de Montcontour.

A la nouvelle de cette barbarie, Hoche pousse un cri :

« Je suis indigné de la conduite de ceux qui ont souffert que l'on promenât la tête d'un ennemi vaincu. Pensent-ils, ces êtres féroces, nous rendre témoins des horribles scènes de la Vendée ? Il est malheureux, mon cher Crublier, que vous ne vous soyez pas trouvé là, pour empêcher ce que je regarde comme un crime envers l'honneur, l'humanité, la générosité française (2) .. »

Et il ordonne d'arrêter sur-le-champ, les officiers

---

(1) Savary. *Lettre du lieutenant Audouin au comité de salut public.* 22 *juin* 1795. — (2) Corr. *Hoche à Crublier.* 18 *juin* 1795.

qui commandaient le détachement, et ceux des grenadiers qui ont coupé et promené la tête de Boishardy.

Mais, ce n'était pas assez d'écraser les ennemis du dedans, il fallait encore se prémunir contre ceux du dehors. La flotte anglaise avait mis à la voile, elle avait été signalée à la hauteur de Brest, elle avait battu près de Belle-Isle la flotte républicaine. D'un moment à l'autre, on devait s'attendre à un débarquement.

Hoche ordonna à ses chefs de corps, de disposer leurs troupes de manière à les rassembler et à marcher au premier signal. En même temps, il écrivit à Canclaux et à Dubayet, pour leur demander des secours. Le 26, on apprit à Rennes, que l'escadre anglaise était mouillée dans la baie de Quiberon. Hoche aussitôt partit pour Vannes.

CHAPITRE V.

Les Emigrés. — Quiberon. — Sombreuil. —
La capitulation.

La révolution, c'était la guerre à tout ce que la force ou la ruse avait établi d'injuste, c'était l'abolition des vexations, des tyrannies, que des usages invétérés avaient presqu'érigés en droits, c'était le réveil du vieux peuple gaulois qui, abattu depuis des siècles, se relevait enfin, et rejetait au loin les victorieux de toute sorte, qui le tenaient à terre opprimé.

Mais la révolution n'avait pu affranchir toute une nation sans dépouiller des individus. Ceux à qui elle enlevait des priviléges, dont l'origine était si reculée qu'elle échappait pour ainsi dire aux recherches, et qui, par suite, les regardaient comme les plus légitimes des biens, ceux-là ne pouvaient la voir d'un bon œil. Les réformes, ils les avaient approuvées, prônées même, tant qu'elles étaient restées des idées, mais, du moment qu'elles devenaient des faits, du moment qu'eux-mêmes en étaient atteints, ils les repoussaient, ils s'armaient contr'elles.

La cause des privilégiés, allait prendre une couleur de désintéressement.

Fille de la féodalité, la royauté en France l'avait dévorée. Mais, la victoire remportée, elle n'en avait pas abusé. Aux seigneurs à qui elle enlevait leur puissance pour en composer la sienne, elle avait donné en échange, des honneurs, des dignités, des bénéfices, et la possession exclusive de la plupart des charges.

Ainsi, l'édifice que sapait le bélier populaire, c'était la royauté qui l'avait constitué. Elle essaya de le couvrir : les coups ne se détournèrent pas, la royauté fut frappée.

Le XVIIIe siècle, de son souffle desséchant, avait flétri dans le cœur de la noblesse, beaucoup des fortes vertus que lui avaient léguées ses ancêtres : mais il en restait une aussi vivace qu'au premier jour, et qui pouvait à elle seule remplacer toutes les autres. C'était la fidélité à la foi jurée, c'était l'honneur. Il suffisait de montrer aux gentilshommes français la royauté en danger, pour qu'aussitôt ils fussent prêts à tui sacrifier repos, fortune, vie même. Mais était-il possible de se réunir, de se concerter, de prendre des mesures contre la révolution, sous l'œil de la révolution, dans son sein? On désigna les villes du Rhin et aussitôt, officiers de terre et de mer d'abandonner leurs garnisons, leurs arsenaux, leurs vaisseaux pour s'y rendre. Quelques-uns, cependant, que retenaient des liens de famille, leurs opinions, ou peut-être des idées ambitieuses, étaient restés. On leur envoya des quenouilles, et par toutes sortes de provocations, on les força sous peine d'être avilis et mis au ban de leur ordre, de suivre le torrent. C'était à Coblentz que les comtes de Provence et d'Artois, frères de Louis XVI, tenaient leur cour; c'était Worms et plus tard Bingen que les princes de la maison de Condé avaient choisi pour quartier-général.

Les routes qui y menaient étaient couvertes de Français qui quittaient la France. On y rencontrait des hommes faits, des jeunes gens, des vieillards, et jusqu'à des femmes et des enfants. Chacun tenait à se montrer fidèle à la bonne cause.

Sous le prétexte de défendre la royauté, on avait abandonné le roi. Aussi, au 10 août, Louis XVI tomba presque sans résistance aux mains de l'émeute. Il était captif, mais les émigrés publiaient hautement qu'ils allaient le délivrer et ils le croyaient. Les rois de l'Europe touchés de leurs malheurs ou plutôt poussés par l'ambition et la convoitise, marchaient à leur secours. Quelles forces l'assemblée qui sous le nom de *Législative* ou de *Convention* gouvernait la France, quelles forces opposerait-elle aux troupes disciplinées et aguerries de la Prusse, aux vieilles bandes et aux lieutenants de Frédéric? quelles armées jetterait-elle au-devant des masses énormes que l'Autriche se préparait à lancer sur elle? Etaient-ce des régiments que le départ de ceux qui les commandaient avait tout désorganisés et qui en apercevant leurs officiers au premier rang de l'ennemi ne manqueraient pas de passer de leur côté, ou bien ces bataillons de volontaires, composés de savetiers et de tailleurs recrutés dans les clubs et que la vue d'un vrai soldat suffirait pour mettre en déroute?

Les *factieux* ne devaient pas tarder à succomber et les choses rentrer dans l'ordre. Les émigrés s'avancèrent donc pleins de confiance. Mais ce n'était pas quelques hommes qui avaient voulu et fait la révolution, c'était la France tout entière: ils la trouvèrent en armes bordant la frontière, et Valmy, et Jemmapes ajournèrent indéfiniment leurs espérances.

Les illusions étaient dissipées; l'abattement en prit la place. Au chagrin que causait aux émigrés la ruine de leurs projets ne tardèrent pas à se joindre d'autres contrariétés. C'était à leurs sollicitations, à leurs prières que les rois de l'Europe affectaient d'avoir pris les armes, quand peut-être ils n'avaient consulté que leur propre intérêt. Dès lors, il semblait que les émigrés dussent porter la responsabilité des revers, et des alliés sans délicatesse et sans générosité leur firent plus d'une fois sentir leur mauvaise humeur, et plus d'une fois les accablèrent d'humiliations.

Pour se relever aux yeux d'étrangers insolents, ces Français malheureux en venaient jusqu'à invoquer les récentes victoires de leurs compatriotes, quoique ces victoires leur fermassent les portes de la France : si leurs désirs en étaient blessés, du moins leur fierté y trouvait consolation et vengeance (1).

En butte à la malveillance des pays où ils étaient obligés de chercher un refuge, les émigrés voyaient l'avenir avec effroi ; ils commençaient à être pressés par la gêne : la misère et son cortége d'angoisses s'avançait menaçante. La plupart d'entre eux étaient sortis de France avec d'abondantes ressources, mais ils ne regardaient l'émigration que comme une partie de plaisir, comme une absence de courte durée, et l'adversité ne leur avait pas encore appris, par la

(1) Le comte Joseph de Maistre, *Lettres.*

souffrance, à être ménagers : ils avaient follement dissipé de grosses sommes dans les bals et les fêtes de Coblentz; l'équipement, l'armement, les frais de la campagne avaient ensuite absorbé ce qui leur restait d'or; et maintenant ils se voyaient rejetés sans un sou sur une terre où ils sentaient que de jour en jour ils devenaient à charge! Ils ne pouvaient même pas espérer qu'un parent, un ami, un intendant, en leur faisant parvenir quelques débris de leur fortune adoucît leur détresse : la Convention avait confisqué et mis en vente tous leurs biens. Ah! qu'alors ils regrettaient d'avoir cédé à un entraînement de mode et d'avoir quitté la France! Qu'ils auraient souhaité pouvoir y rentrer, ne fût-ce que par tolérance et en s'y glissant! Mais ils craignaient même de l'essayer : le sol de la patrie que, fils coupables, ils avaient voulu violer, en y amenant des étrangers en armes, le sol de la patrie les repoussait, et du moment qu'ils y mettaient le pied, ils tombaient frappés de mort.

C'était le moment où l'Angleterre entrait dans la ligue formée contre la France : elle apportait pour renfort à la coalition ses immenses richesses. Cependant elle voulait encore avoir une autre part à la guerre; elle offrit aux émigrés de les prendre à sa solde et d'en former deux corps de troupes qui serviraient, l'un sur le Rhin, aux ordres du prince de Condé, et l'autre en Flandre sous le commandement du duc d'Yorck ; ils acceptèrent. Un grand nombre pourtant, qui pensaient avoir des raisons pour se défier des étrangers, aimèrent mieux continuer leur vie de privations que de prêter leurs bras à des projets qui tendaient à l'affaiblissement et peut-être à la ruine de la France.

Ceux des émigrés qui n'avaient pas voulu faire partie des régiments à la solde des puissances étrangères, crurent bientôt avoir à s'applaudir de leur résolution. Un nom jusqu'alors inconnu prenait rang dans les gloires de l'histoire. C'était celui de la Vendée. Des paysans, sans autres armes que des bâtons, venaient de mettre en déroute les soldats qui avaient battu les lieutenants de Frédéric et les généraux de Marie-Thérèse. Il y avait encore un endroit où, pour la royauté et la royauté seule, on pouvait verser son sang ! Les émigrés qui étaient libres se hâtèrent de passer en Angleterre, et de là, dans les îles de Jersey et de Guernesey, attendant l'occasion de joindre les royalistes de France. Mais les Vendéens, après s'être avancés jusque dans la basse Normandie et s'être approchés de Granville, s'en étaient ensuite éloignés : les émigrés désespéraient de se réunir à eux. Tout à coup ils apprennent que l'Angleterre prépare un grand armement, qu'un prince du sang, le comte d'Artois, va descendre soit sur les côtes de la Bretagne, soit dans le Poitou, et que les Français exilés sont invités à l'accompagner. Tous aussitôt donnent leurs noms et entrent comme officiers ou soldats, soit dans les régiments levés en Angleterre, soit dans les cadres qu'en France les Bretons doivent remplir. Un premier convoi met à la voile de Portsmouth le 10 juin. C'est ce convoi qui le 26 était mouillé dans la baie de Quiberon.

Il se composait de trois vaisseaux de 74, six frégates, six chaloupes canonnières, quelques petits bâtiments de guerre et soixante bâtiments de transport. Il était chargé d'armes, d'effets d'équipement, de vivres, de munitions, et portait près de 5,000 hommes.

Puisaye avait fait donner le commandement de ces troupes au comte d'Hervilly. Cependant, entre d'Hervilly et lui allaient naître, tout d'abord, des dissentiments qui finiraient par conduire l'expédition au plus triste désastre.

D'Hervilly commandait les régiments à la solde anglaise; mais c'était pour secourir les insurgés de la Bretagne dont Puisaye était le chef, c'était à sa demande et d'après ses pressantes sollicitations que l'expédition avait été décidée, c'était donc Puisaye qui devait en avoir la direction.

Il voulait que, tirant parti des circonstances et profitant de l'étonnement, du trouble où l'apparition et la descente des émigrés venaient de jeter les républicains, de l'exaltation et de l'enthousiasme qu'au contraire elles avaient excité parmi les royalistes, on négligeât les précautions ordinaires de la guerre, qu'on ne s'occupât ni de base d'opération, ni de ligne de communication et de retraite, qu'on poussât en avant au travers de populations amies, qu'on enlevât Auray, Vannes, Rennes, et que ralliant les bandes insurgées, on vînt prendre position derrière la Mayenne (1).

Là, avec 100,000 hommes appuyés, à droite à la Vendée, à gauche à la Normandie, on menacerait Paris et la Convention. La situation formidable des royalistes suffirait peut-être pour soulever la France, fatiguée du joug tourmenté des factions, et pour faire tomber sans combat un gouvernement qui, à force d'en appeler à l'ardeur de la nation, avait fini par l'user.

Ce plan était vaste, grand et hardi. Il pouvait réussir; d'Hervilly se refusa obstinément à l'essayer.

Les pouvoirs relatifs de d'Hervilly et de Puisaye n'avaient pas été définis d'une manière assez précise. D'Hervilly sans doute s'exagéra sa responsabilité, et refusa de la compromettre dans des projets qui pouvaient lui paraître téméraires.

(1) Puisaye, *Mémoires*.

Même avant le départ d'Angleterre, les ennemis de Puisaye avaient habilement répandu la défiance parmi les officiers et soldats qu'il devait avoir sous ses ordres. Les émigrés étaient convaincus qu'il n'entendait rien à la guerre. L'opinion générale, sur son compte, était qu'*il n'était pas militaire* (1).

D'Hervilly, homme brave et d'énergie, n'avait pas assez d'intelligence pour juger Puisaye, pour décider si sa manière de concevoir la guerre était appropriée au pays et aux habitants, pour se débarrasser, au besoin, des préventions de toutes sortes dont on l'avait enveloppé.

C'était, au rapport des émigrés, l'officier qui avait le plus étudié et qui connaissait le mieux son art. Tous ses moments, il les employait à assurer le bien-être et à perfectionner l'instruction de ses soldats ; mais, avec toutes les qualités d'un colonel, d'Hervilly n'en avait aucune de celles qui font le général, et, excellent à la seconde place, il eut le tort de vouloir, non par ambition, mais par un sentiment trop scrupuleux de son devoir, il eut le tort de vouloir occuper la première. Esprit d'exactitude et d'ordre qui faisait consister le principal mérite militaire dans la discipline la plus minutieuse, il fut effrayé quand, à peine débarqué, il vit les bandes

(1) Puisaye, *Mémoires*. Récits de l'expédition de Quiberon, Chaumareix, etc.

des chouans accourir au rivage en poussant des cris barbares, se jeter sur les armes qu'on leur apportait et les arracher plutôt que les prendre des mains de ceux qui les leur distribuaient (1). D'Hervilly eut peur de s'associer à ces hommes qui avaient bien plus l'air de brigands que de soldats, et il refusa par système de commencer avec de pareils auxiliaires, une guerre qu'il voyait se terminer par les plus honteux malheurs.

Ces raisons expliquent suffisamment la conduite de d'Hervilly. Il n'est pas nécessaire d'y joindre celles que rapporte Puisaye dans ses mémoires, que d'Hervilly avait été circonvenu par ses ennemis, qu'à son insu, il n'était que l'instrument de l'agence de Paris, et qu'il fit tout ce qui dépendait de lui pour que l'expédition échouât en Bretagne, afin de la conduire en Poitou et de donner à Charette des secours sollicités et obtenus par Puisaye. Non, il n'est pas besoin de chercher sous les fautes de d'Hervilly les machinations ténébreuses d'une intrigue; d'Hervilly, brave soldat, mais soldat routinier, ne put se résigner à *chouanner*.

Puisque d'Hervilly opposait ses pouvoirs aux siens et luttait d'autorité avec lui, Puisaye n'avait qu'un parti à prendre, envoyer en Angleterre chercher des instructions, il le fit. En attendant que la réponse

(1) Puisaye, *Mémoires*. — Le comte de Vauban, *Mémoires*.

fût arrivée, il résolut de s'emparer de la presqu'île de Quiberon, pour y déposer le matériel et les vivres qu'il avait apportés et en faire le magasin de l'armée. Il porta en avant les douze ou quinze mille chouans qu'il avait armés, en forma une première ligne sous le commandement du comte de Vauban, et, avec les troupes soldées, attaqua de deux côtés à la fois le fort Penthièvre, principale défense de la presqu'île. La garnison, sans vivres depuis trois jours, n'essaya pas de résister; elle se rendit. On offrit aux soldats de les recevoir dans les régiments d'émigrés, s'ils n'aimaient mieux être transportés en Angleterre : la plupart acceptèrent pour rester en France (1).

Cependant, d'un bout à l'autre de la Bretagne, il semblait que le sol tremblât. Puisaye avait envoyé de tous côtés des émissaires. Les campagnes se soulevaient, coupaient les routes, culbutaient les ponts, interceptaient les communications, et de grandes villes comme Lorient, Saint-Malo, étaient prêtes à se donner aux émigrés. Les administrations épouvantées rassemblaient les papiers, vidaient les caisses et fuyaient; la terreur volait jusqu'à Paris, jusqu'à la Convention, et comme aux plus mauvais jours de la république, le comité de salut public faisait partir en poste deux de ses membres, Tallien

(1) Puisaye, *Mémoires*.

et Blad, pour conjurer ce nouveau danger (1).

Au milieu de ce trouble général, il n'y avait qu'un homme qui restât calme, c'était Hoche. De Vannes, il écrit le 27 juin à Chérin, son chef d'état-major qu'il a laissé à Rennes :

« Envoyez-moi, en deux jours, quatre mille hommes de la division de Brest, avec des obusiers et six pièces de canon, commandés par Drut.

» Mille hommes des deux divisions commandées par Rey se rendront à Ploermel sous les ordres de Valletaux, donnez leur en l'ordre.

» Ecrivez à Dubayet et à Canclaux de m'envoyer le plus de forces qu'il leur sera possible, pour repousser les Anglais. Du secret et du calme (2). »

Le même jour, au général Chabot, qui commande dans le Finistère :

« Je vous préviens sous le secret, que les Anglais débarquent dans l'anse de Quiberon. Après avoir complété la garnison de Brest, laissé cent hommes dans chaque chef-lieu de district, et établi des postes aux établissements nationaux, rassemblez la totalité de votre garnison à Quimper, afin de secourir Lorient et de couvrir Brest que vous défendrez jusqu'à la mort (3). »

---

(1) Rouget de l'Isle. *Récit de l'expédition de Quiberon* (*Mémoires de tous*). — (2) Correspondance. *Hoche à Cherin 27 juin* 1795. — (3) Ibid. *Lettre du 27 juin* 1795.

Le 30, il mande encore au général Chérin :

« Écrivez au comité de salut public que je le prie d'être tranquille sur les suites du débarquement..... Je n'ai point de pièces de position ; demandez-en à tous ceux qui pourront en avoir. Envoyez-moi le plus de troupes qu'il vous sera possible : de bons officiers d'artillerie et deux ou trois ingénieurs. Vous savez qu'étant seul je ne puis en écrire plus long.... Je m'en rapporte assez à votre zèle, et à votre amitié pour moi, pour croire que vous ne me laisserez manquer de rien. Tâchez de bien conserver votre communication avec moi. Faites faire des cartouches (1). »

Le 30 juin Hoche avait deux mille hommes sous la main, il marcha sur Auray. Les chouans l'avaient évacué. Hoche y trouva le général Josnet-Laviolais qui venait d'y entrer. Dès-lors les communications avec Lorient étaient rétablies. Les premiers jours de juillet furent employés à les assurer.

Cependant les troupes arrivaient des Côtes-du-Nord, de la Manche, de l'armée de Cherbourg, de l'armée de l'Ouest. Hoche était à la tête de dix ou douze mille hommes. Le 5 juillet il se rapprocha de l'ennemi ; le 6, de grand matin, il s'avança pour le combattre.

Les troupes réglées avaient été cantonnées à Qui-

(1) Correspondance. *Lettre du 30 juin* 1795.

beron ; c'était toujours les chouans que Hoche avait devant lui. Ils formaient une longue ligne adossée à la mer, la droite au Mont Saint-Michel, le centre à Carnac, l'aile gauche à Plouharnel et à Sainte-Barbe, villages en avant de la presqu'île (1).

Hoche lança la plus forte de ses colonnes sur Plouharnel et Sainte-Barbe ; s'il enfonçait l'aile gauche, le centre et l'aile droite, acculés à la mer, seraient pris ou culbutés dans les flots. Mais le comte de Vauban, qui commandait les chouans, l'avait deviné. Il fit replier rapidement l'aile droite sur le centre et le centre sur l'aile gauche, et se mit en retraite pour gagner Quiberon, protégé par les chouans les plus aguerris, ceux que commandait Georges Cadoudal. Les républicains les chargèrent, mais ils firent bonne contenance et arrivèrent en ordre au fort Penthièvre. Quelques coups de canon qui en partirent obligèrent les républicains à reculer à leur tour. Hoche s'établit sur les hauteurs de Sainte-Barbe, à l'endroit où la presqu'île se rattache à la terre. Dès-lors il put écrire à son chef d'état-major :

« Les anglo-émigrés-chouans sont ainsi que des rats, renfermés dans Quiberon où l'armée les tient bloqués (2). »

(1) Le comte de Vauban, *Mémoires*. — (2) Correspondance. *Lettre du 7 juillet* 1795.

C'était, en effet, au pied des hauteurs de Sainte-Barbe et dans la presqu'île que les coups allaient se frapper.

Quiberon est une île reliée au continent par une plage sablonneuse qu'on nomme la falaise. L'île a deux lieues de long sur trois quarts de large; elle est d'un sol maigre et qui fournit à peine à la nourriture frugale de quelques milliers d'habitants, dispersés dans une douzaine de villages ou hameaux. Du côté de la pleine mer, l'île est élevée et repousse les flots par des rochers taillés à pic qui n'offrent pas le moindre abri. Au contraire, du côté de l'est, la côte, plus basse, s'ouvre et présente plusieurs ports ou hâvres. Ce sont les ports d'Orange, de Porthaliguen et le port Neuf.

La falaise est très-basse, presque au niveau de la mer. Elle n'offre d'autres accidents de terrain que des monticules de sable que le vent a amassés et sur lesquels poussent et fleurissent quelques œillets qui servent de pâture à des brebis d'une petite espèce. La falaise a environ trois quarts de lieue de long, mais est très-inégale dans sa largeur. A l'endroit où elle se réunit à l'île, elle n'a guère que quelques centaines de pas; ensuite, elle va s'élargissant et atteint près d'une demi-lieue, puis, quand elle se rapproche de la terre, la mer s'avance et l'étrangle de nouveau.

Au moment où la falaise cesse, et du côté du continent, et du côté de l'île, le terrain se relève pour former, d'une part, les collines de Sainte-Barbe, et de l'autre, la hauteur où est assis le fort Penthièvre.

Ce magnifique môle, jeté par la nature, qui va barrant la mer du nord-ouest au sud-est, et qui ensuite est continué par les îles d'Houat et d'Hédic, appuyées et soutenues, pour ainsi dire, par Belle-Isle, ce môle forme, avec la pointe du Croisic, une vaste baie où les grands vaisseaux sont à l'abri de la tempête. C'est dans cette baie que la flotte de l'amiral Warren était mouillée. Ses chaloupes canonnières venaient jeter l'ancre des deux côtés de la falaise, et leurs feux croisés couvraient d'une première, d'une redoutable défense, Quiberon, dont les émigrés avaient fait leur place d'armes.

Mais, un accident de mer, un coup de vent pouvait éloigner les canonnières et les vaisseaux anglais et laisser en prise aux républicains Quiberon et les riches magasins qu'on y avait déposés. Puisaye, dès le 3 juillet, dès le jour où il était entré dans le fort Penthièvre s'était hâté de le mettre en état de défense. Les canons disposés du côté de la pleine mer, et vers le fond de la presqu'île, il les avait fait retourner de manière à battre la falaise, et comme les émigrés ne se prêtaient qu'avec répugnance à ce travail, il y avait employé, du consentement de l'amiral Warren des matelots anglais (1). Puis, il avait fait tracer des lignes et un camp retranché qui avec le fort Penthièvre devaient complétement fermer l'entrée de Quiberon. Mais ces ouvrages n'avançaient qu'avec une lenteur qui désespérait Puisaye, surtout lorsqu'il la comparait avec l'ardente activité des républicains. Hoche, en effet, n'avait pas été plus tôt maître des hauteurs de Sainte-Barbe qu'il avait pris des mesures pour s'y mettre à l'abri de toute attaque : il avait disposé des postes le long de la côte, placé une réserve pour garder ses derrières, puis, sur le front du camp, il avait fait creuser un fossé qui allait d'une mer à l'autre, et dont les extrémités étaient appuyées à deux redoutes garnies de canons.

« Veuillez bien m'envoyer, sans délai, tous les outils, tels que pelles, pioches, etc. Envoyez-moi aussi les pionniers, l'artillerie (2). »

— « Envoyez-moi, sur-le-champ, les pièces de calibre de huit et de douze, avec leurs munitions (3) ; » écrivait-il à l'adjudant-général Champeaux à Vannes.

Et au général Drut :

« Ne mangez, ne buvez, ne dormez que la batterie de 24 ne soit établie (4). »

---

(1) Puisaye, *Mémoires*. — (2) Correspondance. *Lettre du 8 juillet* 1795. — (3) Ibid. *Lettre du 6 juillet* 1795. — (4) Ibid. *Lettre du 18 juillet* 1795.

Sans perdre un instant, ses troupes s'étaient mises à l'œuvre; du fort Penthièvre, on les voyait remuer la terre, traîner les canons. Les officiers donnaient l'exemple aux soldats : habits bas, ils travaillaient avec eux, et n'en étaient distingués que par le hausse-col qu'ils avaient conservé (1).

Se laisser murer dans Quiberon, c'était se laisser couper les communications avec la Bretagne, enlever les secours de toute sorte qu'on en attendait; c'était renoncer au fruit du travail opiniâtre de plusieurs années; c'était se résigner à voir se perdre sans résultat, l'expédition. Puisaye ne le devait, ne le pouvait pas.

Dès le 6 juillet, dès le jour où les chouans étaient rejetés dans la presqu'île, il forma le projet de rompre de vive force la barrière qu'on lui opposait. En profitant du moment où les républicains étaient, sans doute, endormis dans la sécurité de la victoire, on pouvait espérer de les surprendre et de les battre. Puisaye par ses paroles, releva le moral des chouans, obtint le concours de d'Hervilly et la nuit suivante, sortit du fort Penthièvre : il arriva avant l'aube à la portée des républicains, continua dans le plus grand silence, et approchait des retranchements, lorsqu'une sentinelle qu'il avait dépassée, tira au hasard un coup de fusil qui donna l'éveil.

(1) Puisaye, *Mémoires*.

Les chouans et les émigrés, s'élancèrent et pénétrèrent dans le camp où les soldats en désordre couraient de tous côtés; mais un bataillon les arrêta et donna aux autres le temps de se former. Bientôt, l'armée républicaine fut en ligne, et la fusillade devint plus vive. Puisaye allait d'une aile à l'autre appelant, excitant les siens, quand tout à coup, il voit le régiment de d'Hervilly rétrograder. Une décharge à mitraille l'avait ébranlé, mais ce n'avait été que l'affaire d'un instant : il s'était bien vite raffermi et même les grenadiers demandaient l'assaut : « Non, messieurs, leur avait répondu d'Hervilly, je ne suis pas assez content de vous ! » Et il avait commandé la retraite (1). Le reste des émigrés et les chouans furent forcés de le suivre. Hoche ne lança après eux que des tirailleurs et quelques boulets. La perte avait été insignifiante des deux côtés.

Le mauvais succès de cette journée, acheva de mettre le désaccord entre les chouans et les émigrés. Ils avaient commencé à se plaindre les uns des autres, du moment qu'ils avaient été réunis. Les émigrés ne voyaient dans les chouans que des sauvages auxquels ils avaient honte d'être associés, et les chouans reprochaient aux émigrés de les abandonner en toute occasion, quand c'était pour eux,

(1) Puisaye, *Mémoires*.

qu'ils combattaient et mouraient. A Landevant, à Mendon, à Auray, ils n'auraient eu besoin pour se soutenir que d'un bataillon de troupes soldées, et de quelques pièces de canon ; on les leur avait refusées, et ils n'avaient pu opposer que leurs fusils à l'artillerie des républicains. Et, si l'on avait été chassé de Carnac et de ces hauteurs de Sainte-Barbe que l'on venait si inutilement d'attaquer, si on était bloqué dans la presqu'île, sans autres communications avec la terre que celles des embarcations qui s'y glissaient la nuit, à qui en rapporter la faute ? si ce n'est encore aux émigrés qui, pendant que les chouans étaient rangés seuls en face des républicains et soutenaient leur choc, étaient occupés à choisir tranquillement des cantonnements à Quiberon ! Les émigrés n'étaient-ils donc venus en France, que pour assister à la destruction de ceux que leur présence avait décidés à se compromettre par d'imprudentes manifestations ? Alors que n'avaient-ils été jusqu'au dernier engloutis dans les flots, avant de mettre le pied sur le rivage breton ! (1)

Ces malédictions, les chouans les jetaient déjà aux émigrés, dans la matinée du 6, quand ils cédaient aux républicains l'entrée de la falaise. Mais leur irritation s'était changée en fureur lorsqu'ils

(1) Puisaye, *Mémoires*. — Le comte de Vauban, *Mémoires*.

étaient arrivés au pied du fort Penthièvre. Ils n'avaient disputé le terrain pied à pied aux républicains, pendant plusieurs heures, que pour donner à leurs pères, mères, femmes, enfants, parents qui fuyaient vers la presqu'île, poussant devant eux leurs bestiaux, emportant ce qu'ils avaient de plus précieux, que pour leur donner le temps de s'y mettre en sûreté, et ils les retrouvaient entassés sur les glacis du fort et du camp retranché, dont on leur refusait l'entrée. Déchargeant en l'air leurs fusils, les chouans s'étaient élancés dans les retranchements, avaient arraché palissades et barrières et avaient ouvert aux leurs un passage.

Les émigrés avaient comme pris à tâche, de pousser les chouans à bout : tandis que pour se loger, ils s'emparaient de tous les villages de la presqu'île, ils laissaient leurs alliés bivouaquer en pleine rue et au milieu des champs : ils refusaient d'exécuter les travaux pénibles qui devaient assurer la défense de Quiberon et c'était les chouans qu'on y employait; quand pour réparer des forces que la fatigue épuisait, ils auraient eu besoin de rations doubles, on ne leur donnait que la moitié des vivres accordés aux troupes soldées, et s'ils se plaignaient, on leur offrait de les faire entrer dans les régiments (1). La colère s'amassait dans le cœur des

(1) Puisaye, *Mémoires*.

chouans; elle allait, sans doute, éclater en violences, mais Puisaye qui en suivait avec inquiétude les progrès, en prévint l'explosion, en éloignant les chouans. Le 10, les chasse-marée portèrent 3 à 4,000 d'entre eux avec le chevalier de Tinténiac, dans la presqu'île de Ruiz, près de Sarzeau et 2 ou 3,000 autres débarquèrent sous Jean-Jean et le comte de Lantivy à l'embouchure de la rivière de Quimperlé.

L'un et l'autre avait l'ordre de pénétrer en Bretagne, de battre le pays, d'enlever les détachements et les convois, de soulever les campagnes, de réunir toutes les bandes et de revenir à jour convenu, pour assaillir par derrière le camp de Sainte-Barbe, tandis que les émigrés l'attaqueraient de front : on espérait accabler ainsi les républicains (1).

Hoche cependant ne s'endormait pas. La surprise du 7 l'avait averti de redoubler de vigilance. Il avait jeté Humbert en avant-garde sur la falaise, et ne cessait de presser l'achèvement et l'armement de ses lignes. Mais les pièces de gros calibre n'arrivaient que lentement, faute de chevaux d'artillerie pour les traîner.

D'autres soins préoccupaient le général jour et nuit, le moyen de nourrir ses troupes. On était dans une contrée ennemie qui loin de donner,

(1) Puisaye, *Mémoires*.

retirait et cachait les vivres : les soldats de Hoche mouraient de faim ; ils sortaient du camp, se répandaient dans les villages en partie abandonnés des environs d'Auray, enfonçaient les portes, pillaient, dévastaient, et quelquefois se livraient à d'autres désordres plus graves encore (1). Alors les administrations qui ne faisaient rien pour venir en aide au général, jetaient les hauts cris, envoyaient rapports sur rapports, plaintes sur plaintes. Hoche souffrait, mais que pouvait-il sinon faire arrêter les coupables et les livrer à un tribunal qui, vu les circonstances, les renvoyait le plus souvent absous ?

L'impunité enhardissait le crime : Hoche défendit aux soldats de s'éloigner des lignes sous aucun prétexte. Les raisons de mécontentement ne manquaient pas ; des murmures se firent entendre, des rassemblements se formèrent ; les têtes s'échauffèrent ; une sédition était imminente : Hoche alla à un de ceux qui lui avaient été signalés comme meneurs, et d'un coup de sabre l'abattit à ses pieds. Le soulèvement tomba.

C'est au sortir de cette exécution qu'il écrivit à Lanjuinais :

« On ne vous a pas dit toute la vérité, en accusant nos soldats de piller ; il fallait ajouter : ils assas-

(1) Correspondance. *Lettre de Hoche au comité de salut public.* 9 *juillet* 1795.

sinent, ils violent... Les lois sont insuffisantes, et leur malheureux général est obligé d'en faire justice les armes à la main (1). »

Hoche venait de rentrer dans la grange qui lui servait de quartier-général; il était monté dans le grenier à fourrage dont il avait fait son cabinet, lorsqu'arrivèrent les députés de la Convention Blad et Tallien qu'accompagnait Rouget de l'Isle, l'auteur de la *Marseillaise*. Ils entrèrent sans se faire annoncer et trouvèrent Hoche, une longue-vue à la main, suivant de l'œil tous les mouvements du camp. Le général, encore tout ému, raconta aux commissaires la terrible scène qui venait de se passer; mais se hâtant d'excuser un moment d'oubli dans ses soldats, « les malheureux, ajouta-t-il, depuis trois jours ils n'ont pas de pain (2) ! »

Tallien, informé de la détresse des troupes, avait pris des mesures pour la faire cesser, et Hoche put annoncer qu'à huit heures du soir, on ferait une distribution. A partir de ce moment, les représentants, munis de pouvoirs extraordinaires, se chargèrent de pourvoir aux besoins de l'armée, et Hoche n'eut plus qu'à préparer la victoire.

Il était à Vannes d'où il lançait des colonnes mobiles à la poursuite de Tinténiac, lorsque dans

(1) Corr. *Lettre du* 11 *juillet* 1795. — (2) Rouget de l'Isle. *Récit de l'expédition de Quiberon.*

la nuit du 15 au 16 juillet, il reçut une lettre du général Lemoine qu'il avait laissé au camp de Sainte-Barbe. Des transfuges annonçaient que l'ennemi se préparait à attaquer.

« Je vais partir dans un quart d'heure pour me rendre au camp avec deux bataillons, répondit Hoche, préparez-vous à combattre, faites mettre en batterie les obusiers surtout (1). »

Le 16, en effet, était le jour convenu avec Tinténiac pour l'attaque générale de Sainte-Barbe. A Quiberon, les émigrés s'y préparaient. D'Hervilly, leur chef, semblait comprendre enfin tout le tort que ses hésitations avaient fait à son parti; il paraissait décidé à agir, et, quoiqu'il lui arrivât un renfort précieux, douze cents hommes éprouvés, commandés par le comte de Sombreuil, il refusa d'attendre un jour seulement qu'ils fussent débarqués, de peur de faire manquer un effort concerté (2).

Le 15, entre onze heures et minuit, le comte de Vauban s'embarqua avec 900 chouans. Il avait l'ordre de descendre près de Carnac, de prendre à revers les lignes des républicains ou tout au moins d'attirer de son côté leur attention.

En même temps, les émigrés et le reste des

(1) Correspondance. *Lettre. Nuit du* 15 *au* 16. — (2) Puisaye, *Mémoires*. — Vauban, *Mémoires*.

chouans s'avançaient par la falaise. Un peu avant l'aube, on aperçut à droite une fusée, c'était le signal que Vauban avait opéré son débarquement. Puisaye fit faire halte. Dans le cas où les chouans ne réussiraient pas à Carnac, ils devaient, en remontant dans leurs bateaux, lancer une seconde fusée. Depuis un quart-d'heure on attendait et on ne voyait rien, lorsque d'Hervilly, qui s'était porté en avant, revint, disant qu'il remarquait du mouvement sur la gauche des républicains, que sans doute Vauban avait réussi, et il ajouta qu'il lui semblait entendre la fusillade. « C'est Tinténiac, s'écria Puisaye, en avant! »

Il commençait à faire jour. Les émigrés s'avançaient dans le plus bel ordre, et, des hauteurs de Sainte-Barbe, leurs ennemis les admiraient. Ils formaient quatre colonnes : du Dresnay et Royale-Marine à droite, les chouans et d'Hervilly à gauche, Loyal-Émigrant à l'avant-garde et l'artillerie au centre.

Humbert, suivant ses instructions, se retira devant eux : cette feinte timidité accrut leur confiance; ils approchèrent résolument des retranchements. Déjà quelques volontaires de Loyal-Émigrant se préparaient à les escalader, lorsque la cavalerie républicaine qui formait une sorte de rideau au milieu de la colline, se replia, les batteries se démasquèrent et la mitraille, les obus, les boulets tombèrent sur les émigrés. Pris de front, d'écharpe, de flanc, par cette grêle épouvantable, les régiments de droite, qui étaient arrivés les premiers, perdirent des files entières, mais ils serrèrent les rangs et continuèrent à marcher.

D'Hervilly et les chouans avaient hâté le pas. A leur tour, accablés par un feu meurtrier, ils furent décimés. La moitié des officiers et le tiers des soldats étaient couchés par terre ; s'opiniâtrer davantage, c'était exposer le reste à être détruit, et les bataillons républicains, tout formés, n'attendaient plus que le signal pour tomber de toute leur masse sur les émigrés rompus et les détruire : Puisaye et d'Hervilly commandèrent la retraite. Mais l'officier qui en portait l'ordre aux régiments de droite fut tué et la retraite sonnait d'un côté, tandis que la charge continuait à battre de l'autre. D'Hervilly se rendait à la droite, quand un biscayen le frappa en pleine poitrine. Sombreuil, qui l'avait suivi comme volontaire, prit le commandement.

Les républicains avaient franchi les lignes, et à leur tour ils pressaient les émigrés. La cavalerie surtout chargeait avec ardeur, et quoique les grenadiers de d'Hervilly, sous les ordres de leur capitaine, le brave de Boissier, fissent tous leurs efforts pour l'arrêter, elle allait triompher de toutes les résistances, changer la retraite en déroute et peut-être entrer avec les fuyards dans le fort Penthièvre, quand un secours inattendu sauva les émigrés.

Vauban n'avait pas eu le succès que l'on croyait ; à peine avait-il mis le pied sur le rivage qu'un bataillon républicain l'avait culbuté dans les flots et ses chouans avaient regagné leurs bateaux.

L'amiral Warren qui l'avait accompagné, avec ses chaloupes canonnières, le ramenait vers la presqu'île, lorsqu'ils aperçurent le désordre et le péril des émigrés. Vauban se fit jeter sur la falaise, rangea ses troupes en avant des ouvrages qui protégeaient Quiberon, et l'amiral Warren, embossant ses canonnières sur le flanc des républicains, les accabla de ses feux. Eux aussi furent obligés de se retirer (1).

Pendant toute cette affaire, les républicains n'avaient été aux prises qu'avec les émigrés. D'Hervilly s'était trompé ; Tinténiac n'avait point paru. Dans son expédition, il avait eu d'abord de brillants succès, il avait enlevé un grand nombre de postes, mais, entraîné par son ardeur ou par des ordres contraires à ceux de Puisaye, il s'était jeté du côté de Saint-Brieuc, avait essayé en vain d'emporter le château de Josselin, puis, surpris par une colonne mobile, au château de Coëtlogon, il l'avait battue,

(1) Le comte de Vauban, *Mémoires*.

mais, dans la poursuite, il avait trouvé la mort ; ses troupes s'étaient dispersées (1).

Quant à Jean-Jean et au comte de Lantivy, ils étaient à peine débarqués que leurs paysans aigris avaient repris chacun la route de son village.

Puisaye et d'Hervilly avaient donc lutté seuls contre des forces triples ou quadruples des leurs et protégées encore par des retranchements garnis de canons. Aussi ils avaient été broyés.

Hoche arriva quand tout était terminé ; il n'eut plus qu'à féliciter le général Lemoine : il le fit avec la cordialité d'une âme trop généreuse pour nourrir l'envie.

Les troupes républicaines n'avaient perdu qu'un petit nombre d'hommes, cependant la victoire coûtait cher à Hoche : au nombre des morts était l'adjudant-général Dejeu, chef de la cavalerie, auquel il portait le plus tendre intérêt. Dejeu avait été élevé dans la famille du général Leveneur, et le noble cœur de Hoche était heureux de s'acquitter tous les jours envers lui de la dette de reconnaissance qu'il avait autrefois contractée (2).

« J'ai perdu aujourd'hui le brave Vernot-Dejeu, écrit-il à Blad et à Tallien ; j'ai lieu de le pleurer, il était mon intime ami (3). »

(1) Puisaye, *Mémoires*. — (2) Bergounioux, *Vie de Hoche*. — (3) Correspondance. *Lettre du 16 juillet* 1795.

Une circonstance que l'on voit se renouveler fréquemment à la guerre, et à laquelle cependant ceux-là mêmes à qui l'habitude de braver le danger fait envisager la mort sans émotion, ne peuvent que difficilement s'accoutumer, mêla de l'amertume à la douleur de Hoche. On eut de la peine à retrouver le corps de Dejeu. Il avait été dépouillé comme les autres cadavres et laissé nu.

« Si quelque chose, dit Hoche dans un ordre du jour, pouvait ternir la victoire qu'a remportée hier l'armée républicaine, ce serait l'avidité que montrent certains individus à dépouiller les hommes restés sur le champ de bataille. Le malheureux adjudant-général Dejeu, l'ami du général en chef, n'a pas été distingué des ennemis. Le général prie les personnes qui auraient des effets du brave Dejeu de les lui remettre, il les payera ce qu'on lui demandera (1). »

Quelque temps après, il écrivit au comité de salut public : « Dejeu était mon ami de cœur; permettez-moi de recommander à la bienveillance nationale une mère qui n'avait d'autre soutien que son digne fils; il a bien mérité de la patrie, mon ami : je vous supplie, prenez soin de sa mère; si ma fortune était proportionnée à mon désir d'obliger, je n'aurais pas révélé ce secret; mais le ciel, en me donnant un

(1) Correspondance. *Ordre du jour.* 17 *juillet* 1795.

cœur sensible, ne m'a pas favorisé du côté des richesses (1). »

La victoire aurait peut-être attaché à leur nouveau drapeau les prisonniers français enrôlés en Angleterre et ceux qui avaient été recrutés à Quiberon. La défaite réveilla en eux et fortifia le désir de les abandonner. Toutes les nuits il en arrivait au camp de Sainte-Barbe. A la marée basse ils se laissaient glisser du haut en bas de la falaise, à l'est du camp retranché et des ouvrages qui fermaient la presqu'île, entraient dans la mer jusqu'à mi-corps, et échappaient à la surveillance d'une chaloupe canonnière que l'on avait placée tout exprès pour empêcher la désertion. Hoche se les faisait amener. Par eux il apprenait que les émigrés étaient dispersés par toute la presqu'île, qu'il n'y avait au fort et dans les ouvrages, pour les garder, que quelques bataillons et peu de troupes, au village de Kerhostin, à portée de les soutenir, que le service se faisait avec négligence, enfin, les déserteurs affirmaient que leurs compagnons restés dans la presqu'île, avaient les mêmes sentiments qu'eux, et qu'ils n'attendaient qu'une occasion pour rentrer dans les rangs de l'armée républicaine. Hoche résolut d'essayer la surprise, pour s'emparer des ouvrages et du fort Penthièvre (2).

(1) Correspondance. *Lettre du 22 juillet 1795.* — (2) Rouget de l'Isle. *Récit de l'expédition de Quiberon.*

Il était retourné à Vannes, afin de communiquer son projet aux représentants, et de prendre avec eux quelques mesures lorsque le 18, le général Lemoine lui envoya trente nouveaux déserteurs qui étaient arrivés au camp la nuit précédente. Ils avaient avec eux une dizaine d'enfants de douze à quinze ans qui les avaient aidés dans leur évasion. C'étaient de jeunes Toulonais qui, lors de l'évacuation de Toulon par les Anglais, avaient été transportés en Angleterre, et en étaient revenus à la suite des émigrés. Hommes faits, enfants, causaient, sautaient, dansaient, s'embrassaient, parlaient tous ensemble et manifestaient de toutes les manières leur joie d'être rendus à leur patrie. Un seul regardait tous ces transports sans y prendre aucune part. C'était un homme de vingt-cinq ans environ, de taille moyenne, au visage pâle, à l'œil ardent. Retiré dans un coin de la salle, il y restait sombre; Hoche le remarqua. « Et toi, lui dit-il, tu parais triste, serais-tu fâché d'être avec nous? — Si j'avais dû m'en repentir, général, je ne serais pas venu. » L'air, le ton du déserteur avaient frappé Hoche, il le retint, et, quand ils furent seuls, il lui demanda son nom, son pays, son état. Il s'appelait David Goujon ou David tout court, était de Dieppe et marin. Pris par les Anglais, il avait été jeté à bord des pontons. Là, privé de nourriture et d'air, misérable, malade, il avait fini, comme les autres, par *faire le lâche*, disait-il, et s'était engagé dans Royal-Louis.

Mais de ce moment il n'avait plus eu qu'une pensée, s'échapper et venir en France avertir le gouvernement de l'expédition qui se préparait. Il avait découvert dans une anse une mauvaise embarcation sur laquelle il allait entreprendre la traversée avec trois ou quatre de ses camarades, quand l'un d'eux le vendit. Lui, le chef du complot, il avait été roué de coups, et en effet, jetant sa veste, enlevant sa chemise, il montra ses épaules couvertes de cicatrices encore vives et prêtes à se rouvrir. — « Ce n'est rien, ajouta-t-il, cela passera; ce qui ne passera pas, c'est le souvenir que j'en conserve! — Quels sont tes projets, reprit Hoche après un instant de silence, que veux-tu faire? — Ce que vous voudrez, général; mais, tenez, j'en ai assez du métier de marin : donnez-moi un uniforme de volontaire. — Serais-tu homme à retourner dans la presqu'île? — Dans la presqu'île!.... dame! si vous l'ordonnez... mais, je vous en préviens, j'y suis connu comme Barrabas, et, si j'y reparais, mon affaire ne sera pas longue. — Oh! si tu y reparais, ce ne sera qu'à bonnes enseignes, en bonne compagnie. — En bonne compagnie? — Avec une de nos meilleures colonnes, conduite par un brave. — Quand partons-nous, mon général? — Convenons d'abord du chemin que tu feras prendre à mes gens. — Celui par où je suis venu. — Pour celui-là, je n'ai pas besoin de toi, j'ai du monde; crois-tu qu'on puisse passer par la mer de l'Ouest, la mer sauvage comme ils l'appellent? — J'entends, vous ne trouvez personne qui se soucie de l'essayer. Eh bien! je l'essaierai, moi. Comptez sur moi, mon général (1). »

Hoche fit donner à David un uniforme de volontaire, lui conféra le grade d'officier et l'envoya au camp. Lui-même s'y rendit le lendemain.

Hoche s'était fait précéder par l'ordre que voici :

« La presqu'île de Quiberon sera attaquée aujourd'hui, 1er thermidor, à onze heures du soir.

» Le général Humbert, à la tête de 500 hommes d'élite de son avant-garde, et conduit par un guide que je lui enverrai, se portera sur le village de Kerhostin, en passant par la laisse de Basse-Mer, laissant le fort Penthièvre à droite et la flotte anglaise à gauche.... Arrivé près du village, il fera tourner brusquement à droite, et fera courir jusqu'au fort dont il s'emparera en franchissant la palissade; il égorgera tout ce qui s'y trouvera, à moins que les fusiliers ne viennent se joindre à sa troupe. Les officiers, sergents d'infanterie et canonniers n'auront point de grâce.

» Le général de brigade Botta suivra Humbert dans le même ordre, avec le reste de l'avant-garde.

(1) Rouget de l'Isle. *Récit de l'expédition de Quiberon.*

Il s'emparera de Kerhostin et fera fusiller tous les individus armés qui voudraient sortir des maisons ; les soldats sans armes qui viendront le joindre seront accueillis ; les officiers et sous-officiers seront fusillés sur-le-champ.

» En arrivant dans la presqu'île, ces deux officiers généraux feront crier par leurs troupes : « *Bas les armes, à nous les patriotes!* »

» L'adjudant-général Ménage favorisera l'attaque de Humbert, en attaquant lui-même les grand-gardes ennemies : il les culbutera, leur passera sur le corps et les poussera jusqu'au fort. La palissade franchie, il suivra, par sa gauche, le fossé jusqu'à la gorge. Ménage ne fera pas tirer un coup de fusil, et fera passer à la baïonnette tout ce qu'il trouvera d'ennemis ; la troupe qui doit faire cette attaque sera l'élite du général Valletaux.

» Valletaux soutiendra l'attaque de Ménage.....

» Le général Lemoine portera sa brigade à la hauteur de l'avant-garde. Il y laissera un bataillon avec deux pièces de quatre et marchera en bataille à la hauteur de la colonne Valletaux qu'il doit soutenir.

» Garde du camp : deux bataillons de la réserve et le troisième de la demi-brigade, commandés par le général Drut, qui fera tirer à boulets rouges vers les bâtiments qui voudront nous inquiéter (1). »

(1) Rouget de l'Isle. *Récit de l'expédition de Quiberon.*

Mais toutes ces mesures ne purent être prises à temps, et il fallut remettre l'attaque au jour suivant. Dans l'intervalle, quelques modifications furent apportées à la direction de la colonne de droite. Ménage devait entrer dans la mer à l'ouest, et essayer d'escalader le rocher presque taillé à pic, sur lequel est bâti le fort Penthièvre; on avait l'espoir que les prisonniers enrôlés le seconderaient.

Le 20 juillet, à onze heures du soir, l'armée sortit de son camp. A peine était-elle en marche sur la falaise, que la plus affreuse tempête se déchaîna (1). Le vent d'ouest soufflait avec violence, soulevait les flots et les brisait sur la grève, enlevant le sable fin de la plage et le roulant en épais tourbillons de poussière, chassant avec force la pluie, et la dardant au visage des soldats. En même temps les éclairs déchiraient la nue, et les coups continuant les coups, le tonnerre retentissait avec fracas.

Les soldats aveuglés, étourdis, se tirant avec peine d'un sable détrempé dans lequel ils enfonçaient jusqu'aux genoux, n'entendaient plus de commandement, ne gardaient plus de direction; les colonnes se rompaient, se mêlaient, étaient dans la plus affreuse confusion, et il était impossible d'y remédier. Hoche fit faire halte et entra, avec Tallien et Blad, dans la tente de Humbert, qui était encore debout

(1) Puisaye, *Mémoires*.

sur la falaise. Là, soit puissance d'esprit qui laisse les hommes supérieurs maîtres d'eux-mêmes, et leur permet de passer des occupations les plus graves aux plus frivoles, soit effort de volonté qui impose silence aux plus vives inquiétudes, qui comprime au fond du cœur les soucis préoccupants, pour faire monter au visage un air de confiance qui doit en communiquer aux autres, Hoche, comme si son armée n'était pas à moitié en déroute, son entreprise à demi-manquée, du ton le plus léger, le plus charmant, emporta loin de la presqu'île ses auditeurs captivés, et les retint pendant plus de trois quarts d'heure au milieu de Paris, de ses spectacles, de ses plaisirs, de ses fêtes, puis, tout à coup s'interrompant : « Assez de badinage, dit-il, il est temps de faire le général ! » Et sortant de la tente, quoique la pluie tombât encore avec force, il s'élança aux premiers rangs, appela ses généraux autour de lui, leur donna de nouvelles instructions, reforma les colonnes et les remit en mouvement (1).

La presqu'île paraissait tranquille, il semblait qu'on y reposât en sécurité sur la foi de la tempête (2). Le centre s'avançait donc avec confiance, quand tout à coup apparut une lueur suivie d'une

(1) Rouget de l'Isle. *Récit de l'expédition de Quiberon.* — Moniteur. *Discours de Tallien, le 27 juillet* 1795.
(2) Puisaye, *Mémoires.*

détonation; un des canonniers toulonais chargés de la garde des retranchements avait, à la faveur d'une éclaircie, aperçu une longue ligne noire sur la falaise, et il avait fait feu.

La colonne de gauche était dans la mer depuis un quart d'heure; les soldats regardaient avec inquiétude deux points noirs, deux canonnières anglaises embossées à peu de distance, lorsque le coup de canon tiré sur la colonne du milieu retentit. « Voilà le centre découvert, se dirent-ils entre eux, maintenant gare à nous ! » Et, en effet, une minute ne s'était pas écoulée, que trois décharges successives les couvraient de mitraille, coupaient leurs rangs, et les rejetaient en tronçons sur la falaise (1).

La surprise n'était plus possible; la pluie avait mouillé les fusils et on ne pouvait plus s'en servir : les troupes n'avaient donc que des baïonnettes à opposer à l'ennemi : la partie était trop inégale. D'ailleurs les soldats étaient découragés et beaucoup se repliaient déjà sur le camp. Hoche crut que l'entreprise était manquée, et il se mit à la tête de 7 ou 800 grenadiers pour repousser l'ennemi s'il tentait de sortir de ses lignes, et pour donner le temps à la colonne de droite de se dégager. Il ne se retirait que lentement lorsqu'il entendit quelqu'un

(1) Rouget de l'Isle. *Récit de l'expédition de Quiberon.*

accourir et l'appeler : c'était David que lui envoyait Ménage. Le fort était pris.

La colonne de droite, avait marché en même temps que les deux autres. Arrivé sous le fort, au moment où la mer qui montait, commençait à mouiller le pied des soldats, Ménage fit faire front, et commanda l'assaut. Il s'agissait d'escalader un rocher de granit de cinquante ou soixante pieds de haut, presque taillé à pic, et que les varechs et autres plantes marines qui le tapissaient, rendaient presque aussi glissant qu'une glace. Cependant, les soldats s'élancèrent, et, s'aidant les uns les autres, se tirant, se soulevant, enfonçant leurs baïonnettes dans les fentes des rochers, et s'en servant comme d'échelons, ils gravissaient cette haute muraille. Douze ou quinze tombèrent sur les pointes du rocher et se blessèrent, mais ils eurent la force de comprimer les plaintes que leur arrachait la douleur, pour ne point trahir leurs compagnons. Plus on approchait du parapet qui couronnait le rocher, et plus on craignait le qui-vive! des sentinelles. Quelle ne fut pas la surprise d'entendre, au lieu de ce cri redouté, ces paroles amies : « Camarades! donnez-nous la main. » En un instant, grâce à ce nouveau secours, on fut sur l'esplanade (1).

(1) De la Tousche. *Relation du désastre de Quiberon.* (*Récit d'un lieutenant du bataillon de la Gironde*).

La pluie avait cessé ; le commandant du fort, M. de Folmont, sortait pour faire une ronde, quand il tomba au milieu des républicains. Un lieutenant de la Gironde ne lui laissa pas le temps d'appeler : d'un coup de sabre, il l'étendit mort. Ménage avait formé les premiers qui étaient montés. A leur tête, il se précipita dans les corps de garde, dans les casernes, et criant : « A nous les patriotes ! » attira les soldats et égorgea les officiers. Aussitôt, abattant le pont-levis, il fit irruption dans les retranchements, prit à dos les canonniers toulonais, les tua sur leurs pièces, ouvrit les barrières et introduisit dans les ouvrages le reste de la brigade Valletaux qui le soutenait. Hoche rappelé ne tarda pas à arriver et embrassant Ménage à l'entrée du fort Penthièvre, il le salua général de brigade.

Cependant quelques hommes échappés étaient allés porter l'alarme au village de Kerhostin où était cantonné le reste du régiment de d'Hervilly. Les compagnies prirent les armes en toute hâte, et à mesure qu'elles se formèrent, les chefs les conduisirent au fort. « A nous les patriotes ! » crièrent encore les républicains, et les prisonniers enrôlés passèrent de leur côté, massacrant leurs officiers (1).

Une compagnie de Loyal-Émigrant et cinq ou six cents chouans gardaient le camp retranché. Cernés

---

(1) Le comte de Vauban, *Mémoires*. — Puisaye, *Mémoires*.

par les républicains, ils allaient être exterminés jusqu'au dernier, lorsque le marquis de Contades ordonna la retraite. Ils essayèrent d'emmener avec eux le parc que l'on avait placé tout près du fort, mais Humbert lancé à leur poursuite les força de tout abandonner.

Il faisait grand jour ; les hommes que les coups de canon partis des retranchements et des canonnières anglaises avaient mis en fuite, approchaient du camp de Sainte-Barbe ; déjà, les représentants y étaient rentrés, quand Rouget de l'Isle en se retournant, crut voir le drapeau républicain sur le fort Penthièvre. Dix de ceux qui étaient près de lui regardèrent aussitôt : c'étaient, en effet, les couleurs tricolores qui flottaient au mât de pavillon. Tous, alors, poussèrent un cri de victoire. A ce cri, le général Botta qui avait eu le pied brisé par un biscaïen, et que l'on soutenait sur son cheval, voulut qu'on le retournât, et la vue de son drapeau triomphant endormit un instant ses douleurs (1).

La foule des fuyards s'était arrêtée ; elle aussi avait regardé : elle aussi avait poussé une longue clameur et reprenant sa course en sens contraire, elle se reportait vers le fort. L'arrière-garde et les représentants s'y dirigeaient à grands pas. Hoche s'était empressé d'assurer contre un retour de

(1) Rouget de l'Isle.

fortune, ce qu'un heureux coup de main venait de lui livrer; il avait fait désarmer les ouvrages, traîner les canons dans le fort, et les avait mis en batterie du côté de la presqu'île. Lemoine arrivait : Hoche lui confia la garde du fort Penthièvre et s'apprêta à poursuivre sa victoire.

Humbert avec 1,500 hommes d'élite, de la cavalerie et du canon, continua à tenir la gauche; Valletaux, avec une colonne de même force, la droite, et Hoche à la tête de 700 grenadiers s'avança au centre : Mermet commandait une réserve.

Réveillé par les coups de canon des retranchements, Puisaye, dont le quartier général était au bourg de Saint-Pierre, à une demi-lieue en arrière du fort Penthièvre, en sortait pour aller voir ce que signifiait cette attaque au milieu de la nuit, quand il rencontra un canonnier toulonais, la figure ensanglantée. Presqu'au même moment, un cavalier que lui envoyait le marquis de Contades lui apprit que le fort Penthièvre était au pouvoir des républicains, et les autres ouvrages forcés. La première pensée de Puisaye fut de marcher au fort et d'en chasser l'ennemi, et il fit dire à Sombreuil, dont les troupes étaient cantonnées dans le fond de la presqu'île, de rassembler sa division, et d'accourir au plus vite (1).

(1) Puisaye, *Mémoires*.

Cependant la terreur s'avançait menaçante et poussait devant elle une foule éperdue. Hommes, femmes, enfants se précipitaient en criant vers le port d'Orange, pour s'y embarquer et gagner la flotte anglaise qui était mouillée à plus d'une lieue dans la baie. Mais les bateaux étaient à sec et la mer qui commençait seulement à monter, en mouillait à peine la coque. Il fallait encore attendre plusieurs heures avant qu'ils ne fussent à flot. N'importe, on s'entassait dedans, sans penser que le poids dont on les surchargeait ne faisait que retarder l'instant de la délivrance. En vain Puisaye essayait-il de le faire comprendre à cette multitude que le danger mettait hors d'elle-même, la frayeur fermait les oreilles ; ordres, prières, menaces, elle n'entendait rien. Puisaye ne pouvait même former une seconde ligne pour appuyer le marquis de Contades, les comtes de Vauban et Dubois-Berthelot, qui, avec les chouans et les restes de Loyal-Émigrant, se retiraient lentement devant l'ennemi; il chargea son domestique de rassembler ses papiers et partit au galop pour rejoindre Sombreuil. Il le trouva au village de Kernavelt, vers le milieu de la presqu'île, lui fit prendre position sur une butte, auprès d'un moulin, et là, se concerta avec lui. Le fort pris, l'armée sans appui, les soldats saisis d'effroi, que restait-il à faire, sinon à se rembarquer au plus vite? Mais la flotte anglaise, qui seule pouvait en fournir le moyen, était mouillée au large. Il avait été convenu avec l'amiral qu'en cas de péril on hisserait un fanal au mât de pavillon; dans le trouble qui avait suivi la surprise du fort, personne n'avait eu l'idée de donner ce signal, et la pensée en fût-elle venue, qu'on n'aurait pas eu le temps de le faire. Si seulement les Anglais pouvaient distinguer le drapeau qui flottait sur le fort Penthièvre? Mais le ciel était bas, l'air chargé de nuages, la mer couverte de brumes; selon toute apparence ils ne se doutaient pas de la cruelle situation des émigrés.

Puisaye, en passant au port d'Orange, avait chargé un pilote intrépide et connu de l'amiral Warren, Rohu, d'aller l'avertir de l'état des choses, et le prier d'amener au plus vite ses vaisseaux et ses canonnières à la défense de la presqu'île; mais dans le tumulte du port d'Orange, Rohu avait-il pu s'embarquer? Sur les instances de Sombreuil, Puisaye fit partir un nouveau messager, son premier aide-de-camp, le marquis de la Jaille, pour se rendre à bord de l'amiral.

Dans cette attente pleine d'anxiété, les secondes paraissaient des minutes et les minutes des heures; Sombreuil, dont les yeux ne quittaient pas la flotte, s'impatientait de ne lui voir faire aucun mouvement; il commençait à douter de la bonne foi des Anglais et ses soupçons devenaient injurieux pour Puisaye, à qui il semblait demander compte de l'immobilité de ses amis. Puisaye le quitta, gagna le Port-Haliguen et s'embarqua lui-même pour presser l'arrivée des secours (1).

Le bruit de son départ ne se fut pas plutôt répandu, que de tous côtés partirent des cris de malédiction contre lui : « Le fourbe ! le lâche ! il nous a livrés, et maintenant il nous abandonne ! » Puisque le chef de l'expédition la désertait, c'est que tout était perdu. Dès-lors les courages les plus fermes tombèrent et rien ne fut plus capable de les relever. S'il y en avait encore qui ne tournaient pas les yeux de tous les côtés pour se chercher un salut particulier, en dehors du salut commun, ceux-là n'espéraient plus vaincre, mais se résignaient à mourir !

La troupe de Sombreuil était tout à fait démoralisée lorsque l'ennemi parut.

Les chouans du comte de Vauban et les restes de Loyal-Émigrant, qui se retiraient devant Hoche, avaient pris position à la droite de Sombreuil ; de nombreux tirailleurs se détachant de la colonne républicaine, se répandaient en avant ; le feu allait commencer : tout à coup une centaine de prisonniers enrôlés dans le régiment de Dudresnay, sortent des

(1) Puisaye, *Mémoires*.

rangs, lèvent en l'air la crosse de leurs fusils et criant : « Nous sommes républicains! » passent du côté de Hoche. Cette nouvelle défection achève de troubler les émigrés (1).

Un grand nombre d'entre eux manquaient de munitions; il y avait trois jours que la division de Sombreuil était débarquée, et elle n'avait pas encore reçu de cartouches (2); aussi les émigrés répondirent avec mollesse au feu des républicains. Bientôt Sombreuil aperçut deux colonnes qui filaient le long de la mer, l'une à droite, l'autre à gauche; il allait être enveloppé : il ordonna la retraite sur Port-Haliguen.

Plus d'une fois, dans leur marche, les émigrés, serrés de trop près, se retournèrent et firent reculer leurs ennemis. Au bourg de Saint-Julien, un de leurs bataillons cerné se fit jour à la baïonnette (3).

Ils n'eurent pas plutôt atteint Port-Haliguen, qu'ils se jetèrent dans les maisons, et, par un feu animé, arrêtèrent un instant les républicains. La foule en profita pour s'embarquer et essayer de gagner la flotte anglaise. Mais Humbert fit placer deux pièces de quatre sur une pointe qui commandait le port et tirer sur les barques qui voulaient entrer ou sortir.

(1) Le comte de Vauban, *Mémoires*. — De la Tousche. *Relation du désastre de Quiberon*. — (2) Sombreuil. *Lettre à l'amiral Warren*. — (3) De la Tousche.

Pendant ce temps, les deux autres colonnes de Hoche pressaient le pas. Port-Haliguen allait être entouré. Encore une fois Sombreuil chercha à se dégager et se dirigea sur le Fort-Neuf, à un quart de lieue plus loin.

La foule, en voyant les émigrés s'éloigner, poussa des cris de désespoir et se précipita confuse à leur suite. Combattants et non combattants arrivèrent en désordre à leur dernier refuge. Les émigrés s'entassèrent dans le réduit qu'on appelle le Fort-Neuf, et qui n'est qu'un rocher dont toute la défense, du côté de la terre, consiste en un simple mur d'appui. La foule courut au rivage, appelant de tous ses vœux les chaloupes.

Puisaye était arrivé à la flotte anglaise. L'amiral Warren, aussitôt qu'il apprit le danger des émigrés, fit le signal d'appareiller, et ses vaisseaux, malgré le vent qui était contraire, malgré la mer qui était grosse, se dirigèrent vers la presqu'île. Déjà une corvette, l'*Alouette*, était embossée près du rivage, et de ses 24 canons balayait la plage en avant du Fort-Neuf. Les troupes de Humbert, n'osant braver cette mitraille, se tenaient à l'abri dans les maisons de Port-Haliguen. Mais *la Pomone*, qui suivait de près l'*Alouette*, allait les y accabler; ses premiers boulets commençaient à y tomber (1).

(1) Puisaye, *Mémoires*. — De la Tousche.

Hoche, à ce moment, était à portée de soutenir Humbert. Arrivé à peu de distance du Fort-Neuf, dans un pli de terrain qui le dérobe aux Anglais, il fait faire halte : « Amis, dit-il à ses grenadiers, prenez haleine et finissons-en ! Et toi, ajoute-t-il en s'adressant à un petit tambour qui était en tête de la colonne, prépare-toi à battre la charge! » A ces paroles Rouget de l'Isle, qui se trouvait à côté de Hoche, frémit : « Ah! général, s'écrie-t-il, quelle effroyable hécatombe. — Eh que voulez-vous que je fasse, réplique Hoche avec vivacité? Dois-je remettre en question ce qui est décidé? laisser aux Anglais le temps d'embarquer les émigrés, de faire un mouvement sur mes derrières et peut-être de me couper la retraite? — Mais, général, les malheureux prisonniers entrés de force dans les rangs ennemis, qui désertaient par bandes pour rentrer dans les vôtres, vous allez donc les égorger pêle-mêle? » Hoche porte la main à son front et réfléchit un instant. « Eh bien, allez leur signifier de rendre les armes ou qu'ils sont jetés à la mer. » Rouget de l'Isle s'élançait : « Surtout, lui crie Hoche, qu'ils aient à faire cesser le feu de la flotte anglaise; si je perds un homme, ils sont tous morts (1)! »

Le rocher du Fort-Neuf offrait en ce moment l'aspect d'une agitation tumultueuse. Les émigrés

---

(1) Rouget de l'Isle. *Récit de l'expédition de Quiberon.*

allaient, venaient, se rassemblaient. On en voyait au milieu des groupes qui paraissaient vouloir convaincre leurs camarades, tandis que d'autres, par des gestes d'opposition, les repoussaient. Quelques-uns debout, appuyés sur leurs fusils, semblaient en proie à une sombre fureur. Un jeune homme, que ceux qui l'entouraient cherchaient vainement à contenir, riait aux éclats d'un air insensé et demandait si c'étaient les *carmagnoles* qui arrivaient (1)?

Rouget de l'Isle, en approchant du fort, s'entendit appeler par son nom ; c'étaient sans doute d'anciens camarades, des officiers qui l'avaient autrefois connu dans ses garnisons. Arrivé au pied du mur d'appui, il signifia les ordres de Hoche : les émigrés répondirent qu'il y avait des parlementaires et qu'on attendait leur retour. A l'injonction de faire cesser le feu des Anglais : « Eh! ne voyez-vous pas, s'écria une voix, qu'ils tirent aussi sur nous (2)! » Quelques boulets venaient en effet de tomber dans le Fort-Neuf, mais c'étaient des boulets destinés aux républicains, qui s'étaient égarés. Cependant ce cri : « Ils tirent aussi sur nous! » recueilli et propagé par la haine nationale, exploité au sein même du parlement par une opposition qui n'était pas toujours de bonne foi, est devenu le fondement des accusations

(1) Rouget de l'Isle. — (2) Id.

qui pendant longtemps ont pesé sur les Anglais, à l'occasion de cette malheureuse expédition.

Rouget de l'Isle parlait encore, qu'il entendit derrière lui le galop d'un cheval. C'était Ménage qui, la tête enveloppée d'un mouchoir blanc et le sabre à la main accourait. Hoche avait aperçu des barques s'éloigner du fort; il voulait bien accorder quelques instants aux émigrés, pour qu'ils se décidassent à se rendre, mais non leur donner le temps de s'échapper en détail. « Eh quoi ! ajoute Ménage, n'y a-t-il que des émigrés parmi vous? N'y a-t-il plus de Français? » Si, si, crient à la fois le reste des prisonniers enrôlés en Angleterre, et « se démêlant des émigrés qu'ils poussent de droite, de gauche, ils s'élancent au bord de la roche d'où ils se jettent à corps perdu dans la plaine et viennent à toutes jambes s'agglomérer autour de Ménage (1). » A ce dernier abandon, les émigrés consternés paraissent prêts à subir toutes les conditions. Rouget de l'Isle s'en retourne auprès de Hoche : « C'en est fait, général, ils vont se rendre. — Oui, répond Hoche, voilà ma tâche remplie, mais celle des représentants commence, et je suis surpris de ne pas les voir. On m'avait asssuré qu'ils étaient en chemin pour venir me joindre ; je ne conçois pas ce qui peut les retarder. Faites-moi le plaisir d'aller au-devant d'eux,

(1) Rouget de l'Isle.

et, si vous-les rencontrez, de presser leur arrivée; mon âme est fatiguée : il est temps qu'ils viennent partager cette atroce responsabilité (1). »

Les parlementaires dont les émigrés avaient parlé, c'était Sombreuil lui-même. Depuis le fort Penthièvre, les républicains, en poussant les émigrés devant eux, n'avaient cessé de crier, suivant l'ordre qu'ils en avaient reçu avant l'attaque : « Bas les armes! à nous les patriotes! » Au Fort-Neuf, les soldats de Humbert répétèrent les mêmes cris, quelques-uns ajoutèrent peut-être : « Rendez-vous, on ne vous fera pas de mal! » Acculés à la mer, en danger de n'être pas secourus à temps, les émigrés arrivèrent facilement à se persuader que cette grâce de la vie était promise à tous : plusieurs rappelaient les paroles prononcées par Humbert dans une rencontre de patrouilles sur la falaise, rencontre qui s'était changée en une conversation pleine de courtoisie. Humbert avait dit aux émigrés qu'il serait possible de s'entendre, et les avait engagés à écrire à Tallien, à Lorient (2). Ils furent ainsi amenés à croire que les hommes qui avaient renversé Robespierre répudiaient sa manière de voir et que les terribles lois rendues contre eux étaient sinon abrogées, du moins laissées dans l'oubli; on entendit de

(1) Rouget de l'Isle. — (2) Le comte de Vauban, *Mémoires*.

leur côté ces mots : « Rendons-nous, ils ne nous feront pas de mal! »

A ce moment, si l'on en croit les relations royalistes (1), Humbert, malgré le feu des Anglais, s'avança sur la plage, tenant d'une main son chapeau et de l'autre son épée qu'il levait et baissait alternativement.

Sombreuil sortit du fort à sa rencontre. Hoche lui-même ne tarda pas à les rejoindre (2). Dans cette conférence, que se passa-t-il?

Selon la vraisemblance, Sombreuil demanda au général républicain d'épargner le sang français en laissant rembarquer les émigrés. Hoche ne pouvait l'accorder. Sombreuil insista pour qu'ils eussent au moins la vie sauve. Cette concession dépassait encore les pouvoirs de Hoche. Les lois de la Convention, ces lois qui condamnaient à mort tout émigré combattant son pays, se dressaient entre sa générosité et ceux qu'il venait de vaincre.

Alors Sombreuil offrit sa vie pour racheter celle de ses compagnons; Hoche ne put que l'engager à se confier à la clémence nationale. Il faut penser que Sombreuil se méprit au sens des paroles que le triste sort où il était réduit, inspira sans doute à la délicatesse de son ennemi, et qu'il regarda comme

(1) Vauban. — Chaumareix. — De la Tousche. — (2) De la Tousche.

des promesses positives que Hoche ne pouvait faire, de vagues espérances par lesquelles la pitié l'engageait à consoler son infortune, puisqu'au rapport des royalistes, en revenant vers les siens il leur dit : « Messieurs, j'ai obtenu des conditions aussi favorables que les circonstances le permettaient : vous serez traités comme des prisonniers de guerre : Je me suis engagé à vous faire mettre bas les armes, posez-les (1) ! »

Mais tous les émigrés n'approuvaient pas la conduite de leur chef : quelques-uns interpellaient Sombreuil et lui demandaient s'il était sûr que cette convention serait observée. « Eh ! quoi, monsieur, répliqua-t-il vivement à l'un d'eux, doutez-vous de la parole française (2)? Au surplus, ajouta-t-il, pour ceux qui n'ont pas confiance dans la capitulation, voilà l'escadre anglaise ! » Bon nombre, en effet, se jetèrent à la mer, et furent presque tous recueillis par les embarcations. Les généraux de Contades, Vauban et Dubois-Berthelot échappèrent de la sorte.

Cependant, la corvette anglaise redoublait son feu. Hoche envoya rappeler à Sombreuil qu'il avait promis de le faire cesser. Sombreuil monta sur un épaulement, et fit des signes avec un mouchoir

(1) Chaumareix. *Relation de l'expédition de Quiberon (La Cour et la Ville).* — De la Tousche. — (2) De la Tousche.

blanc. Mais, la corvette ne paraissait pas les comprendre. Alors, un officier de marine, Gesril du Papeu se jeta à la nage, et alla lui porter ses paroles. Le feu cessa aussitôt. Les Anglais voulaient retenir Gesril ; il refusa de se séparer de ses compagnons et revint à terre (1).

Les troupes républicaines s'étaient rangées en bataille, au pied du Fort-Neuf. Emigrés et chouans, au nombre de 5,000 environ, déposèrent leurs armes, et défilèrent devant elles. On en forma deux colonnes que l'on dirigea sur le fort Penthièvre (2).

L'animosité d'ennemi à ennemi, était tombée avec l'acharnement de la lutte : les soldats de l'escorte ne voyaient plus que des Français malheureux dans ceux qu'ils venaient de combattre, et saisis de pitié pour ces vieux chevaliers de Saint-Louis qui s'avançaient accablés et par les années et par leur défaite, ils s'empressaient d'aller à eux « de les soutenir dans leur marche, de relever leur courage par de bonnes paroles, de couvrir leurs têtes chauves ou blanches de leurs chapeaux, et de partager avec eux un reste de pain noir. » Après la victoire, ils ne cessèrent de se montrer dignes de l'avoir remportée (3).

(1) Chaumareix. — Puisaye, *Mémoires*. — (2) Rouget de l'Isle. — (3) Chaumareix. *Récit de l'expédition de Quiberon*. — De la Tousche. — Rouget de l'Isle. — Tallien. *Discours à la Convention*.

Le fort évacué, Hoche avait envoyé un de ses aides-de-camp pour voir s'il n'y restait plus personne. Dans un endroit à l'écart, sur une plateforme dominant la mer qui en battait le pied, l'aide-de-camp avait trouvé un jeune homme grand, d'une taille élégante, d'une beauté mâle, mis avec recherche : c'était Sombreuil (1).

L'infortuné paraissait se livrer à des réflexions cruelles. Sans doute qu'en ce moment, la triste fatalité qui pesait sur lui, se présentait à son esprit dans sa réalité horrible. Il se voyait lui, débarqué à peine depuis cinq jours, le troisième seulement dans l'ordre du commandement, devenu par les blessures ou la fuite des deux autres, chef d'une expédition compromise, perdue, et réduit à mettre bas les armes. A cette humiliation, la dernière pour un cœur de soldat, venait se joindre une incertitude affreuse. Si la vie qu'il croyait avoir assurée à ses compagnons, en les empêchant de la perdre, les armes à la main, si cette vie pour laquelle lui-même pensait s'être dévoué, leur était enlevée ? Les doutes que déjà on avait exprimés étaient bien propres à faire naître cette défiance ! Aussi, peut-être qu'en cet instant, plus d'une fois ses regards tombèrent sur l'abîme et qu'il fut tenté d'y chercher un refuge contre la responsabilité qu'il voyait

(1) Rouget de l'Isle.

pendante. Mais son honneur ne s'y engloutirait-il point? et une belle vie, une vie glorieuse même ne serait-elle pas à jamais flétrie par les accusations que Puisaye, l'homme le plus intéressé à faire croire qu'il n'avait pas eu le courage d'attendre les secours qu'il amenait, ne manquerait pas d'élever contre lui? La mort, soit! mais la mort plus tard, quand il aurait mis son nom à couvert de l'outrage! Sombreuil, en relevant la tête, aperçut l'officier et il lui demanda où était le général en chef; il désirait un instant d'entretien avec lui. L'aide-de-camp s'empressa de prévenir Hoche qui se rendit aussitôt près de Sombreuil.

Sombreuil désirait aller à la flotte anglaise, pour aussi peu de temps et avec l'escorte que l'on voudrait : « Cette journée, cette catastrophe étaient horribles, il en connaissait les auteurs, et son devoir était de les démasquer (1). »

Hoche ne put l'y autoriser, mais il avait envoyé au-devant des représentants; ils ne devaient pas tarder à arriver. Peu après, en effet, apparurent Tallien et Blad.

Rouget de l'Isle courait depuis plus d'un quart-d'heure au travers de la plaine, lorsque des cris, des chapeaux élevés en l'air, l'attirèrent sur la droite : il y trouva les représentants dans un en-

(1) Rouget de l'Isle.

foncement de terrain, où ils s'étaient mis à l'abri du feu des Anglais. Tallien, en apprenant que les émigrés avaient déposé les armes, voulait partir sur-le-champ, mais les boulets pleuvaient autour d'eux, il fallut attendre. Bientôt, le feu ayant cessé, on se mit en route. A l'entrée du fort, l'aide-de-camp de Hoche qui les attendait, les conduisit vers la plate-forme. Ils virent Hoche et Sombreuil qui se promenaient côte à côte. Hoche était le plus près de la mer; Sombreuil d'un coup de coude pouvait l'y précipiter. La pensée qu'il courait ce danger n'était pas venue au général républicain, et eût-elle pénétré dans son esprit, il l'en aurait chassée comme injurieuse à la loyauté de son ennemi.

« Citoyens, dit Hoche aux représentants, je vous présente le comte Charles de Sombreuil. — Le comte de Sombreuil! interrompit Blad; Monsieur, j'ai été en présence avec mademoiselle votre sœur. — Les malheurs de ma famille sont assez connus, répondit Sombreuil, il a dû m'être permis de chercher à les venger. — Monsieur, reprit Tallien d'un ton qui voulait être digne et qui, dans la circonstance, n'était que dur, nous et les vôtres nous avons été ou nous avons failli être les victimes des horreurs dont vous parlez : cela ne nous a point engagés à prendre les armes contre notre patrie! » Un geste fut toute la réponse de Sombreuil (1).

(1) Rouget de l'Isle.

Alors Hoche fit part aux représentants de la demande qu'il venait de recevoir : Tallien et Blad se consultèrent du regard, et jugèrent imprudent et inutile de laisser Sombreuil aller à la flotte anglaise ; ils refusèrent : Sombreuil s'inclina résigné.

Après un moment de silence, Hoche se tourna vers lui : « Monsieur, lui dit-il, je suis obligé de vous rappeler que vous êtes prisonnier. » Sombreuil aussitôt retira deux pistolets qu'il avait à sa ceinture et les donna à un officier, puis, détachant son sabre, il en sortit la lame à demi, la baisa avec émotion, et remit le sabre à Tallien (1).

Cette triste cérémonie terminée, on engagea la conversation : Sombreuil semblait écouter Hoche avec le plus vif intérêt. Il lui faisait mille questions sur la force de son armée, celle de ses colonnes, leur direction, les fautes qu'il avait remarquées chez ses adversaires et dont il avait si habilement profité.

L'entretien durait depuis quinze ou vingt minutes, lorsqu'on se sépara : Sombreuil fut confié à un chef de brigade chargé de le mener au fort Penthièvre où, de leur côté, les représentants et le général ne tardèrent pas à se rendre. Ils s'y arrêtèrent une ou deux heures pour y recueillir des renseignements sur les riches magasins en blé, farines, liqueurs, munitions, armes, que les Anglais avaient apportés à Quiberon

(1) Rouget de l'Isle.

et qui venaient de tomber aux mains des républicains, donnèrent les ordres les plus nécessaires, et vers une heure de l'après-midi partirent pour Auray et pour Vannes (1).

Hoche ne tarda pas à se mettre à la tête d'une colonne et se dirigea vers Saint-Malo où l'on avait découvert une conspiration et que les Anglais paraissaient menacer; il s'empressait de s'éloigner pour ne pas souiller sa victoire par le sang que de cruelles exécutions allaient sans doute répandre.

Le 22 juillet, Tallien prit la route de Paris. Il y arriva le 26 au soir. Le lendemain il se présenta à la Convention. C'était le 9 thermidor, l'anniversaire du terrible combat qui avait délivré l'assemblée de Robespierre et de sa faction. La Convention était réunie pour fêter cette journée; elle entendait des pièces de vers, des adresses, des discours, des chants qui tous célébraient la délivrance publique, lorsque vers une heure Tallien parut à la tribune. A la vue de celui qui un an auparavant avait commencé la lutte contre la tyrannie et qui avait frappé les plus rudes coups, d'unanimes applaudissements éclatèrent.

« Représentants, dit Tallien, j'accours des rives de l'Océan, joindre un nouveau chant de triomphe

---

(1) Rouget de l'Isle.

aux hymnes triomphales qui doivent célébrer cette grande journée...

» Le comité de salut public nous a ordonné de vaincre les ennemis de la république qui avaient osé souiller son territoire, il est obéi. »

Alors, traçant avec rapidité la suite des événements, il montra l'armée en marche sur la falaise par une nuit obscure, l'orage crevant sur sa tête, rompant, confondant les colonnes ; le général courant de tous les côtés, rétablissant l'ordre et remettant l'armée en mouvement; ensuite, Ménage, escaladant le rocher du fort Penthièvre, entrant dans les retranchements et ouvrant la presqu'île à Hoche ; puis, il fit voir les émigrés fuyant éperdus vers le port, mais les républicains lancés au pas de charge, ne leur donnant pas le temps de se rembarquer et les poussant devant eux, les acculant à la mer et ne leur laissant que le choix d'y être précipités ou de déposer les armes; enfin, les soldats relevant leur victoire par leur clémence et tendant la main aux ennemis qu'ils venaient d'abattre. Il termina en disant qu'au moment où il parlait, les commissions militaires étaient sans doute occupées à venger la république.

La Convention battit des mains et continua l'ordre du jour (1).

(1) Moniteur. *Séance du 27 juillet* 1795.

On a dit que Tallien était parti de Vannes avec l'intention de parler à la Convention en faveur des émigrés et de les soustraire au glaive de la loi. Rouget de l'Isle a écrit que pendant tout le voyage il n'avait été occupé, le jour et la nuit, que des moyens d'émouvoir la générosité de la toute-puissante assemblée et de lui enlever un décret de grâce, mais qu'arrivé à Paris, sa femme, la célèbre Mme Tallien, lui avait communiqué les bruits qui couraient, qu'il était vendu aux Espagnols, aux Bourbons, aux royalistes, qu'alors, pour couper court à des propos qui pouvaient le compromettre, Tallien s'était décidé à mettre entre lui et ceux dont on le disait l'allié une nouvelle barrière de sang : une crainte personnelle l'aurait même rendu impitoyable au point que pour frapper plus sûrement les émigrés il les aurait chargés d'une calomnie, en affirmant qu'ils étaient armés de poignards empoisonnés (1).

Quoique le témoignage de Rouget de l'Isle, qui accompagnait Tallien, soit des plus graves, cependant, il semble probable que si, en effet, Tallien, en quittant Vannes eût eu l'intention de sauver les émigrés, il se serait arrangé de manière à ajourner à leur égard l'exécution terrible de la loi, pour que si les efforts qu'il allait tenter étaient heureux, la grâce obtenue n'arrivât pas trop tard.

(1) Rouget de l'Isle. *Récit de l'expédition de Quiberon.*

Au contraire, avant de se séparer de Blad qui restait en Bretagne, il avait pris avec lui des mesures pour la mise en jugement immédiate des émigrés (1). Si les commissions militaires n'avaient pas encore agi au moment où Tallien l'annonçait à la Convention, cela tenait à des délais dont il ne faut pas plus lui savoir gré, qu'on ne peut les lui reprocher; ils ne dépendaient en rien de sa volonté.

Les prisonniers avaient été emmenés à Auray. La première colonne partie du fort Penthièvre à cinq heures du soir, avait été surprise par la nuit; l'escorte était peu nombreuse, le pays coupé de haies, les habitants dévoués, beaucoup d'émigrés auraient pu s'échapper, aucun ne l'essaya. Ces gentilshommes se croyaient liés par la parole de leur chef. Ceux même qui avaient été forcés de rester en arrière rejoignirent leurs camarades, esclaves comme eux de l'honneur (2).

On les avait d'abord renfermés dans une église tous ensemble, mais, dès le lendemain, on sépara les officiers des soldats et on donna aux officiers un logement particulier.

Sombreuil, aussitôt qu'il put le faire, écrivit à l'amiral anglais ce qu'il aurait voulu lui dire de vive

(1) Savary. *Lettre de Blad au comité de salut public.* 29 *juillet* 1795. — (2) Chaumareix. *Récit de l'affaire de Quiberon.*

voix et sa lettre, il l'envoya à Hoche pour la faire parvenir à son adresse (1).

L'effet de cette lettre est navrant : on y voit un malheureux qui, serré, étreint par une horrible fatalité, se débat contre elle et cherche à s'en débarrasser et à la rejeter sur celui qu'elle frapperait s'il ne s'était soustrait à ses coups.

Sombreuil « demande la plus scrupuleuse recherche sur la conduite de Puisaye qui a perdu les émigrés; » il somme l'amiral, au nom de l'honneur, de faire connaître sa lettre au public pour confondre les raisons par lesquelles Puisaye ne manquera pas d'excuser sa fuite.

Il l'appelle un homme sans capacité, « qui, dans sa sécurité inepte, n'admettait pas même qu'on l'engageât à prendre les mesures nécessaires à la sécurité générale. »

Il le traite de lâche qui abandonne au moment du danger ceux qu'il a compromis, qui « lui donne l'ordre de prendre une position et de l'y attendre, et a l'extrême prudence de joindre bien vite un bateau, abandonnant au hasard le sort des nombreuses victimes qu'il a sacrifiées. »

Sombreuil va plus loin : il laisse planer sur Puisaye des soupçons de trahison; il lui inflige à diverses reprises le nom de *fourbe*. Il lui demande

(1) *Lettre de Sombreuil à l'amiral Warren.* 22 *juillet* 1795.

pourquoi, malgré ses instances réitérées, il a laissé ses soldats sans cartouches, ce qui l'a réduit, le combat venu, à ne pouvoir le soutenir et à déposer les armes! Là surtout, il prévoit les reproches qu'on lui fera de n'avoir pas préféré la mort à la honte. Beaucoup diront : que pouvait-il faire? D'autres répondront : il devait périr. « Oui, sans doute, s'écrie-il, je périrai, mais étant resté seul chargé du sort de ceux qui la veille avaient vingt chefs, je ne pouvais qu'employer les moyens qu'on m'avait laissés, et ils étaient nuls : ceux qui les avaient préparés pouvaient m'éviter cette responsabilité. »

Sombreuil, arrivé seulement depuis quelques jours, n'avait pu être témoin des premiers démêlés entre Puisaye et d'Hervilly, des fautes qui en avaient été la suite, et qui avaient perdu l'expédition. Sombreuil n'était que l'écho des émigrés, qui tout naturellement avaient pris le parti de leur premier chef, et à leurs accusations il ajoutait l'indignation que devait ressentir un cœur jeune et généreux d'une conduite équivoque dont il était la victime.

La fin de sa lettre surtout est déchirante : cette âme brisée se fend, et il en sort une douleur amère dont toutes ses paroles sont imprégnées : « Adieu, dit-il, je vous le fais avec ce calme que donne seule la pureté de conscience. L'estime de tous les braves gens qui aujourd'hui partagent mon sort et le préfèrent à la fuite du lâche qui, n'osant combattre parmi nous, aurait au moins dû nous prévenir, cette estime est pour moi l'immortalité. Je succombe à sa lâcheté et à la force des armes; dans ce dernier moment je trouve encore une jouissance, s'il en peut exister dans ma position, l'estime de mes compagnons d'infortune et celle même de l'ennemi qui nous a vaincus. Adieu, adieu à toute la terre! »

Ce n'était pas seulement à la vie, qui, à vingt-six ans, se présente si engageante de promesses, si belle de rêves de toute sorte, que Sombreuil disait cet adieu plein de larmes. C'était à la certitude du bonheur.

Après deux ou trois ans de combats sur le continent, Sombreuil, précédant ses soldats de quelques semaines, avait débarqué en Angleterre. Là, il avait rencontré dans une famille d'émigrés, une jeune fille attrayante de grâce et de charmes; il avait demandé sa main et l'avait obtenue.

On touchait au jour du mariage. Sombreuil, dans son esprit, voyait sa fiancée parée de ses habits de noces, et il lui donnait la main pour la conduire à l'autel, lorsqu'il reçut une dépêche ministérielle; ses soldats étaient en rade, le vent était favorable, on l'attendait pour partir. Soumettant ses plus ardents désirs au premier des devoirs pour un soldat, l'obéissance, Sombreuil, sans hésiter, s'arracha aux tendresses qui voulaient le retenir, monta sur un vaisseau et aborda en Bretagne, où il trouva l'humiliation d'abord et ensuite la mort (1).

Sombreuil, en dévouant sa vie, croyait avoir assuré celle de ses compagnons d'armes; il venait, par la lettre qu'il avait écrite au commodore anglais, de sauver son honneur; dès-lors rien ne le retenait plus. Il saisit un pistolet qui lui tomba sous la main et l'appliqua à son front. Le coup partit, mais la balle mal dirigée ne fit qu'effleurer le crâne sans le percer (2).

Le 27 juillet, il fut traduit devant une commission militaire. Quinze de ses compagnons étaient avec lui. Quand Sombreuil vit que d'autres émigrés que lui étaient mis en jugement, il protesta, il en appela aux grenadiers qui étaient dans la salle et devant lesquels, disait-il, il avait capitulé! Les soldats qui s'étonnaient que, la lutte finie, on voulût encore verser du sang, répondirent par un murmure approbateur (3). La commission était ébranlée; il fallut que Blad intervînt pour assurer « qu'il n'y avait pas eu, qu'il ne pouvait y avoir eu de capitulation entre des républicains et des traîtres pris les armes à la main (4). » Sombreuil et les quinze autres émigrés,

(1) De la Tousche. *Relation de l'affaire de Quiberon.* — (2) Id. — (3) Id. — (4) Savary. *Lettre de Blad au comité de salut public.* 29 juillet 1795.

presque tous chefs, furent condamnés à mort, conduits à Vannes, et le lendemain matin menés sur la promenade publique pour y être fusillés. Sombreuil marcha d'un pas ferme et résolu à la mort, refusa de se laisser bander les yeux, inclina un genou en terre, indiqua la place où les soldats devaient viser et tomba.

Les jours suivants les exécutions continuèrent. La première commission, qui avait paru chanceler, avait été dissoute et remplacée; la seconde se laissa aussi émouvoir par les bruits de capitulation qui se fortifiaient à mesure que se soulevait le sentiment public contre des massacres juridiques. Blad, une seconde fois, fut obligé d'exercer une pression et de renouveler la commission. Huit ou neuf cents émigrés périrent de la sorte, la plupart dans une prairie voisine d'Auray, que, depuis ce moment, les populations qui leur étaient favorables, appellent le *champ des martyrs !* Sous la restauration on a recueilli leurs ossements et on les a déposés sous un mausolée, dans un couvent, qu'on nomme la Chartreuse, à la porte d'Auray.

Hoche écrivit au comité de salut public pour qu'on relâchât les chouans. « Nous avons près de 5,000 chouans prisonniers; ils sont presque tous réclamés par les administrations de district qui leur délivrent un certificat de civisme, et l'on est contraint d'attendre le retour de Blad, qui est à Nantes, pour savoir ce qu'il convient de faire. Ces hommes ont été pris les armes à la main dans un rassemblement. La loi du 25 brumaire est formelle à cet égard ; si l'humanité peut parler en faveur des coupables, c'est sans doute lorsque la politique se joint à elle pour demander que la hache terrible soit suspendue. Cinq mille citoyens français ! si l'on pouvait profiter de cette circonstance pour exiger le désarmement (1). »

Ainsi que le demandait Hoche, on les mit en liberté à la condition que les villages auxquels ils appartenaient livreraient leurs armes.

Les prisonniers enrôlés rentrèrent dans l'armée.

On laissa l'escadre anglaise débarquer sur la côte tous les Bretons qui, au moment de la prise de Quiberon, avaient cherché un asile sur les vaisseaux.

Quiberon est un des noms les plus tristes de notre histoire ; il rappelle des combattants frappés après la lutte, frappés par leurs compatriotes, frappés quand ils invoquaient une convention, sous la sauvegarde de laquelle ils croyaient s'être placés. Nous avons rapporté avec fidélité, sur cet épisode funèbre de nos guerres civiles, les témoignages opposés des partis, des circonstances en apparence contradictoires, et qu'au premier abord il semblait impossible de concilier ; notre tâche n'est pas encore

(1) Corr. *Lettre au comité de salut public.* 9 *août* 1795.

finie. Il nous reste à reprendre les faits, à les discuter, à les serrer, à en faire sortir un jugement que jusqu'ici l'histoire, éclairée pourtant sur cet événement autant qu'elle peut l'être, semble s'être abstenue de prononcer.

Français, nous serions heureux de laver le nom français d'une tache, la violation de la parole donnée ; historien de Hoche, nous devons à cette belle gloire de faire tous nos efforts pour écarter des soupçons qui pourraient la ternir.

Les émigrés, tout le prouve, leur conduite mieux encore que leurs paroles, croyaient à une capitulation.

Mais cette capitulation, qui leur aurait garanti la vie, était en opposition formelle avec les lois rendues contre eux.

Qui eût pu abroger ces lois en les mettant ainsi en oubli, si ce n'est l'assemblée seule qui les avait faites?

A défaut de la Convention, Tallien et Blad avaient, il est vrai, le droit d'en suspendre l'exécution, mais ni l'un ni l'autre n'étaient aux pieds du Fort-Neuf quand les émigrés déposèrent leurs armes; ni l'un ni l'autre ne purent donc entrer en arrangement avec eux.

Restent les chefs militaires. Traitèrent-ils avec les émigrés? On désigne en effet Humbert comme ayant parlementé avec Sombreuil. Mais Humbert n'était qu'un chef subalterne : ses paroles ne pouvaient pas plus lier Hoche qu'elles ne devaient inspirer de confiance à Sombreuil. Au reste, Humbert s'effaçait en présence de son chef, et Hoche était à la tête de ses colonnes; s'il y eut une convention, c'est avec Hoche qu'elle dut être conclue.

Hoche lui-même pouvait-il garantir la vie aux émigrés ? Non. Le faire, c'eût été se mettre au-dessus des lois ; c'eût été, par là même, annuler son autorité. S'il promettait la vie aux émigrés, il ne pouvait la leur promettre qu'à la condition d'être approuvé, non-seulement par les représentants, mais encore par la Convention

Hoche prit-il avec les émigrés un engagement de ce genre? Il ne le semble pas. Dans ce cas, en effet, sa première parole, en revoyant les représentants, eût été de leur soumettre cet acte si important, et de les presser d'y donner leur assentiment; s'il eût négligé ou oublié cette indispensable formalité, assurément Sombreuil y était trop intéressé pour ne pas la lui rappeler. Or, Rouget de l'Isle qui ne perdit pas un mot de la conversation qui s'engagea sur la plate-forme du Fort-Neuf, entre Hoche, Sombreuil et les représentants, affirme qu'il n'y fut pas question de capitulation (1).

(1) Rouget de l'Isle. *Récit de l'expédition de Quiberon.*

Cependant il y en a qui prétendent que si Tallien partit si précipitamment pour Paris, c'était pour aller chercher l'approbation de la Convention au traité conclu, mais qu'en arrivant il changea de dispositions et non-seulement ne fit pas ce qu'on attendait de lui, mais même qu'il demanda et obtint la mort des émigrés (1).

Mais alors, comment concilier le projet que l'on prête à Tallien avec les mesures prises par lui, de concert avec Blad, pour la formation d'une commission militaire qui jugerait les émigrés, et cela dès le 21 juillet, dès le jour où le fort Penthièvre et Quiberon tombaient au pouvoir des républicains (2)?

Comment le concilier avec le jugement de Sombreuil et de quinze de ses compagnons, condamnés par cette commission militaire, le 29 juillet, le jour où Tallien parlait à la Convention, par conséquent bien avant qu'on ne sût au fond de la Bretagne l'effet de son discours ?

D'ailleurs, dans ce discours, Tallien n'eut pas à demander et à obtenir la mort des émigrés. Des lois les frappaient, et l'assemblée, après que Tallien eut parlé, ne rendit aucun décret nouveau.

Non, Tallien ne courut pas à Paris pour y faire accepter et ratifier une capitulation à laquelle il aurait au moins consenti, mais pour s'y ménager un

(1) De la Touche. — (2) Savary. *Lettre de Blad*. 29 *juillet*.

succès d'amour-propre, en annonçant une victoire le jour anniversaire de son grand triomphe.

Les faits, les dates, démontrent que Tallien ne croyait pas à une capitulation avec les émigrés. Quant à Blad, son collègue, il déclara aux commissions militaires, il écrivit, il fit imprimer et afficher qu'il n'y en avait pas eu, qu'il ne pouvait y en avoir eu (1).

Mais Hoche pensait-il avoir promis la vie aux émigrés? Une anecdote va nous le faire voir. Il venait de quitter Sombreuil, il sortait du fort Neuf et regagnait le fort Penthièvre; il marchait à quelques pas en avant des représentants. Rouget de l'Isle l'accoste. Il lui raconte qu'avant l'attaque du fort Neuf il a trouvé près d'un village trois émigrés, deux hommes et une femme, qu'il les a envoyés au fort Penthièvre et qu'il a compté sur lui pour les sauver, « soit directement, soit par son intercession auprès des représentants. » S'il y avait eu une capitulation, rien n'était plus simple; Hoche aurait dit que les trois émigrés y étaient compris. Au contraire : « Cette affaire est trop délicate, répond-il à Rouget de l'Isle, ne songez point à l'emporter de haute lutte. Ni les représentants, ni moi ne pouvons nous en mêler, peut-être serait-il possible de l'*escamoter* : c'est vous que cela regarde; nous resterons ici quel-

(1) Crétineau-Joly, *Histoire de la Vendée militaire*.

ques heures, profitez-en, cherchez un biais, trouvez-le ; et, *sous le manteau,* je vous seconderai du meilleur de mon cœur (1). »

Rouget de l'Isle finit par découvrir ce *biais* ; c'était de déguiser les émigrés et de les faire évader, au moyen d'un laissez-passer du général. « Hoche s'empressa de remplir le passeport, le signa, et le remettant à Rouget de l'Isle : N'allez pas, lui dit-il encore, n'allez pas nous fourrer la tête dans un guêpier ! »

Ces précautions, ces recommandations, ces craintes de Hoche ne montrent-elles pas que non-seulement lui n'avait pas accordé de capitulation aux émigrés, mais qu'il ne croyait pas qu'il y en eût de faite avec eux ?

Cependant, un des auteurs royalistes qui rapportent pour les avoir vus les événements de Quiberon, prétend que Hoche lui-même proclama la capitulation devant tous, au moment où la colonne des émigrés quittait le fort Penthièvre pour se rendre à Auray (2).

La colonne des émigrés fut surprise par la nuit et n'arriva que très tard à Auray. Elle ne partit donc du fort qu'entre cinq et six heures. Or, nous savons, par une lettre d'un des membres du district, que le général en chef et les représentants

(1) Rouget de l'Isle. — (2) De la Tousche. — La Villegourio.

arrivèrent à Vannes le même jour, à onze heures du soir (1). Est-il vraisemblable que Hoche et les représentants, en ne partant qu'à six heures du fort Penthièvre, en s'arrêtant au camp de Sainte-Barbe, qui allait être levé et où, sans doute, ils avaient quelques ordres à donner, se rendant ensuite à Auray et y séjournant, ne fût-ce que pour y prendre de la nourriture, aient pu encore, ce même jour, faire les cinq ou six lieues qui les séparaient de Vannes?

D'ailleurs Rouget de l'Isle, qui était avec eux, affirme qu'ils partirent vers une heure du fort Penthièvre. Si Hoche partit du fort à une heure, il n'y était plus de cinq à six, au moment du départ des émigrés, il ne put proclamer devant eux la capitulation.

Mais cette capitulation, dont on ne retrouve la trace nulle part, sur quel fondement repose le bruit qui en est venu, presque sans conteste, jusqu'à nous? Sur les paroles que l'on prête à Sombreuil, au moment où il rentrait au Fort-Neuf, après sa conférence avec un chef républicain : « Messieurs, j'ai obtenu des conditions aussi favorables que les circonstances le permettaient ; vous serez traités comme prisonniers de guerre (2). » Si nombreux,

---

(1) Savary. *Le procureur-syndic au comité de salut public.* 29 *juillet* 1795. — (2) Chaumareix. — De la Tousche.

si honorables que soient les témoignages qui rapportent ces paroles, nous aimons mieux en croire Sombreuil lui-même. Deux fois il a parlé de la capitulation sur la foi de laquelle les émigrés avaient déposé les armes : la première c'est dans la lettre qu'il écrivit à l'amiral Warren ; voici en quels termes :

« N'ayant plus de ressources, j'en vins à une capitulation pour sauver ce qui ne pouvait échapper, et le cri général de l'armée m'a répondu que tout ce qui était émigré serait prisonnier de guerre et épargné comme les autres (1). »

Sombreuil, dans cette lettre à l'amiral Warren, ne s'occupait de la capitulation que par occasion : il pouvait ne pas entrer dans tous les détails, mais nous en avons une seconde qui n'a pour sujet que la capitulation.

A peine arrivés à Auray, les émigrés s'inquiétaient sur les suites de leur reddition. Sombreuil s'adressa à Hoche :

« Toutes vos troupes, lui dit-il, se sont engagées envers le petit nombre qui me restait et qui aurait nécessairement succombé ; mais, Monsieur, la parole de ceux qui sont venus jusque dans les rangs la leur donner, doit être chose sacrée pour vous (2). »

(1) Savary. *Lettre de Sombreuil à l'amiral Warren.* 22 *juillet* 1795. — (2) Id. *Sombreuil à Hoche.* 22 *juillet* 1795.

On le voit, dans cette seconde lettre comme dans la première, il n'est question que de cris de soldats ou tout au plus de paroles sans autorité, de quelques officiers.

Cependant, si Sombreuil eût traité avec Hoche ou même avec Humbert, il n'eût pas manqué de le rappeler et de sommer Hoche, sur l'honneur, de faire respecter les promesses qu'il en aurait reçues ; il se contente d'ajouter : « Je m'adresse à vous pour la faire valoir (la parole donnée par les officiers) ; si mes compagnons ne doivent point y compter, veuillez m'annoncer leur sort. »

La réponse de Hoche à cette dernière lettre de Sombreuil ne nous est point parvenue, mais il fit insérer la lettre à l'amiral Warren avec ces lignes :

« Je dois à l'armée de déclarer qu'il y a erreur dans la lettre que je publie :

» J'étais à la tête des sept cents grenadiers qui prirent M. de Sombreuil et sa division : aucun soldat n'a crié que les émigrés seraient traités comme prisonniers de guerre, ce que j'aurais démenti sur-le-champ (1) ! »

A une si nette affirmation, nous n'ajouterons qu'un fait : quelques mois plus tard Hoche commandait

(1) Correspondance. *Lettre de Hoche à l'éditeur du Courrier universel.* 3 *août* 1795.

dans la Vendée. Un de ses divisionnaires, le général Bonnaire, fit fusiller des ennemis qu'il avait pris au château de Saint-Mesmin. On rapporta à Hoche que c'était après leur avoir promis la vie. Hoche, sur-le-champ, le mit aux arrêts. Mieux informé, quelques jours après, il leva la punition. « Je pense, lui écrivit-il, que vous ne trouverez pas mauvaise une sévérité exigée par l'honneur..... » Et il ajoute : « Il ne pourrait arriver *à un homme d'honneur de trahir ainsi la foi jurée* (1). »

Concluons donc que si les émigrés se sont crus sous la protection d'une capitulation, c'est qu'ils ont pris pour eux le pardon promis par les soldats républicains seulement aux prisonniers enrôlés, que c'est par suite de ce malentendu qu'ils ont livré une vie que d'ailleurs ils ne pouvaient plus défendre : mais proclamons bien haut qu'ils n'ont pas été victimes d'une perfidie dont la honte retomberait sur nous tous !

Loin de nous, toutefois, la pensée d'approuver, d'excuser même l'atroce exécution des émigrés. Ils étaient coupables, ils venaient les armes à la main déchirer le sein de la patrie, mais le temps des dangers, et par conséquent de l'irritation, était passé ! Vaincus, désormais la France pouvait leur ouvrir ses bras. Ces enfants un moment égarés, quelques

(1) Correspondance. *Lettre du 17 mars 1796.*

années auparavant avaient fait sa force et sa gloire ! Ah ! plus d'une fois, dans la suite, elle eut sujet de déplorer l'impitoyable rigueur avec laquelle elle les avait frappés, et quand le canon d'Aboukir, quand le canon de Trafalgar lui annonça, avec d'immenses désastres, sa puissance maritime pour longtemps détruite, alors surtout elle regretta les vaillants officiers de la guerre d'Amérique, les compagnons des Suffren, des d'Estaing, des de Grasse ; ils étaient morts à Quiberon !

CHAPITRE VI.

Hoche remplace Canclaux à l'armée de l'Ouest. — La Vendée. — Charette. — Stofflet. — L'abbé Bernier. — Le comte d'Artois à l'Ile-Dieu. — Espérances des royalistes. — Retour du prince en Angleterre. — Hoche se rend à Paris.

Quiberon atterra quelque temps la Bretagne, mais la Vendée s'était soulevée.

La Vendée, nom désormais impérissable, était inconnue avant 1793. On appelle ainsi le pays qui s'étend de la Loire à la mer des deux côtés de la Sèvre-Nantaise. Cette contrée coupée, boisée, d'accès difficile, d'idées retardées, de mœurs pures, de foi naïve et forte, ne marchait pas du même pas que le reste de la France. La révolution la surprit; quelques-unes de ses mesures, surtout celles qui touchaient à la religion, au culte, aux prêtres, la choquèrent, et quand on voulut obliger les Vendéens à aller défendre la frontière menacée, ils se révoltèrent. Longtemps, ces armées de paysans tinrent tête aux meilleures troupes, aux meilleurs généraux de la république, gagnèrent même sur eux des batailles, mais à la fin ils succombèrent et couvrirent de leurs ossements leur pays et les pays voisins qu'ils avaient envahis.

Des chefs fameux, il n'en restait plus que deux qui se partageaient à peu près la Vendée, Charette dans le Poitou et Stofflet en Anjou.

Charette, gentilhomme, officier de marine, avait la délicatesse, l'élégance de sa condition, la décision, la fermeté, l'audace, l'activité de son état.

Jaloux d'une autorité qu'il avait eu beaucoup de peine à acquérir, il se tenait volontiers à l'écart, ne concertait que rarement ses opérations avec les autres chefs et resta dans son pays lorsqu'ils passèrent la Loire.

Mais la grande armée vendéenne vaincue au Mans, détruite à Savenay, les colonnes républicaines tombèrent sur lui, et, pendant tout un hiver, lui donnèrent la chasse.

Charette, dans une contrée dont il connaissait tous les bois, toutes les haies, tous les buissons, tous les chemins, tous les sentiers, leur échappa, les fatigua, les harassa, et son plus ardent adversaire, le général Haxo, mort à la tâche, il sortit vainqueur et grand de cette lutte acharnée.

Stofflet, compagnon des Cathelineau, des Bonchamp, des Lescure, des Larochejacquelein, avait eu part à tous les triomphes et à tous les malheurs de la Vendée. Avec ces chefs illustres, il avait pris Saumur, attaqué Nantes, soutenu l'effort de l'armée de Mayence, puis, jeté par delà la Loire, il avait, en qualité de major-général de l'armée vendéenne, contribué aux victoires de Laval, d'Entrames, de Pontorson, de Dol, d'Antrain. Rentré ensuite dans la Vendée, après la déroute du Mans, il y avait, avec Larochejacquelein, rallumé la guerre. Larochejacquelein mort, c'est Stofflet qui lui avait succédé.

Sans instruction, sans éducation, ce n'était qu'un soldat, mais un soldat qui savait organiser et surtout commander. Il avait pour conseil l'abbé Bernier.

L'abbé Bernier est un des hommes qui ont exercé le plus d'influence en Vendée. Fils d'un tisserand, instruit par charité, il était entré dans les ordres, et son mérite l'avait, quoique bien jeune encore, fait nommer curé de Saint-Laud d'Angers. A la révolution, il refusa de prêter le serment demandé aux ecclésiastiques et se cacha pour échapper à la proscription. Quand éclata l'insurrection, il courut chercher un refuge dans ses rangs. Il ne tarda pas à se rendre important par ses services. La Vendée s'était armée pour défendre la religion; c'était l'enthousiasme religieux qui devait faire sa force. Dans l'intervalle des expéditions, l'abbé Bernier parcourait les campagnes, prêchant, exaltant, et, le moment de la bataille venu, il animait encore de ses brûlantes paroles les bandes qui couraient à l'ennemi. Mais la guerre se prolongeait; on n'y voyait même pas de terme : il fallait trouver en Vendée les moyens de la soutenir ; l'abbé Bernier fut l'âme du conseil chargé d'organiser, de gouverner le pays.

Son esprit, fertile et souple, se prêtait même aux combinaisons de la guerre; les généraux ne dédaignaient pas son avis, et, un jour, se mettant à leur place, l'abbé Bernier remporta sur les républicains une victoire signalée. Quand arriva pour la Vendée le temps des désastres, quand elle fut chassée de son pays, l'abbé Bernier, l'assistant toujours, la soutenant et la relevant sans cesse, la suivit de la Loire à Granville, et revint avec elle de Granville à la Loire.

Après les défaites du Mans et de Savenay, il erra quelque temps sur la rive droite du fleuve, et, enfin, ayant trouvé l'occasion de le passer, il gagna le camp de Charette. Il essaya de s'emparer de l'esprit de ce chef, mais Charette ne voulait pas de maître. Bernier le quitta pour se rendre auprès de Stofflet, sur lequel il établit la domination la plus entière.

Stofflet, dès-lors, ne se conduisit plus que d'après ses avis.

Menacés par les mêmes ennemis, exposés aux mêmes dangers, Charette et Stofflet avaient intérêt à s'entendre. Ils l'avaient fait, et, par la convention de Cerisaye, confirmée plus tard à Jallais, ils s'étaient promis de se secourir mutuellement. Mais, du moment que l'abbé Bernier se fut emparé de Stofflet, les rapports entre les deux chefs vendéens changèrent. L'abbé Bernier gardait-il rancune à Charette de l'accueil peu empressé qu'il en avait reçu, et avait-il communiqué ses sentiments à Stofflet, ou bien Charette était-il mécontent de voir entre son collègue et lui un intermédiaire aussi ambitieux que l'abbé Bernier? Ce qu'il y a de sûr, c'est qu'alors le bon accord entre Charette et Stofflet cessa, et que même l'inimitié en prit la place. Charette rompit ouvertement avec Stofflet, fit, sans lui, la paix avec les républicains, au risque de le faire accabler par suite de cet abandon, et même, dit-on, offrit à ses nouveaux alliés de marcher avec eux contre son ancien frère d'armes; Stofflet fut forcé, lui aussi, de se soumettre.

Mais, en reconnaissant la république, ni Charette ni Stofflet n'étaient de bonne foi. L'un et l'autre ne voulaient que reprendre haleine, pour recommencer la guerre, quand l'occasion serait favorable. On ménagea entre eux une réconciliation. Elle se fit aux dépens de Stofflet qui céda une partie de son territoire, à un chef secondaire, Sapinaud, dévoué à Charette.

La jalousie les divisa de nouveau. Charette était patroné par l'agence royaliste. De Vérone, le régent qui allait bientôt prendre le nom de Louis XVIII, lui écrivait des lettres flatteuses, l'appelait le second fondateur de la monarchie, lui envoyait le cordon rouge, le nommait lieutenant-général, enfin commandant en chef des armées catholiques et royales. Et pas un mot d'encouragement pour Stofflet, pas une faveur pour l'abbé Bernier!

Aussi, le jour convenu pour reprendre les armes arrivé, ils laissèrent Charette seul pousser le cri de guerre, et désavouèrent le manifeste qu'ils avaient rédigé de concert avec lui, et dans lequel ils accusaient les républicains de n'avoir rempli aucune condition des traités.

Charette dédaigna de leur reprocher ce manque de parole, ou n'en eut pas le temps. Il était alors occupé à tirer partie de la sécurité que ses protestations réitérées et toutes récentes de soumission avaient inspirée aux républicains, et de la surprise où sa brusque déclaration venait de les jeter. Il prenait d'assaut le camp des Essarts, et enlevait plusieurs convois. Les républicains se tenaient sur la défensive et ne pouvaient pas, en ce moment, songer à le punir. Les émigrés avaient débarqué à Quiberon ; des renforts se dirigeaient de tous les côtés vers la Bretagne au secours de Hoche. Ce délai, que les circonstances forçaient de lui laisser, Charette l'employa à s'organiser.

Les émigrés n'avaient pas réussi : vaincus, faits prisonniers, ils avaient presque tous payé de la vie leur malheureuse tentative. Les magasins abondants, qu'ils avaient apportés d'Angleterre, étaient tombés au pouvoir des républicains. Cependant, il restait encore à bord des vaisseaux, des munitions et des armes : l'amiral anglais donna l'ordre de les verser sur la côte du Poitou. Charette, à la tête de 12,000 hommes, s'apprêtait à aller les recevoir, lorsqu'il apprit les exécutions d'Auray. Il avait entre les mains trois cents prisonniers, il les fit amener et égorger sous ses yeux, puis partit pour se rendre à la côte. Le débarquement s'opéra sans obstacle : les républicains étaient trop faibles pour s'y opposer : Charette fit défiler devant leurs colonnes des canons et des caissons chargés d'habits, de poudre, de sabres, de pistolets et de fusils.

Mais déjà Hoche ramenait à Canclaux les troupes qu'il en avait reçues, et, suivant les ordres du comité de salut public, les trois généraux qui commandaient les armées de l'Ouest allaient se concerter à

Nantes sur les moyens de mettre fin à la guerre de la Vendée.

Ce conseil de guerre eut lieu dans les derniers jours du mois d'août. La première question fut de savoir si l'on entrerait immédiatement en campagne ? La paix venait d'être conclue avec l'Espagne : de nombreux renforts tirés de l'armée des Pyrénées, étaient en marche, fallait-il les attendre ? Mais ils ne pouvaient arriver que dans le courant ou même à la fin d'octobre, et alors commenceraient les pluies de la fin de l'automne.

D'un autre côté, on savait que Quiberon n'avait pas découragé les Anglais; qu'ils préparaient un armement plus formidable que le premier, et que cette fois ils amèneraient aux royalistes le secours qu'ils sollicitaient le plus, un prince de la maison de Bourbon, le comte d'Artois. N'y avait-il pas nécessité urgente, de frapper Charette et la Vendée de telle sorte, qu'ils ne pussent favoriser la descente des Anglais, et que le comte d'Artois, s'il paraissait sur les côtes du Poitou, y parût inutilement ?

Dubayet et Hoche le sentaient tous deux, offraient à Canclaux, non-seulement leurs troupes, mais eux-mêmes; ils viendraient comme lieutenants servir sous ses ordres. Canclaux touché jusqu'aux larmes de cette proposition si honorable pour lui, ne put cependant répondre à tant de zèle ; sa santé altérée, lui faisait un devoir de déposer le commandement dans des mains plus fortes : il demanda à aller auprès du comité de salut public, l'éclairer sur l'état de la Vendée, et lui exposer les besoins de l'armée.

Il fallait un autre chef : Dubayet connaissait le pays : il était entré dans la Vendée en 1793, à la tête de l'armée de Mayence ; il y avait combattu. C'était à lui à y diriger les troupes. Pendant ce temps-là, Hoche prendrait le commandement des deux armées de Brest et de Cherbourg et ferait passer à celle de l'Ouest le plus de secours possible.

Dubayet accepta d'abord, mais le lendemain, il revint sur un consentement qui, disait-il, lui avait été surpris, refusa de quitter une armée qu'il avait organisée, pour en prendre une qu'il ne connaissait pas, et enfin se rangea à l'avis de Canclaux qui était d'attendre pour agir l'arrivée des troupes des Pyrénées (1).

Hoche subit la loi de la majorité, mais il la subit à regret.

« Quel misérable résultat a eu notre conférence de Nantes ! écrit-il ; je l'avais prédit. Après trois jours de discussions aussi inutiles qu'oiseuses, il a été décidé de suivre l'ordre du gouvernement, de faire passer une colonne d'une armée à l'autre...

(1) Savary. *Lettre de Mathieu au comité de salut public.* 31 août 1795.

» Verrai-je donc toujours, à la honte de nos armes, moisir nos troupes dans d'éternels cantonnements? Prétend-on attendre la saison des pluies pour opérer dans la Vendée? Oui, je le déclare pour la seconde fois, les délais nous perdent, et attendre les troupes d'Espagne pour recommencer la guerre, c'est vouloir de but en blanc perdre la campagne et exposer la liberté..... Dieux de mon pays, enflammez tous les cœurs! Fais, ô liberté, que tous les soldats deviennent des héros, et la patrie est conservée indépendante (1)! »

Mais le comité de salut public avait comme deviné les délais, les temporisations d'une part, de l'autre l'ardeur impatiente et généreuse ; il avait nommé Hoche général en chef de l'armée de l'Ouest.

Le 1er septembre, il arrête :

« Le général Hoche désigné par le comité de salut public, le 29 août, pour commander en chef l'armée de l'Ouest, et confirmé par décret du 31 du même mois, prendra les mesures les plus promptes à l'effet d'agir offensivement contre l'armée de Charette (2). »

L'armée de Brest restait sous sa direction.

Hoche avait rassemblé les troupes, formé les colonnes, il allait les lancer contre Charette, lorsqu'il

---

(1) Corr. *Hoche au représentant Mathieu.* 31 *août* 1795.—
(2) Savary. *Arrêté du comité de salut public.* 1er *septembre.*

reçut l'avis qu'une flotte anglaise et un nombreux convoi longeaient les côtes de la Bretagne. C'était le comte d'Artois et une armée que des bruits exagérés portaient jusqu'à vingt et même trente mille hommes.

Hoche s'arrêta, prêt à courir sur l'ennemi partout où il essayerait de descendre, et, en même temps, il donna des ordres pour garnir les côtes de la Vendée et empêcher toute communication entre Charette et les Anglais.

La flotte anglaise, après avoir séjourné dans la baie de Quiberon, se dirigea vers les côtes du Poitou, et le 27 septembre deux cents vaisseaux de toute grandeur entrèrent dans la baie de Bourgneuf et entourèrent Noirmoutiers. Cambray, qui commandait dans l'île, sommé de se rendre chercha à gagner du temps, pour appeler à lui quelques bataillons de renfort ; il demanda à communiquer les propositions qui lui étaient faites, à son chef, le général Canuel ; on refusa. Alors, il répondit qu'il était prêt à se défendre jusqu'à la mort (1). La première attaque n'ayant pas réussi, les Anglais en tentèrent une seconde qui n'eut pas plus de succès. Après ce double échec, ils s'emparèrent d'un rocher à peine fortifié, l'Ile-Dieu, et y débarquèrent les

(1) Savary. *Sommation et réponses du général Cambray.* 27 septembre 1795.

provisions, les munitions, les armes qu'ils avaient apportées, quatre ou cinq mille hommes, et le comte d'Artois.

Des Bourbons dispersés alors en Europe, le plus connu était le comte d'Artois. Jeune, aimable, brillant, dès avant 1789, il passait pour un modèle d'élégance, de courtoisie et de loyauté chevaleresque. La révolution venue, il s'était hautement déclaré contre elle, n'avait cessé de pousser Louis XVI à la combattre à force ouverte, et, enfin, avait quitté la France pour aller en Piémont, en Allemagne, en Angleterre et jusqu'en Russie lui recruter des ennemis. Le comte d'Artois était l'espoir des royalistes. Aussi, dès qu'ils apprirent son arrivée à l'Ile-Dieu, ils lui envoyèrent de toute part des députés, pour le presser de descendre et de se mettre à leur tête.

Le moment semblait des mieux choisis pour renverser la république. La Convention avait lassé par ses violences ; il tardait que son règne finît. Elle-même en promulguant une constitution, semblait en avoir marqué le terme. Cependant, en présence de l'hostilité croissante du sentiment public, elle avait craint pour la durée de son œuvre, et avait cherché à se perpétuer dans les assemblées qu'elle appelait à lui succéder. Les deux tiers des membres de ces assemblées, devaient être tirés de son sein : la volonté nationale ne pourrait se manifester que par le choix du dernier tiers. De cette manière, quel que fût l'esprit des nouveaux venants, tenus longtemps encore en minorité, ils ne pourraient attenter à la révolution.

Cette mesure avait irrité l'opinion : une explosion était imminente. Que le comte d'Artois mît le pied en France, que, faisant taire, devant son autorité souveraine, les rivalités de Charette et de Stofflet, il ralliât les débris de la Vendée pour les joindre aux forces intactes de la Bretagne, de la Normandie et du Maine, qu'il s'avançât à la tête de plus de cent mille hommes, Paris, les départements éclateraient et la Convention assaillie de partout et n'ayant plus à sa disposition ou n'osant plus mettre en œuvre les moyens de la Terreur, serait cette fois étouffée avec la république. Le comte d'Artois manqua d'audace.

Dès son arrivée à l'Ile-Dieu, il avait écrit à Charette de rassembler ses troupes et de venir au rivage aider les Anglais à débarquer les hommes, les armes et les munitions qu'ils lui amenaient, ou tout au moins de se rendre avec quelques centaines de chevaux sur un point du rivage, pour le recevoir (1).

Mais Charette venait d'échouer dans une entreprise contre Luçon; ses troupes avaient été battues

(1) Savary. *Le comte d'Artois à Charette.* 5 octobre 1795.

à Saint-Cyr, et Guérin un de ses meilleurs lieutenants avait été tué (1) ; les républicains étaient en éveil ; deux de leurs colonnes sous Grouchy et Canuel observaient la côte ; Hoche avec une troisième n'attendait que l'occasion de fondre sur lui : Charette ne pouvait, sans imprudence, s'engager au milieu des ennemis ; il fit dire au prince qu'il allait attaquer les républicains du côté opposé, détourner leur attention : pendant ce temps les Anglais et le comte d'Artois pourraient débarquer sûrement (2). Mais loin d'attaquer, il eut à se défendre : poursuivi par Hoche, il fut réduit à se cacher. Depuis plus d'un mois, le comte d'Artois attendait sur le rocher de l'Ile-Dieu ; la côte était toujours garnie de postes républicains ; il n'avait pas de nouvelles de Charette ; la mauvaise saison approchait ; les vaisseaux sans abri allaient être en perdition ; les officiers de marine anglais refusaient de garder plus longtemps la station de l'Ile-Dieu : le prince ne voulant pas ou n'osant pas se jeter au rivage en aventurier, remonta sur un vaisseau et s'en retourna en Angleterre.

Son départ consterna les royalistes. En vain le prince dans une lettre d'adieu leur promettait-il de

(1) Savary. *Lettre de Grouchy à Hoche. 26 septembre* 1795.
— (2) Savary. *Charette au comte d'Artois et à l'amiral Warren. 5 octobre* 1795.

revenir bientôt se joindre à eux, ils ne pouvaient plus ajouter foi à ses paroles quand ils le voyaient renoncer à profiter de la plus belle occasion.

Quant à Charette, à partir de ce jour, il ne lutta plus pour vaincre, mais pour mourir dignement.

La menace de la descente écartée, Hoche reprit son œuvre, la soumission de la Vendée.

Depuis plusieurs mois, il étudiait le pays, les habitants, la guerre.

« La manière de combattre des Vendéens, écrivait-il au comité de salut public (1), ne peut être comparée à aucune autre. Un peuple entier est insurgé ; hommes, femmes et enfants, ne voient les *bleus* qu'avec horreur. Ce peuple a tout perdu : le pays qu'il habite est horriblement dévasté : il est d'ailleurs très-couvert et extrêmement coupé....... Entrez-vous en force dans le pays ? tout fuit et se cache dans les forêts, dans les genêts, les troupes ne voient personne......

» Les chefs veulent-ils vous attaquer ? Leur troupe est embusquée. Lorsque la tête de votre colonne parvient à la hauteur des ennemis, ils fondent sur elle avec la plus grande impétuosité : dans le moment la troupe se trouve environnée de feu, et la plus agile a bien de la peine à se mettre en bataille.

(1) Correspondance. *Lettre du 15 octobre* 1795.

On ne peut guère éloigner les éclaireurs sans courir risque de les perdre.....

» Le pays n'offre aucune ressource ; nous sommes obligés de tout tirer de nos derrières ; alors, il faut des escortes nombreuses ; car la bande ennemie avec laquelle vous vous êtes battu, et qui, après l'action, perte ou gain, disparaît, peut se porter dans une nuit à dix lieues derrière l'armée et lui intercepter les vivres. Mais, dira-t-on, poursuivez l'ennemi : mais, sans doute, nous le ferions, s'il était possible à des soldats chargés d'un havresac, d'un fusil, d'une giberne, de vivres, de munitions, de poursuivre un ennemi qui ne porte rien, et qui, dans sa fuite, se divise à l'infini. Je mets en fait qu'un Vendéen qui fuit, fait trois fois plus de chemin que le soldat le plus ardent à le poursuivre..........

» Mais dans la supposition même où le hasard vous ferait rencontrer des insurgés, il ne vous est plus permis que de voir en eux des êtres respectables par leurs malheurs : alors, ils sont aux champs, ils labourent, ils sont sans armes, ils nient avoir été avec les brigands, ils se plaignent amèrement d'eux. Peut-on les tuer? Non, sans doute... »

La force seule était insuffisante pour dompter une pareille contrée. Hoche, dès son arrivée dans l'Ouest, avait senti qu'il fallait y joindre la politique. Le 5 décembre, il écrit au Directoire qui venait de prendre la place du comité de salut public :

« Les Romains de qui nous approchons un peu, soumettaient les peuples par la force des armes et les gouvernaient par la politique. Les Français jusqu'ici, comptant sur la bonté de leur cause et leur bravoure, ont pu vouloir négliger ce puissant moyen, je doute que le nouveau gouvernement n'en fasse pas usage : je parle de la franche politique, et non de l'intrigue (1). »

Hoche distingue le peuple de ceux qui le mènent ; il partage ces derniers en deux classes, les prêtres et les nobles. Les prêtres, qui ont une si grande influence sur les paysans, il veut qu'on les gagne à la cause de la république en les accueillant, en les protégeant ; ils pourront être utiles et réconcilier avec la révolution les populations qu'ils en ont éloignées.

« Il eût été à désirer que l'on ne criât pas sans cesse contre les prêtres. La masse des campagnes les veut. Les ôter tous, c'est éterniser la guerre..... Charette les a proscrits : c'est ce qu'il pouvait faire de plus maladroit ; car tous les simples du quartier s'en sont détachés en criant au sacrilége (2) ! »

Déjà il avait dit aux officiers-généraux des armées de Brest et de Cherbourg : « Parmi les moyens que vous devez employer pour ramener la tranquillité

(1) Corresp. *Lettre du 5 décembre* 1795. — (2) Ibid. *Ibid.*

dans le pays que nous occupons, celui de l'intermédiaire des prêtres entre vous et l'habitant des campagnes n'est pas à négliger. Si nous parvenons à rétablir la confiance par leur moyen, la chouannerie tombera sur-le-champ..... Vous connaissez le décret que vient de rendre la Convention sur la liberté des cultes, publiez-le, proclamez-le ; ne dédaignez pas de prêcher vous-mêmes la tolérance religieuse. Les prêtres, certains qu'on ne les troublera pas dans l'exercice de leur ministère, deviendront nos amis, ne fût-ce que pour être tranquilles. Leur caractère les porte naturellement à aimer la paix ; ils peuvent tout sur l'esprit de l'homme non éclairé. Voyez-les donc : insinuez-leur que par la continuation de la guerre, ils seront sans cesse chagrinés..... Il en est parmi eux de pauvres, et, en général, ils sont intéressés. Ne négligez pas de leur présenter quelques secours, mais sans ostentation et avec toute la délicatesse dont vous êtes susceptibles. Ces gens-là vous donneront d'excellents renseignements ; et, en en soldant quelques-uns, vous connaîtrez toutes les manœuvres des chefs des divers partis. Leur influence est telle que, s'ils sont amenés à vous donner leur confiance, ils défendront aux paysans de marcher contre les troupes de la république ; et, avec un peu d'adresse, vous parviendrez bientôt, par leur canal, à vous faire obéir de tous..... Engagez, sous main, quelques officiers et soldats à assister à leurs cérémonies religieuses, messes, etc.; faites attention, surtout, que jamais elles ne soient troublées..... Voyez les paysans..... Parlez-leur de Dieu avec révérence (1)..... »

Ce langage, un peu extraordinaire à ce moment de la révolution où l'on n'était pas encore revenu de l'intolérance où la haine du fanatisme avait jeté, sans doute était inspiré à Hoche par les circonstances, mais de plus, il était d'accord avec ses sentiments naturels.

Hoche appréciait le rôle social et humain de la religion; il écrivait à l'un de ses généraux : « Il est de la morale et de la politique d'accorder la liberté de conscience à tout être pensant : une religion quelconque tient quelquefois lieu, à l'homme le moins instruit, des affections les plus chères. Elle peut être pour lui la récompense de ses travaux et le frein de ses passions (2). »

A propos de Lanjuinais, on retrouve dans ses papiers cette note :

« Les partisans de l'immoralité lui reprochent d'être dévot; il n'est que pieux. J'estimerai toujours un homme pieux; la morale de l'Evangile est pure et douce, et quiconque la pratique ne peut être un méchant. Loin de moi le fanatisme, mais respect à

(1) Corr. *Hoche aux officiers généraux.* 17 mars 1795. —
(2) Ibid. *Lettre au général Varin.* 25 janvier 1795.

la religion, elle console des maux de la vie (1).... »

« Souvent, oui souvent, dit-il encore dans une lettre à sa femme, la religion nous guide et nous console. Il est des instants dans la vie où l'âme y cherche un refuge (2). »

Par principe, autant que par politique, Hoche voulait donc protéger les prêtres, mais les émigrés rentrés, les chefs qui, dans un intérêt privé, pour se soustraire aux lois qui les frappaient ou pour conserver l'autorité qu'ils s'étaient acquise, ne cessaient de pousser, même en leur faisant violence, les paysans au combat, ces chefs, Hoche ne croyait pas que la contrée pût demeurer tranquille tant qu'ils y resteraient; il fallait qu'ils disparussent : soumis, ils quitteraient le pays, rebelles, ils périraient.

Hoche, pour atteindre ces hommes qu'il regarde comme des boute-feu, n'est pas scrupuleux sur les moyens : « Faire enlever les chefs, soit à prix d'argent, soit autrement », écrit-il au Directoire (3).

Dans des instructions qu'il adresse aux chefs de corps et commandants de cantonnements, Hoche leur recommande de ne négliger aucune précaution pour ne point laisser échapper les chefs qui tomberaient entre leurs mains.

« Toutes les fois qu'un homme, quelle que soit sa

---

(1) Bergounioux, *Vie de Hoche*. — (2) Id., *Ibid*. — (3) Correspondance. *Lettre du 15 octobre* 1795.

mise, sera arrêté par les troupes que vous commandez, il faut le garder jusqu'à ce que vous puissiez l'interroger en particulier. Lorsqu'il aura répondu à vos différentes questions, vous ferez appeler quelqu'un (une femme ou un enfant, s'il est possible) de la commune qu'il vous aura dit habiter, puis, faisant observer le silence à l'individu arrêté, vous demanderez à l'autre quel est le nom de l'homme que vous lui présentez. S'il le nomme conformément à l'interrogatoire que l'homme aura subi, vous le mettrez en liberté; mais, si l'individu appelé donne un autre nom à celui arrêté ou qu'il ne le connaisse pas, il faut le garder jusqu'à ce que vous sachiez véritablement qui il est.....

» Il vous sera aisé de distinguer l'homme des villes d'avec l'homme des campagnes. Celui-ci parle moins librement, moins purement, il est embarrassé dans ses excuses; mais ce que l'autre ne peut contrefaire, ce sont les marques honorables du travail : voyez les mains de l'homme habitué à travailler aux champs, elles sont noires, calleuses et rudes; ses bras, jusqu'au coude, sont brunis par le soleil; l'homme qui n'a que peu ou point travaillé a les mains douces et blanches, ses bras et sa poitrine sont unis. Ces détails, ajoute-t-il, ne sont point minutieux, bien qu'ils le paraissent; à leur aide, vous pourrez retenir tel chef dont la prise déterminerait tout un pays à poser les armes (1). »

Lorsque les chefs sont pris les armes à la main, Hoche prescrit de leur appliquer la loi dans toute sa rigueur. Tout son intérêt, toute sa pitié, il les réserve pour les victimes de cette guerre funeste : « Les malheureux habitants du pays que les brigands assomment pour les faire marcher avec eux, gémissent et soupirent après la paix », écrit-il au Directoire (2).

Dans les fréquentes proclamations qu'il leur adresse, il ne cesse de leur montrer leur vie si troublée d'aujourd'hui, en opposition avec leur calme et leur tranquillité d'autrefois ; il les pousse à se délivrer eux-mêmes des *brigands* qui désolent leur pays et les tyrannisent ; s'ils n'en ont pas la force, que du moins ils reviennent à la patrie.

Ce n'est pas assez qu'ils cessent de se battre : Hoche, pour être sûr qu'ils ne les reprendront pas, veut qu'ils livrent leurs armes. Mais le moyen de les obtenir ? « C'est mande-t-il au comité de salut public, de prendre tous les bestiaux d'une commune, et de ne les lui rendre que lorsque tous les habitants auront apporté leurs armes (3). » Et il indique

(1) Corresp. *Instruction de Hoche. 12 novembre* 1795. — (2) Ibid. *Lettre du* 11 *octobre* 1795. — (3) Ibid. 15 *octobre* 1795.

la manière d'opérer : « Lorsque vous serez envoyés dans une commune pour la désarmer, vous ferez appeler celui qui la commande et ceux qui en étaient les commissaires; vous vous ferez donner par eux le contrôle des habitants mâles de la paroisse, et vous leur ferez ensuite désigner ceux qui sont armés; si, à la première réquisition, ces derniers ne leur rapportent leurs fusils, vous devez alors sévir contre eux, enlever leurs grains, leurs bestiaux qui resteront en ôtage de l'arme dont ils veulent se servir contre la république (1). »

« En prenant les habitants par la bourse, ils déposeront les armes, ce que la crainte de la mort, à laquelle ils croient pouvoir échapper sans cesse, ne pourra faire (2). »

Le pays désarmé, la paix sera-t-elle durable? Oui, si l'on maintient les troupes dans une discipline sévère, si les paysans cessent de voir dans le soldat un ennemi, et y trouvent, au contraire, un protecteur qui couvre leurs travaux et leur en assure le fruit : « Ah! certes, si nous pouvions empêcher le pillage horrible des troupes, non-seulement la guerre de la Vendée, mais encore celle des chouans, que je regarde comme infiniment plus dangereuse pour l'État, seraient bientôt finies. Les

(1) Correspondance. *Instruction du 12 novembre 1795.* —
(2) Ibid. *Lettre du 8 novembre 1795.*

pillages, quelquefois réprimés d'une manière terrible, n'en aigrissent pas moins les habitants (1). »

Mais quand le soldat est en proie à toutes les gênes, est-il possible de l'empêcher de piller ? Hoche supplie le gouvernement d'accorder aux troupes le nécessaire ; autrement les opérations les plus urgentes seraient entravées, et le moment si vivement désiré de la soumission indéfiniment reculé. « Depuis un mois, ajoute-t-il, plus de 3,000 hommes sont entrés aux hôpitaux par le défaut de souliers et d'effets d'habillement ; 3,000, au moins, sont obligés de végéter dans les cantonnements où la nudité les contraint de demeurer (2). »

« Quel est le bon Français dont les yeux ne verseraient pas un torrent de larmes sur la république, en songeant que l'hiver dernier a vu périr de faim près de 3,000 hommes dans une seule armée et 889 chevaux dans la seule commune de Nantes (3) ? »

Un mois auparavant, il écrivait à un représentant : « Sans pain, sans souliers, sans vêtements, sans argent, entourés d'ennemis, voilà notre position déplorable. Demain, quatre colonnes devaient être mises en mouvement, deux pour se porter sur le Loroux, deux autres pour enlever les grains des pays insurgés. Sans pain, où puis-je les conduire (4) ? »

(1) Corresp. *Lettre au Directoire du 8 novembre* 1795. —
(2) Ibid. *Ibid.* — (3) Ibid. *Lettre du 7 octobre* 1795. — (4) Ibid.

Hoche faisait la part de la difficulté des temps ; il savait que plusieurs années de récoltes insuffisantes avaient mis les vivres hors de prix, que le numéraire était rare, la monnaie d'assignats dépréciée par son abondance et l'abus qu'on en avait fait, mais était-ce là les seules causes des extrémités auxquelles les troupes étaient réduites ? Hoche, en voyant les ordonnateurs, commissaires des guerres, fournisseurs de toute sorte, regorger d'or et afficher un luxe insolent, quand de pauvres soldats mouraient de besoin, ne pouvait s'empêcher de penser que ces richesses étaient le produit d'infâmes concussions, et que la rapacité des agents dévorait l'armée.

« Voyez cet administrateur des fourrages qui, aujourd'hui, fait une aussi brillante figure ; il était naguère procureur sans pratiques et sans souliers. Maintenant, lorsqu'il ne dépense que trente mille livres par mois, il se plaint de la mauvaise chère qu'on lui a fait faire. Consultez ses registres, tout est en ordre ; il vous est défendu de le traiter de fripon (1). »

Hoche allait plus loin : il trouvait dans la conduite des administrations un esprit de système qui ne tendait à rien moins qu'à miner la république et à la renverser en détruisant ses forces.

(1) Correspondance. *Lettre du 8 août* 1795.

Les bureaux de ces administrations étaient remplis de jeunes gens de la réquisition, ennemis nés du gouvernement, qui, tout en vivant à ses dépens, ne cessaient de le tourner en ridicule.

L'ordonnateur de Saumur, Lagrave, lui était particulièrement suspect; plus d'une fois le général avait vu ses mouvements arrêtés par suite de sa négligence. On ne rencontrait chez lui que des jeunes gens portant des habits à collet noir et des cravates vertes comme les chouans; on s'y entretenait hautement de projets contre-révolutionnaires et, tout récemment, un aide-de-camp de Hoche, pour avoir manifesté des opinions contraires, y avait été insulté et provoqué. Dans l'ordonnateur Lagrave, Hoche accusait l'employé et il haïssait le citoyen. C'est cet ordonnateur qu'il a en vue lorsqu'il écrit :

« Je le déclare enfin, si le gouvernement ne prend point des mesures vigoureuses, la république va succomber; elle étouffera sous ses ruines, n'en doutez pas, tous ceux qui l'ont servie. Vous voulez qu'elle existe.... ne voyez-vous pas ses propres agents la conduire à sa perte? Commissaires des guerres, agents aux subsistances, fournisseurs, tous agiotent, royalisent, tournent en ridicule nos institutions, et, afin de dégoûter les soldats de la liberté, ils les font mourir de faim. Ces vampires rient de nos maux, organisent partout la contre-révolution, et le gouvernement ne prendra pas un parti vigoureux ! (1).... »

Ce parti que conseille Hoché, c'est de chasser tous les fournisseurs, fripons qui ne font fortune qu'aux dépens de la santé et même de la vie des soldats ; de laisser à l'armée le soin de pourvoir elle-même à ses besoins, et d'imposer au pays, qui force la république à y entretenir des troupes, l'obligation de les nourrir.

Mais alors, il est nécessaire que le général soit investi d'un pouvoir à peu près illimité ; Hoche, pour l'obtenir et faire adopter toutes ses mesures, a besoin de s'entendre avec les membres du gouvernement qui vient de s'établir, de se faire connaître d'eux et de leur inspirer confiance ; il demande un congé et se rend à Paris.

(1) Correspondance. *Lettre du 7 octobre* 1795.

CHAPITRE VII.

Hoche à Paris. — Les salons. — Le Directoire. — Arrêté du 28 décembre 1795.

Le 9 thermidor avait fermé les clubs et rouvert les salons. Le règne des femmes, quelque temps interrompu, avait recommencé. Pour être reçu dans les réunions qui se formaient autour d'elles, il fallait avoir souffert de la Terreur, avoir été soi-même emprisonné, ou, tout au moins, justifier d'un mari, d'un père, d'un frère, d'un parent guillotiné. Si on y admettait quelques anciens terroristes, qui, après avoir été longtemps les ministres de Robespierre, s'étaient en quelque sorte amendés en se retournant contre lui et en délivrant la France de son joug odieux, ils y étaient plutôt tolérés que reçus. Mais Hoche avait des titres.

Jeté dans les cachots de la Conciergerie, sans la

révolution qui les avait ouverts, il aurait été frappé d'autant plus sûrement que sa célébrité attirait les coups. D'ailleurs, c'était ses compagnes d'infortune d'alors, les Tallien, les Beauharnais, les d'Aiguillon qui étaient les souveraines de ce monde, que la hache révolutionnaire avait brisé et dont quelques tronçons essayaient de reformer une société; aussi fut-il le bienvenu. Dès qu'il parut, il fut recherché, courtisé, encensé; une foule de gens qui, n'ayant pas le courage d'agir en hommes, recommençaient à intriguer comme des femmes, l'entourèrent, et, par mille flatteries, essayèrent de l'attirer aux idées de royalisme qu'ils cherchaient à mettre à la mode. La victoire de Quiberon n'était pas pour eux un motif d'éloignement. Ils ne pouvaient se persuader que Hoche, que la révolution avait si maltraité quand déjà elle en avait reçu de grands services, pût, au fond, l'aimer, et ils espéraient que des offres brillantes l'amèneraient à eux. Mais, quand se dégageant des liens dont on le circonvenait, il se fut posé en homme qui, sans doute, haïssait les violences, mais était tout dévoué à la république et prêt à la défendre, les intrigants se retirèrent de lui et se tournèrent vers une autre célébrité militaire qu'ils trouvèrent plus accessible à leurs séductions; ils transportèrent à Pichegru le rôle qu'un instant ils avaient destiné à Hoche.

Mais Hoche n'était pas venu à Paris savourer des triomphes d'amour-propre : il y était venu chercher les moyens de terminer la guerre de l'Ouest. Dubayet, son ami, nommé depuis peu ministre de la guerre, le présenta au Directoire. Quelques conférences suffirent à Hoche pour faire partager au gouvernement toutes ses idées, lui faire adopter toutes ses mesures et en obtenir une confiance sans borne.

Le 28 décembre, le Directoire réunit les trois armées qui combattaient dans l'Ouest en une seule, en donna le commandement à Hoche, et prit un arrêté par lequel il l'investissait d'un pouvoir à peu près absolu.

L'article Ier l'autorisait à mettre en état de siége toutes les grandes communes des pays insurgés.

Les articles III, IV et V faisaient supporter par les pays insurgés les frais de la guerre. En conséquence, les revenus des domaines nationaux, l'emprunt forcé qui venait d'être décrété, l'impôt qu'il était permis de payer en nature étaient exclusivement attribués à la solde, nourriture et entretien de l'armée, et c'était elle qui était chargée de les percevoir. Pour faire rentrer plus vite ces différentes ressources, on pourrait prendre des ôtages, saisir les bestiaux et ne les rendre qu'à la condition d'une parfaite soumission. Des amendes égales au tiers de leurs contributions frapperaient les communes récalcitrantes.

Hoche pouvait, d'après l'article VIII, délivrer des passe-ports aux chefs qui voudraient quitter la France.

Les armes devaient être enlevées avec rigueur ; les communes qui en garderaient punies.

L'article XII donnait le droit aux officiers-généraux de faire arrêter et juger les citoyens que la clameur publique ou des dénonciations particulières accuseraient de servir les rebelles, mais, s'ils n'avaient pas de preuves, ils devaient sur-le-champ les faire mettre en liberté.

Les jeunes gens de la réquisition seraient envoyés aux armées; on remplacerait ceux qui s'étaient glissés dans les administrations par de vieux militaires ou des pères de famille.

Les réfugiés, c'est-à-dire les Vendéens patriotes que la guerre avait expulsés de leur pays devaient y rentrer à la première injonction des chefs militaires, sous peine d'être privés des secours que la loi leur accordait.

L'article XXI rendait les officiers-généraux, chefs de corps, commandants de détachements, personnellement responsables des mauvais traitements, assassinats ou pillages exercés contre les habitants des campagnes. La moindre peine contre ceux qui ne réprimeraient pas ces délits serait la destitution (1).

(1) Savary, *Guerres des Vendéens*.

CHAPITRE VIII.

Retour de Hoche. — Ses instructions à ses lieutenants. — Exécution de l'arrêté du Directoire. — Plaintes. — Dubayet quitte le ministère de la guerre. — Hoche découragé.

Hoche avait obtenu ce qu'il voulait; rien ne le retenait plus à Paris : il prit la route de l'Ouest et arriva à Angers dans les premiers jours de janvier 1796.

Le 3, il annonça aux troupes leur réunion sous son commandement, en une seule armée qui porterait le nom d'*armée des côtes de l'Océan*. Les divisions et subdivisions étaient maintenues; l'armée de Cherbourg formerait la division de l'est, l'armée de Brest celle de l'ouest, et les troupes de la Vendée la division du sud. Les quartiers-généraux étaient fixés à Alençon, Rennes et Montaigu ; le grand quartier-général à Angers.

Hoche destinait le poste de chef de l'état-major de l'armée de l'Océan, le plus important après le sien, au général Chérin dont il avait apprécié l'ordre et l'activité à l'armée de Brest; d'ailleurs c'était Chérin qui avait donné au gouvernement l'idée de réunir les trois armées et d'en confier le commandement à Hoche (1). Mais Chérin fut retenu à Paris et remplacé par le général Hédouville.

Hédouville et Hoche se connaissaient : Hédouville avait été chef d'état-major de Hoche à l'armée de la Moselle. Ensemble, ils avaient combattu sur la Sarre, ensemble ils avaient gravi les hauteurs de Kaiserslautern; les mêmes succès et aussi les mêmes revers les avaient joints, mais ils n'avaient pas tardé à être séparés : Hédouville était noble, et la révolution défiante poursuivait l'ancienne caste jusque sur ceux de ses membres qui défendaient les nouvelles idées. Sommé une première fois d'écarter Hédouville, Hoche avait réclamé, écrit au ministre, lui avait dit les services de son chef d'état-major et combien il lui était utile. Le comité de salut public avait décrété l'arrestation de Hédouville et envoyé des agents pour le saisir. Hoche ne pouvant plus le défendre, l'embrassa devant tous et l'ajourna à des

(1) Correspondance.

temps meilleurs (1). Ces temps étaient arrivés, ils se retrouvaient.

L'armée organisée, Hoche adressa aux commandants des grandes divisions l'arrêté du Directoire avec une instruction qui en développait et éclaircissait les articles (2).

« Lorsque la patrie est en proie aux factions, disait-il, que les finances de l'État sont obérées, que les magasins sont vides, que les troupes éprouvent les plus pressants besoins, sans doute il a fallu recourir à des moyens rigoureux : ceux que présente l'arrêté sont tels, mais ils sont salutaires. »

Les chefs militaires vont être investis d'une autorité souveraine : c'est une raison « d'être très circonspects afin qu'on n'ait jamais à leur reprocher un seul abus d'autorité. Ils doivent être fermes et vigilants, mais sans passion, mais en évitant de venger les querelles particulières. »

« En ordonnant que toutes les grandes communes du pays soient mises en état de siége, le Directoire a voulu comprimer la malveillance à laquelle le défaut de police laisse un trop libre cours; il a voulu donner plus d'activité aux opérations, en laissant aux chefs militaires une plus grande étendue de pouvoirs. »

(1) Rousselin, *Vie de Hoche*. — (2) Correspondance. *Instruction du 8 janvier* 1796.

Toutefois, Hoche recommande aux généraux de s'entendre avec les administrations civiles : « De l'harmonie à établir entre les diverses autorités civiles et militaires, dépend le succès de l'opération ; elle échouerait nécessairement, si l'accord le plus parfait n'existait pas entre toutes les parties. »

Tous les renseignements pris, la part suivant laquelle chaque propriétaire doit, en raison de sa fortune, contribuer à l'emprunt forcé, bien déterminée, l'impôt en nature que d'après les rôles que le ministre des finances enverra à toutes les divisions réglé, on se mettra immédiatement à l'œuvre : « Vous aurez soin de procéder avec une telle activité que le 21 courant vous puissiez compter sur vos propres ressources et vous passer de celles des agents de toute espèce; agents, ou plutôt vampires, qui dévorent le fruit de toutes les classes de la société, vivant d'abus que tout homme de bien doit faire connaître. Pour ne pas les prolonger, vous devez faire arrêter les comptes de toutes les agences par les ordonnateurs : sans cette mesure, la république serait exposée à payer ce que l'impôt aurait fait rentrer dans ses magasins. »

Tous les cinq jours, les commissaires des guerres dresseront l'état des denrées enlevées, les payeurs celui des sommes versées dans leurs caisses, et, à l'état-major général, on fera d'après ces états, un tableau qui sera soumis tous les dix jours au ministre de la guerre et au Directoire.

Quant aux dépenses, l'état en sera envoyé par l'ordonnateur en chef de chaque division au ministre de la guerre qui l'ordonnancera et le renverra au payeur de la division pour être acquitté.

« Au moyen de cet ordre simple, dit Hoche, la comptabilité sera claire; nous pourvoierons sans peine aux besoins des troupes, et alors nous pourrons les faire mouvoir, sans éprouver les mille et une contrariétés qui naissent du manque d'habits, de souliers, du ferrage des chevaux, etc. »

« Je ne puis vous le dissimuler, ajoute-t-il, notre attitude doit entièrement changer. La stagnation doit faire place à l'activité la plus soutenue; rien ne doit ni languir ni péricliter. Il faut qu'un génie sage mais impulsif, mais révolutionnaire, vous anime; votre présence doit donner la vie à tout. »

En même temps qu'il préparait de la sorte l'exécution de l'arrêté du Directoire, Hoche l'annonçait ainsi aux pays insurgés :

« Au moins ne disconviendrez-vous pas qu'il est juste de vous faire payer les frais que nécessite votre rébellion. C'est donc vous qui demeurez principalement chargés de pourvoir à l'entretien et à la solde de ces nombreuses légions que vous osez combattre. Vous serez déchargés de ce poids lorsque vous le voudrez : en guerroyant, la charge augmentera par l'envoi successif de troupes; en déposant les armes, en obéissant aux lois de la république et en acquittant les contributions que vous lui devez, nous retournerons aux nouvelles limites de l'empire et vous jouirez de la paix comme le reste de vos concitoyens (1). »

La mesure que Hoche regardait comme la plus utile, celle à laquelle il était résolu de tenir le plus fermement la main, c'était le désarmement des communes insurgées. Qu'on en juge par cette lettre qu'il écrivait à l'adjudant-général Watrin :

« Les habitants de la commune de Saint-Georges ayant formellement refusé de nous rendre leurs armes, vous voudrez bien, à la réception du présent ordre, marcher dessus avec les forces nécessaires pour la réduire.

» Ils préfèrent, disent-ils, la mort à la remise de leurs fusils aux républicains; nous ne sommes pas des bourreaux, mais bien des soldats qui saurons les combattre. Vous ferez juger par le conseil de guerre, aussitôt après que vous vous serez emparés du bourg et de ses habitants, tous les signataires de l'acte de ce refus, et ce, conformément à la loi. Vous les ferez conduire à Nantes sous escorte suffisante : vous vous emparerez ensuite de tous les grains et

(1) Corresp. *Proclamation de Hoche.* 9 *janvier* 1796.

bestiaux de la commune : ils demeureront confisqués au profit de la république.

» Ce n'est qu'à regret, mon cher Watrin, que je dicte un pareil ordre, mais la guerre doit finir, et pour atteindre ce but, je dois sévir contre ceux qui persistent dans la rébellion; s'il est encore besoin d'une parole paternelle, prononcez-la, mais marchez en même temps, afin que les coupables ne puissent vous échapper (1). »

Pour Hoche, qui savait avec quelle bonne foi les chefs vendéens et chouans avaient tenu les promesses qu'ils avaient déjà faites à la république, ni protestations, ni traités ne répondaient de la soumission du pays, rien, excepté le désarmement complet, c'est-à-dire l'impuissance de relever l'insurrection. « Tant que les chefs auront le moyen de faire la guerre à la république, soyez sûrs qu'ils la lui feront, » mandait-il au Directoire (2).

Quelque temps avant son départ pour Paris, les chefs de l'armée du centre, Sapinaud et autres, qui avaient repris les armes avec Charette, trop vivement pressés par les colonnes mobiles, avaient demandé à se rendre. Hoche avait laissé au général Willot qui le remplaçait, le soin de suivre cette négociation. A son retour, tout semblait terminé.

(1) Corresp. *Lettre du 6 novembre* 1795. — (2) Ibid. *Lettre du 1er février* 1796.

« J'arrive, dit Hoche, on me dit : La guerre est finie. — Bien, dis-je, à quelles conditions? — Les voilà. — Sont-elles remplies? — Pas toutes, mais on les remplira. La république allait encore être jouée; les armes promises ne se rendaient pas; Sapinaud, Fleuriot, Amédée Béjary qui devaient être déportés étaient en fuite chez Stofflet (1). »

Justement, on venait de saisir sur un émigré nommé Geslin des papiers où on engageait les chefs à entamer des négociations avec la république et à les traîner en longueur jusqu'à la belle saison et au débarquement du comte d'Artois. La soumission était donc une feinte. Hoche déchire le traité et met la main sur les négociateurs. Béjary jeune, Ussault, Pranjer arrêtés, Willot désavoué, les administrateurs du département de la Vendée, parents ou amis des chefs emprisonnés, jettent les hauts cris, toute la ville de Fontenay est en émeute; on réclame, on écrit au ministre de l'intérieur, au Directoire : Hoche, par des mesures violentes, rappelle les plus mauvais jours de la Terreur et va rallumer une guerre près de s'éteindre; son manque de foi déshonore le gouvernement. Le Directoire renvoie à Hoche toutes ces dénonciations. « Si je n'étais affecté, répond Hoche, de l'impression qu'a faite sur le Directoire la lettre de Béjary, Pranger et Ussault,

(1) Corr. *Lettre au Ministre de l'intérieur.* 2 *février* 1796.

je le serais vivement de me voir soupçonné de vouloir, *par la terreur*, rallumer la guerre de la Vendée. O citoyens! que vos encouragements viennent à propos! Les uns veulent nous fusiller, parce que les soldats que nous commandons pillent; les brigands nous dénoncent comme terroristes; d'autres brigands comme royalistes; quel avenir!... Mais, au fait, non, je n'ai pas déshonoré le gouvernement par une trahison... J'ai donné ordre d'arrêter Béjary et autres, parce qu'aucun des articles n'était exécuté. Amédée Béjary (frère du signataire) qui devait être déporté, a trompé les trop crédules républicains à Nantes, à Rennes, à Paris. Il voulait les tromper à Fontenay où résident ses complices; je l'en ai empêché et je m'en applaudis. Sapinaud et Fleuriot devaient aussi sortir de France: les armes devaient être remises à *M. de Willot*, eh bien! lorsque cet officier écrivait que la paix était faite, où étaient Sapinaud et Fleuriot? Avec Stofflet. Quelles armes lui ont été remises? douze cents fusils sur cinq mille sept cents; et la paix était faite! et les conditions étaient remplies!... Citoyens, au nom de Dieu, faites surveiller ma conduite; je suis chaud, mais rien ne me répugne comme l'injustice et je déteste le parjure... »

Puis, comparant le langage de Béjary avec celui de Charette et rapprochant de l'un et de l'autre la lettre trouvée sur l'émigré Geslin, Hoche montre dans la conduite de tous ces chefs la même pensée, celle de tromper la république.

« Et, après avoir acquis aussi certainement, ajoute-t-il, la connaissance de la perfidie de nos ennemis, mon oreille s'ouvrirait encore à des propositions de paix ! Moi, chargé de venger la république, je la trahirais par faiblesse ! Ici sont placées ses destinées, là est le poste d'honneur ; je les défendrai jusqu'à la mort (1). »

Comme Hoche le dit, en même temps que les administrateurs des départements, s'unissant aux chefs vendéens, l'accusent de ramener la terreur dans leur pays, d'autres ennemis l'attaquent. Cette fois les coups partent du camp opposé : ce sont des réfugiés de l'ancien tribunal révolutionnaire de Nantes, des complices de Carrier, qui, dans un mémoire adressé au ministre de l'intérieur, reprochent à Hoche d'éloigner de lui les patriotes, de ne prendre conseil que des propriétaires, anciens chefs dans l'armée vendéenne, de n'exiger qu'un désarmement simulé, de n'y procéder qu'avec lenteur, enfin de servir la cause royaliste.

Obligé de se tourner de ce côté, Hoche répond : « Quel est l'homme sensé qui trouvera possible que sur-le-champ on désarme un peuple entier aguerri par trois ans de combats et désespéré par la perte

(1) Corr. *Lettre de Hoche au Directoire.* 1er *février* 1796.

de ses propriétés, par l'incendie et les noyades de Naux et de Sullivan, deux des signataires du mémoire? Au moins, si après avoir tant déclamé, les signataires indiquaient le moyen de terminer en un jour! Mais non; ils se contentent de tout critiquer sans examen; ils ne connaissent d'autre mode de terminer la guerre que d'égorger jusqu'au dernier habitant. Ah! qu'ils aillent à Beaulieu, aux Quatre-Chemins, à la Bassière, dans toutes les forêts qui couvrent leur pays, ils y verront des ossements de leurs concitoyens; six cent mille Français ont péri dans la Vendée : veut-on encore du sang (1)? »

Mais aucune de ces attaques ne surprenait Hoche, il les avait prévues. « Je dresse mes batteries, avait-il écrit au ministre de la guerre, le lendemain de son retour de Paris, et sous peu elles feront du bruit par le monde; gare les dénonciations (2). »

Pour les parer, ces dénonciations, il comptait sur le ministre de la guerre lui-même, sur Aubert-Dubayet, auquel l'unissait une amitié fondée sur des services réciproques et la même manière de voir, et qui, connaissant la Vendée et la Bretagne, serait toujours prêt à servir les intérêts de l'armée et à défendre son général auprès du Directoire.

Hoche même, pressentant les embarras de toutes

(1) Correspondance. *Lettre de Hoche au Ministre de l'intérieur*. 2 *février* 1796. — (2) Ibid. *Lettre du* 5 *janvier* 1796.

sortes qu'il aurait à écarter, les obstacles qu'il lui faudrait surmonter, n'avait accepté le commandement de l'armée de l'Océan qu'avec l'espoir et peut-être la promesse que Dubayet resterait et le soutiendrait au ministère de la guerre. Tout à coup il apprend que Dubayet vient d'être nommé ambassadeur à Constantinople. On sent l'amertume dans la lettre qu'il lui écrit : « Vous partez, c'est fort bien, général ; puissiez-vous être heureux toujours ! Souvenez-vous de ceux que vous avez engagés dans de mauvais pas et qui, préférant le tumulte guerrier à la tranquillité des cours, se sont dévoués sans réserve, croyant vous avoir pour appui. Allez, Dubayet, conter à la Validé sultane que vous avez préféré baiser la poussière de ses pieds à aider vos confrères dans leurs immenses travaux. Adieu, Dubayet, vous étiez fait pour servir plus utilement. Les succès de la république vous étonneront, et vous regretterez de n'avoir pas écouté ceux qui aiment les ministres comme vous, sans les flatter (1). »

Hoche restait donc à découvert exposé à tous les coups de ses ennemis, et ces coups redoublaient. L'affaire de Béjary, Ussault, Pranger était toujours pendante : les administrateurs de la Vendée revenaient à la charge, et, pour être plus sûrs de faire parvenir leurs réclamations au Directoire, ils les

(1) Correspondance. *Lettre du 22 février* 1796.

adressaient à leur compatriote Goupilleau, député au Corps législatif, et Goupilleau se faisant l'interprète de leur querelle, prétendait que Hoche laissait piller ses soldats, que les biens des patriotes étaient dévastés, les bestiaux égorgés par les troupes, qu'on ne pouvait plus cultiver la terre, qu'un des pays les plus fertiles et les plus productifs de la France était menacé de la famine ; que Hoche recommençait Rossignol et Ronsin dans la Vendée, que ses mesures ne produisaient aucun effet, que ses généraux eux-mêmes les désapprouvaient, que tous refusaient de les exécuter, que Bonnaire, que Dessain appelés au commandement de la division du Sud, n'en avaient pas voulu, enfin que tout récemment, un de ses plus actifs lieutenants, Travot, étant sur le point de prendre Charette, Hoche avait gêné et fait manquer son opération.

A cette occasion, Hoche écrivait à Carnot : « Le Directoire m'honore d'une confiance sans bornes ; mais est-il dans la nature de résister sans cesse, de défendre toujours un accusé, lorsque surtout des hommes importants par les places qu'ils occupent, sont à la tête des dénonciateurs ?.....................

... Non, citoyen, non, nous ne pourrons résister. Fasse le ciel que la chute soit douce ! Je l'attends (1). »

(1) Correspondance. *Lettre du 19 février* 1796.

Comme pour mettre le comble à ces ennuis qui commençaient à être plus forts que Hoche et achever le découragement qui s'emparait de cette âme si vive, un homme que, pendant longtemps, il avait soutenu « par considération pour son honnête famille, » publia contre lui, pour l'en récompenser, un libelle « dégoûtant, » dans lequel il touchait l'honneur même du général. Cette fois, le sang monta à la tête de Hoche, et il regretta d'être revêtu d'un caractère qui ne lui permettait pas de se faire justice de sa main : il écrivit au Directoire, il demanda avec instance qu'on lui accordât un conseil de guerre, pour que ses actions y fussent examinées et jugées. « J'ai besoin, dit-il, de confiance, et, pour l'obtenir de mes concitoyens, ma conduite doit leur être connue (1). »

Mais la haine qui le poursuivait descendant à de plus basses vengeances encore, en vint jusqu'à payer un misérable qui s'introduisit dans l'écurie de Hoche, et creva les yeux à trois chevaux sur les quatre qu'il possédait.

L'épreuve était trop forte. Hoche, pour y résister, aurait eu besoin de constants encouragements ; ne recevant rien du Directoire, trouvant au contraire, à chaque instant, dans la correspondance du nouveau ministre de la guerre des ordres en contradiction

---

(1) Correspondance. *Lettre du 22 février* 1795.

avec l'arrêté du 28 décembre (1), il se crut abandonné, il succomba.

« Il est on ne peut plus important que je quitte cette armée, j'y suis malade d'ennui et de dégoût, écrivait-il au général Chérin........ Je veux à toute force partir, un plus long séjour me ferait mourir... Je renouvelle aujourd'hui au Directoire la demande d'un congé ou mon rappel.... (2) »

Le gouvernement comprit enfin que des intérêts particuliers ne devaient pas être mis en balance avec l'intérêt de tous, que si Hoche était en butte à la fois et aux royalistes, et aux terroristes, c'est qu'il suivait la vraie ligne, la ligne moyenne, que lui seul par son habileté et surtout son dévouement si pur à la république pouvait finir la guerre interminable de l'Ouest; il lui renouvela sa confiance, l'investit une seconde fois, de la plus vaste autorité, maintint son arrêté, et l'engagea à en poursuivre l'exécution par les mesures qu'il avait prises, à travers tous les obstacles.

« La lettre du Directoire a remis du baume dans le sang du général Hoche, écrit Hédouville à Clarke (3). »

Et Hoche remerciant le Directoire des marques d'intérêt qu'il en reçoit, confesse un moment de faiblesse, mais pour l'expier, il jure de terminer la guerre.

(1) Savary. *Hédouville à Clarke*. 11 mars 1796. — (2) Corr. 4 mars 1796. — (3) Savary. *Hédouville à Clarke*. 11 mars 1796.

CHAPITRE IX.

Mort de Stofflet et de Charette. — Soumission de la Vendée.

Hoche venait de se relever; c'était pour accabler la Vendée : déjà l'un de ses deux grands chefs, Stofflet, n'était plus. Longtemps Stofflet avait paru vouloir observer les traités. Ni quand la Bretagne avait repris les armes, ni quand les émigrés avaient débarqué à Carnac, et que l'Ouest tout entier en avait été ébranlé, ni quand Charette avait jeté son défi à la république, ni même lorsque le comte d'Artois avait paru sur les côtes du Poitou, Stofflet n'avait remué. L'abbé Bernier, son conseil, le retenait.

Stofflet et Bernier étaient blessés des préférences accordées à Charette. Ils voyaient autant d'offenses dans les titres, les dignités, les honneurs qu'on lui envoyait de Vérone. Seul avait-il donc soutenu les mémorables luttes de la Vendée? Stofflet n'y avait-il pas été engagé comme lui? Pourquoi, ayant eu part aux dangers, ne partageait-il pas les récompenses? Stofflet même remontait dans le passé. Il se souvenait des beaux temps de l'armée vendéenne, il s'y revoyait major-général, c'est-à-dire second en commandement, là où Charette n'était regardé que comme divisionnaire, et il se demandait comment on avait eu l'idée de le soumettre à Charette, lui qui autrefois avait le droit de lui donner des ordres, et qui, aujourd'hui, était encore son égal (1).

Il fallait, puisqu'on était injuste, le faire sentir, il fallait, malgré les sollicitations de toute sorte, s'abstenir, attirer sur soi l'attention, et par l'inaction même dans laquelle on resterait, forcer à rechercher les raisons de cette inaction, et à réparer un oubli injurieux.

Bien plus, soit que l'ingratitude dont on payait ses services finît par le détacher d'une cause si peu habile à conserver ses plus dévoués partisans, soit qu'il espérât qu'une démarche pour se rapprocher des républicains, déciderait plus vite les princes à le rallier à eux, en lui accordant les distinctions auxquelles il pouvait prétendre aussi bien que Charette,

(1) Savary. *Mémoire adressé à Monsieur.* 15 *décembre* 1795.

Stofflet, par le conseil de l'abbé Bernier, demanda à Hoche une entrevue.

Elle eut lieu le 12 décembre. Bernier, qui avait pris la parole, offrait la médiation de Stofflet entre la république et les pays insurgés ; pour le haut Anjou, il proposait de l'organiser constitutionnellement, mais en laissant à Stofflet une autorité qui en eût fait une sorte de prince dont Bernier eût été le ministre. Hoche répondit qu'entre la république et des rebelles parjures, il n'y avait pas de médiateurs, et relativement à l'Anjou, tout en consentant à se servir, pour y ramener la tranquillité, de l'influence que Stofflet et Bernier y avaient acquise, il ne voulait les employer qu'en sous-ordre, l'un comme chef de cinq ou six cents gardes territoriales, chargé de la police, l'autre en qualité de commissaire civil, adjoint à un patriote ou plutôt surveillé par lui, et relevant tous les deux de chefs supérieurs, de manière que s'ils s'écartaient de leur devoir, il fût facile de les punir.

Rien ne fut conclu, mais Stofflet et Bernier ne se séparèrent de Hoche qu'en lui renouvelant leurs protestations de fidélité (1).

Cependant, dans le même temps, ils donnaient asile aux déserteurs, recevaient Sapinaud, Fleuriot, Béjary, les chefs de l'armée du centre chassés de

(1) Correspondance. *Hoche au Directoire.* 22 *décembre* 1795.

leur pays, et enfin n'étaient entourés que d'émigrés.

Le nombre en était si grand, leurs prétentions et leur crédit auprès de Stofflet tels, que ses divisionnaires, paysans qui avaient toujours combattu avec lui, en prirent de l'ombrage et que l'un d'eux lui écrivit :

« Je me crois obligé de vous prévenir que tous vos anciens officiers sont mécontents de la manière dont on les traite, du mépris qu'on affecte à leur égard, et des préférences qu'on donne à des gens qui se disent nobles, émigrés, et qui étalent de grands noms sans les avoir peut-être mérités. On n'appelle plus aujourd'hui au conseil que des émigrés, des gens qui n'ont jamais fait le coup de fusil dans la Vendée, et on ne fait aucune part de ce qui s'y traite aux chefs de division et aux braves et intrépides officiers qui ont cent fois fait le coup de feu contre les patriotes, et qui ont ébranlé la république..... A la tête de ce nouveau conseil, on ne voit plus que des émigrés, des hommes qui, à la vérité, peuvent avoir du mérite, mais pourquoi affecte-t-on de placer à la suite de ces prétendus signataires, les Cadi, les Nicolas, Châlon, Forestier, Chetou, Soyer, Fougeray?.... Sont-ce les officiers qui signent aujourd'hui au nom du conseil, qui ont défait les bleus à Châtillon, à Coron, à Vihiers, à Dol, à Pontorson, à Gesté, à Chaudron, à Saint-

Pierre de Chemillé? Pourquoi donc mettre au premier rang ces personnages inconnus, tandis qu'on ne parle pas de ceux qui se sont tant de fois distingués dans les combats?.... Général, si l'on éloigne de vous les officiers dont on méprise la naissance, malgré leur bravoure et l'élévation de leurs sentiments, prenez garde au sort qui vous est réservé (1)!.... »

Autre chose alarmait véritablement Stofflet et Bernier, c'était les progrès des républicains. Les ordres de Hoche s'exécutaient; les villages de l'armée du centre étaient successivement désarmés; tous les jours les postes s'avançaient, tous les jours le cercle se resserrait. Attendre davantage n'était-ce point se mettre dans l'impossibilité de tenter par la suite un mouvement? Mais, d'un autre côté, éclater avant d'avoir rien obtenu, n'était-ce pas de gaieté de cœur s'exposer à la ruine et perdre le fruit de plusieurs mois d'une sage conduite? Bernier et Stofflet hésitaient, lorsqu'arriva de Londres un émissaire du comte d'Artois; enfin, leurs manœuvres avaient produit leur effet: Stofflet était nommé lieutenant-général et Bernier commissaire du roi. Le 19 janvier, Stofflet, par la main de l'abbé Bernier, écrivait encore à Hoche pour l'assurer de sa soumission, et, le 26, s'adressant à ses compagnons d'armes, il leur disait :

(1) Savary. *Charles à Stofflet.* 10 *décembre* 1795.

« Braves amis, le moment est venu de vous montrer; Dieu, le roi, le cri de la conscience, celui de l'honneur et la voix de vos chefs vous appellent au combat. Plus de paix ni de trève avec la république; elle a conspiré la ruine entière du pays que vous habitez (1)..... »

C'était sa déclaration de guerre.

Hoche s'apprêtait à marcher contre les chouans, lorsqu'il reçut le manifeste de Stofflet.

« Stofflet a hâté d'un mois la ruine de son parti », écrit-il au Directoire (2), et, dans une proclamation, il s'écrie : « Que signifient ces cris de mort, de rage et de vengeance? Encore des parjures! Le châtiment de leurs semblables n'a donc pu leur prouver que le ciel punissait les faussaires (3)? »

Et il ordonne que 30,000 hommes passent sur le territoire d'Anjou et du haut Poitou, pour y vivre aux dépens du pays jusqu'à ce qu'il soit soumis, et que 15,000 autres, tirés des armées de Brest et de Cherbourg, se disposent à les suivre.

Hoche était loin d'avoir autant de troupes disponibles, mais il voulait frapper l'imagination. Pour faire illusion, il lança des colonnes mobiles dans tous les sens.

---

(1) Savary. *Guerre des vendéens et des chouans.* — (2) Correspondance. *Lettre du 27 janvier 1796.* — (3) Ibid. *Proclamation du 27 janvier 1796.*

Lui-même se mit à la tête de l'une de ces colonnes et se dirigea vers Cholet.

« Après une marche de douze heures dans des chemins horribles, mande-t-il au ministre de la guerre, je suis arrivé ce soir à Chemillé..... Il paraît que les campagnes ne veulent pas se soulever. Afin de les maintenir dans ces dispositions, je fais promener des colonnes dans le pays; sans doute qu'une d'elles rencontrera Stofflet; il paiera cher sa sottise.

» Je crois, mon cher ministre, que la guerre stoffletienne durera quinze jours (1). »

Ainsi que Hoche l'annonçait, les paysans restaient sourds à l'appel de leur ancien chef. Un an de paix avait refroidi leur ardeur et engourdi leurs bras; peu à peu, aussi, ils avaient changé de manière de voir. Trois ans auparavant, ils avaient couru aux armes afin de se soustraire à la réquisition et de protéger leurs prêtres. Aujourd'hui qu'on les laissait dans leur pays pour relever leurs chaumières incendiées et cultiver leurs terres, que leurs prêtres n'étaient plus inquiétés et célébraient leur culte sans crainte, pourquoi recommenceraient-ils la guerre? D'ailleurs les bleus, loin de les inquiéter, ne parcouraient plus les campagnes que pour y maintenir la tranquillité; ils observaient la discipline la plus exacte, et si parfois l'un d'eux

(1) Correspondance. *Lettre du* 28 *janvier* 1796.

s'oubliait encore, il suffisait de se plaindre pour que non-seulement une prompte punition suivît la faute, mais encore que le dommage fût réparé. Les ennemis du pays, ce n'étaient donc plus les républicains mais au contraire ceux qu'ils poursuivaient, et que les habitants, pour jouir du repos, étaient tentés de leur livrer.

Aussi, quelqu'effort qu'il fît, Stofflet ne put rassembler que deux ou trois cents hommes. Avec si peu de forces, il ne pouvait tenir la campagne; il essaya de se réunir à Charette en perçant le cordon qui les séparait; mais, battu à Saint-Laurent, à Mallièvre, à Mauléyrier, il fut rejeté en Anjou; alors il licencia ses troupes et se cacha de métairie en métairie. La lutte n'était pas possible : Stofflet, dit-on, voulait y renoncer et écrire à Hoche pour faire sa soumission; Bernier l'en empêcha. « C'était une extrémité à laquelle il était toujours temps de se résigner : plus Stofflet tiendrait, plus on mettrait de prix à lui voir déposer les armes. Il fallait d'ailleurs ne pas laisser connaître sa faiblesse aux princes, auxquels on avait présenté un tableau singulièrement exagéré des forces de l'armée que l'on commandait; ils ne comprendraient pas qu'à la tête d'une force si imposante, on eût été si promptement amené à capituler (1). »

(1) Bergounioux, *Vie de Hoche.*

Stofflet l'écouta.

Cependant chaque jour était marqué par la mort d'un de ses anciens compagnons. Richard, l'un de ses plus vieux divisionnaires, avait été pris et fusillé. Nicolas, autre divisionnaire, cerné dans une ferme, avec quatre hommes, y avait été tué; Mabile de la Paumelière, émigré rentré, venait également de périr; c'était le sort qui, un peu plus tôt, un peu plus tard, attendait Stofflet s'il persistait à rester dans le pays et à le troubler.

Plusieurs des Vendéens qui, en 1793, avaient commencé la guerre avec lui, qui avaient toujours combattu à ses côtés, et avaient été souvent blessés sous ses yeux, crurent qu'ils devaient à leur affection et à leur dévouement pour lui, de l'y faire renoncer; ils allèrent le trouver et lui représentèrent que les habitants lassés voulaient la paix. Mal accueillis, menacés même, s'ils insistaient, d'être passés par les armes, ils pensèrent que c'était l'abbé Bernier qui obsédait Stofflet et le poussait à sa perte; ils résolurent de l'en débarrasser en le livrant aux républicains (1). Un hasard qui semblait seconder leurs vœux devint au contraire fatal à Stofflet.

Un paysan du bourg de Jallais avait eu des moutons volés par des soldats. Il vint se plaindre à

(1) Bergounioux, *Vie de Hoche*.

Cholet. Le général Caffin, qui y commandait, ne pouvait faire restituer les moutons, mais sur-le-champ il les paya. Le paysan sortit, fit quelques pas dans la cour de l'hôtel, revint, s'arrêta; il délibérait avec lui-même; enfin il rentra. Il voulait, disait-il, reconnaître la prompte justice qui lui avait été rendue par un service : l'abbé Bernier devait passer la nuit prochaine au château de Soucheran ou à la métairie de la Saugrenière (1). Sans perdre de temps, Caffin fit partir son aide-de-camp Liégeard pour Chemillé avec des instructions adressées au général Ménage. A onze heures du soir, deux cents hommes d'infanterie précédés par vingt-cinq cavaliers, se mirent en route sous les ordres du commandant Loutil. Ils fouillèrent d'abord le château de Soucheran et n'y trouvant rien, ils se dirigèrent vers la ferme de la Saugrenière. Toutes les mesures prises, la ferme cernée, Loutil avec douze grenadiers, Liégeard avec douze autres, frappent chacun à une porte. « Qui est là ? demande-t-on. — Royaliste, Forestier, dit Loutil. — Royaliste, Chetou, répond Liégeard. » On ouvre : huit grenadiers se présentent. A la lueur d'une lanterne posée sur une table, on aperçoit dans la chambre plusieurs hommes armés. Les grenadiers les tiennent en joue, et Loutil les somme de se rendre. En même temps, avec un sergent et deux

(1) Bergounioux, *Vie de Hoche*.

grenadiers, il entre pour les arrêter; mais l'un de ces hommes s'élance sur le grenadier Audious, le prend aux cheveux, à la gorge, et est sur le point de l'étrangler quand les camarades d'Audious viennent à son aide et le délivrent : son adversaire se débat, mais on le prend et on le garrotte : c'était Stofflet (1).

Le paysan n'avait point trompé Caffin. Bernier devait en effet se rendre à la Saugrenière, où il avait donné rendez-vous à Stofflet, mais, soit qu'il eût eu vent de l'expédition ou pour tout autre motif, il n'y vint pas. Stofflet seul s'y trouva.

Hédouville écrit d'Angers, au ministre de la guerre :

« Stofflet a été pris cette nuit avec deux de ses aides-de-camp, deux de ses courriers de dépêches et un domestique, dans la ferme de la Saugrenière, canton de Jallais, district de Cholet; ils ont été amenés ici aujourd'hui par le général Ménage : ils seront jugés aujourd'hui et fusillés demain...

» C'est aux mesures vigoureuses du général Hoche et à la grande activité dans laquelle il a maintenu nos troupes, dans le ci-devant royaume de Stofflet, que nous devons la prise du parjure Stofflet, qui n'a pu parvenir à faire soulever les campagnes et qui va recevoir sa juste récompense (2). »

(1) Moniteur. *Rapport du général Ménage.* 24 *février* 1796. — (2) Ibid. *Lettre de Hédouville du* 24 *février.*

Traduit devant la commission militaire, le 24 février, Stofflet fut condamné et exécuté le lendemain 25. Il y avait juste un mois qu'il avait repris les armes.

Stofflet mort, restait Charette. « Cet ennemi, écrit Hoche au Directoire, l'espoir des contre-révolutionnaires qu'il a trompés, le cheval de bataille des émigrés qu'il déteste et n'accueillera jamais, fût-il puissant, a un pouvoir absolu sur tout le pays où il commande. Les lois draconniennes qu'il a données aux contrées qu'il occupe l'ont en quelque sorte fait déifier par une multitude ignorante que son seul nom fait trembler. Son caractère est féroce et singulièrement défiant; son ambition est de gouverner son pays féodalement. Il n'a point d'amis. Pour être un chef de parti vraiment redoutable, il lui faudrait la loyauté de Bonchamp, les talents de d'Elbée et la témérité de Stofflet. Il n'a ni l'un ni l'autre. Des femmes sanguinaires le dirigent dans ses cruautés; et, sans être un lâche, il se résout difficilement au combat qui lui est présenté (1). »

Hoche ne rendait pas à Charette la justice qu'il méritait. Il ne tenait compte ni de cette fermeté d'âme qu'aucune adversité n'ébranlait, ni de cette force de volonté qui domptait tous les obstacles, ni de cette activité, ni de cette habileté, ni de cette

(1) Correspondance. *Lettre du 8 novembre* 1795.

fécondité d'expédients qui le tiraient de tous les périls. A la vérité, le 8 novembre 1795, lorsque Hoche traçait de Charette ce portrait, il n'était que depuis un ou deux mois dans la Vendée, il ne pouvait encore apprécier le chef auquel il était opposé, mais l'eût-il mieux connu, il n'en aurait pas parlé autrement. Hoche ne voyait dans Charette qu'un ambitieux qui, pour continuer un rôle ou garder un pouvoir usurpé, soutenait une guerre qu'il savait devoir être sans résultat, une cause que lui-même n'espérait plus faire triompher, qui troublait ainsi toute une contrée comme à plaisir : c'était un ennemi du repos, du bonheur public, un homme à mettre hors du droit des gens, un brigand, ainsi qu'il l'appelait, et jamais l'admiration que ne pouvait manquer de faire naître en lui ce prodige de résolution, de courage et de constance, ne devait complétement étouffer l'aversion qu'il ressentait, car Hoche ne combattait pas seulement Charette, il le haïssait.

La seule qualité que Hoche lui reconnaisse, c'est l'agilité. « Charette en déroute, dit-il, assigne un ralliement à ses fuyards : le lieu est quelquefois à dix ou treize lieues derrière son ennemi qui le cherche en vain, qui se consume dans un pays qui, au premier arpent, est hideux par ses ruines et le tombeau dont il est l'image. Charette, dis-je, a laissé son ennemi dans un pays dévasté, et avec la rapidité de l'éclair, il se porte sur ses convois, les intercepte ou, au moins, les détourne de leur destination, et contraint par cette manœuvre son adversaire, qui croit avoir obtenu un avantage pour avoir tué quelques hommes, de rentrer l'oreille basse dans ses cantonnements. J'ai cru remédier à cet inconvénient par les mesures indiquées dans l'instruction et le plan des colonnes mobiles. Charette, je pense, ne pourra en empêcher l'exécution. Le seul mérite que je lui reconnaisse sera bientôt en défaut (1). »

Hoche avait lancé à la poursuite de Charette ses meilleurs officiers, ses meilleures troupes, il ne cessait de les exciter : il mêlait dans ses lettres les conseils, les encouragements, les exhortations, les ordres.

« Il est huit heures, écrit-il à l'adjudant-général Mermet, je reçois seulement votre lettre; partez sur-le-champ pour la forêt d'Aizenay et ne rentrez qu'avec la tête de Charette.... Allez, souvenez-vous de moi (2). »

« Charette, mande-t-il à l'adjudant-général Delaage, Charette a six mille louis d'or, promettez-les et donnez-les à quiconque le prendra mort ou vif; ne l'abandonnez plus qu'au tombeau : cette action est digne de vous et de votre camarade Travot (3). »

(1) Corr. *Lettre du 8 novembre 1795*. — (2) Ibid. *Lettre du 18 octobre 1795*. — (3) Ibid. *Lettre du 26 novembre 1795*.

Au général Dessain :

« Il nous reste une mesure à employer pour prendre Charette, c'est de former trois colonnes mobiles de cavalerie, fortes chacune de cinquante à soixante hommes : en les faisant marcher de nuit, elles pourraient terminer promptement la guerre. La troisième division a principalement beaucoup de cavalerie, je vous engage à ordonner cette mesure (1). »

Au même :

« Nous touchons au moment décisif, mon cher Dessain ; la fin doit couronner l'œuvre. Il nous faut Charette et le reste des armes. Recommandez la plus grande activité. Mettez quelques bons officiers en campagne et notamment Travot, pour qui j'ai conçu la plus profonde estime ; obligez-moi, mon cher ami, de la lui témoigner. Je crois que Charette rôde autour du lac de Grandlieu, dans les forêts de Machecoul et de Princé : dirigez de ce côté vos partis de cavalerie, recommandez à vos principaux officiers de bien traiter les prêtres et les femmes ; ils en tireront des renseignements précieux : ces deux espèces aiment à être flattées, aiment à inspirer de la confiance, et une fois qu'on a la leur, elles jasent beaucoup et font faire souvent des découvertes utiles (2). »

(1) Corr. 17 *janvier* 1796. — (2) Ibid. 30 *janvier* 1796.

A l'adjudant-général Mermet :

« Mon cher Auguste, quel que soit le temps qu'il fasse, je compte sur vous pour ne pas laisser respirer votre proie. Rassemblez vos troupes partout : tuez vos chevaux : vous n'aurez rien perdu si vous réussissez. Faites tout marcher, Desroques lui-même, qui s'obstine à ne plus sortir de Machecoul. Que vos mouvements soient grands, rapides, qu'ils étonnent! et votre ami saura vous rendre justice. Du courage, mon cher Auguste, promettez, récompensez, menacez, punissez, s'il le faut : mais amenez Charette ou faites-le prendre par d'autres. Bien que vous en soyez éloigné, faites mouvoir les autres cantonnements. Puisse mon âme vous animer (1)! »

Au général Grigny :

« En quelque part que soit Auguste, recommande lui la plus grande activité ; toi, veille à ce que les troupes soient sans cesse en mouvement : ordonnes-en de petits, fais faire des détachements dans les campagnes.

» Tâchez donc de prendre Charette; vous y parviendrez en ne lui laissant aucun repos, en employant des ruses, en faisant déguiser quelques hussards et volontaires en paysans, et munis de cocardes blanches; entretiens-toi de ce stratagème avec Auguste (2). »

(1) Corr. *Lettre du 1er mars* 1796. — (2) Ibid. *Ibid.*

Et Travot, et Mermet, et Gratien, et Valentin, et vingt autres, jaloux de faire une capture à laquelle le général attachait tant de prix, s'élançaient après la proie qu'il leur désignait. Travot était le plus ardent. Infatigable, il se jetait d'une colonne épuisée à la tête d'une colonne fraîche, et, ni le jour ni la nuit, ne laissait à Charette un instant de repos. Craignant d'être surpris et de ne pouvoir se défendre, Charette ne s'arrêtait plus sous un toit; il emportait les matelas et les lits des paysans et dormait dans les bois. Là, malgré la rigueur de la saison, il n'osait même allumer du feu, de peur que la fumée ne le trahît et n'attirât sur lui l'ennemi qu'un moment il était parvenu à mettre en défaut.

A bout de forces, Charette, dans le commencement de février, demanda à se soumettre et à passer à l'étranger. Chargé de faire ces propositions aux républicains, le curé de la Rabâtelière les porta au général Gratien qui les transmit aussitôt au général en chef : « A la réception de la présente, répondit Hoche, vous notifierez à Charette qu'il ait à vous joindre avec les personnes qui désirent le suivre. Vous le conduirez avec escorte à Saint-Gilles, où le commandant du port fournira un bâtiment qui transportera sur-le-champ à Jersey, Charette, sa suite et ses officiers.....

» A l'égard des biens de Charette, sa femme ou

tel homme qu'il nommera les régira et lui en fera passer le revenu à Jersey tous les trimestres. La république en fournira les moyens.

» Si Charette préfère aller en Suisse, l'adjudant-général Travot l'accompagnera jusqu'à Bâle, avec un détachement de cavalerie.

» Je vous recommande de faire observer envers Charette et sa suite la conduite décente que doivent tenir en toutes circonstances les défenseurs de la république.

» Toutes ces dispositions devront être faites dans un délai de quarante-huit heures, passé lequel temps vous voudrez bien, de concert avec vos braves camarades, vous remettre en marche jusqu'à l'extinction totale des brigands et du brigandage (1). »

Mais Charette s'était joué des républicains; il n'avait voulu qu'obtenir un répit de quelques jours pour reprendre haleine et faire un rassemblement. Ses officiers réunis, il avait déclaré devant tous les conditions que lui offrait la république, que chacun d'eux pouvait en profiter, qu'il leur rendait leur serment, mais que lui, fût-il abandonné, seul il déploierait le drapeau blanc, sous lequel s'était réfugié le vieil honneur français, puis, tirant son épée dont il rejeta le fourreau : « On peut la briser jusqu'à la garde, s'écria-t-il, mais je ne la rendrai jamais aux

(1) Correspondance. *Lettre du* 10 *février* 1796.

ennemis de mon roi. » Et tous les officiers de répondre par des cris d'enthousiasme à ces paroles de leur chef (1).

Charette écrivit à Gratien :

« Monsieur, vous me proposez de la part de votre général, au nom du gouvernement, de quitter la Vendée pour passer à Jersey sur un bâtiment parlementaire avec les personnes de ma suite, ou de me rendre en Suisse, escorté d'un détachement de cavalerie, en évitant de passer par Paris.

» Persuadé que tous les vaisseaux de la république ne suffiraient pas pour transporter les royalistes du pays que j'ai l'honneur de commander, vous devez voir que votre projet de m'embarquer à Saint-Gilles est chimérique. Également convaincu que vos armées républicaines ne sauraient que faiblement nous escorter en traversant la France pour nous rendre en Suisse, trouvez bon que je ne fasse pas le voyage pour m'occuper uniquement de repousser la force par la force.

» Vaincre ou mourir pour mon Dieu et pour mon roi, voilà ma devise irréfragable (2)..... »

La fuite d'une part, la chasse de l'autre recommencèrent. Charette, en effet, malgré le ton de sa lettre, n'était plus en état de tenir tête aux républi-

(1) Bergounioux. *Lettre du curé de la Rabâtelière.*
(2) Id. *Vie de Hoche.*

cains. Il n'essayait même plus de le faire. Toute son habileté, il l'employait à leur échapper. Le pays l'y aidait admirablement. C'était à peine une centaine de lieues carrées, mais toutes couvertes de forêts, de bois, de marais, toutes coupées de ruisseaux et de rivières gonflées par les pluies, et, dans ce labyrinthe naturel, pas un sentier, pas un gué que ne connût Charette. En outre, il avait adopté un système de marche très propre à le dérober à ses ennemis. Quand il était vivement pressé, il s'arrêtait, laissait passer les républicains et se mettait à leur suite (1). Ils croyaient l'avoir devant eux et il était derrière. Mais, quelque ruse qu'il employât, tant de colonnes sillonnaient la petite contrée où il se tenait, que forcément, en voulant éviter l'une, il tombait dans une autre, et ces rencontres de chaque jour lui étaient funestes par les pertes qu'il éprouvait et surtout par le découragement et la désertion qu'elles amenaient, même parmi ses plus dévoués compagnons.

Au mois de novembre 1795, Charette avait encore autour de lui 1,000 fantassins et 300 cavaliers de troupes permanentes. Ce nombre diminue rapidement : « Charette, écrit Hoche au ministre de la guerre le 9 décembre, Charette abandonné des siens

(1) Récit de la prise de Charette par un lieutenant de la colonne de Travot. (*Mémoires relatifs à la Révolution.*)

ne peut nous échapper..... Cette nuit même, Bedeau a dû le quitter avec ses déserteurs (1),.... »

Travot, le 15 janvier, lui tue vingt cavaliers, dont un chef et lui enlève deux femmes qui l'accompagnaient (2).

Deux jours après il le surprend encore à la Roullière, près du bourg du Poiré (3) : « Dans cette affaire, Charette perd un convoi de pain ; les paysans effrayés l'abandonnent et font leur soumission ; il ne lui reste plus que cent hommes de cavalerie et trois cents déserteurs. Il s'efforce en vain de faire avec eux retraite en bon ordre. La colonne de Travot marche sans reprendre haleine, et il est forcé de disperser son infanterie qui se cache dans la forêt des Gats. Avec ses cent cavaliers, il prend de l'avance sur Travot, et tenant la campagne, il se fait voir, tantôt à Belleville, tantôt à Saligné ou bien à Dampierre. C'est près de cette dernière commune, à la métairie de la Créancière, que Travot parvient seulement à l'atteindre. En ce moment Charette était avec sa troupe en ordre de marche ; attaqué à l'improviste, il fuit sans brûler une amorce, abandonnant trente de ses cavaliers, pris ou tués par les républicains. Les habitants que Charette a voulu contraindre à prendre les armes, livrent douze autres

(1) Correspondance. — (2) Ibid. *Lettre de Hoche.* 17 *janvier* 1796. — (3) Savary. *Lettre de Travot.* 17 *janvier* 1796.

cavaliers, presque tous officiers, qui se reposaient à la Bigonnière près de Saligné. Poursuivant sa course, la colonne de Travot entre pêle-mêle avec la troupe de Charette dans la forêt des Gats, et lui fait encore douze prisonniers. Dans ces diverses rencontres, pas de combat; les royalistes se laissent tuer sans se défendre. La colonne de Travot n'a pas perdu un seul homme (1). »

Encouragé par la faiblesse de Charette, Travot divise ses troupes et se propose de les subdiviser à mesure qu'il rencontrera moins de résistance.

Charette, craignant d'être trahi dans les paroisses où il vient d'être battu, se dirige plus à l'ouest, et ne gardant avec lui que dix cavaliers, il envoie le reste dans la forêt d'Aisenay.

Travot le suit du côté de Maché et de Saint-Christophe. Mais, là, tous les habitants sont dévoués à Charette. « Je n'en ai trouvé aucun, écrit Travot, à qui les menaces ou les promesses aient pu faire avouer sa présence. Ils ont tous pour lui un extrême attachement; il ne sera pas trahi dans ce pays (2). » Pour tirer par la ruse des révélations que la peur ne peut arracher, que l'argent ne peut acheter, Travot a recours au moyen indiqué par Hoche : « Pour faire parler ces muets, j'ai pris le parti de faire rassembler les habits et les chapeaux des

(1) Bergounioux, *Vie de Hoche*. — (2) Id., *Ibid*.

hommes que je tue à Charette, j'en fais revêtir des chasseurs à cheval parlant la langue du pays, et les paysans trompés déclarent tout ce qu'ils savent (1). »

Dans le même temps, un prêtre vend le secret des dernières munitions de Charette cachées dans les forêts des Essarts et des Gats : « 64 barils de poudre de 100 livres chaque, onze caissons de balles à fusils et deux forges de campagne (2). »

Le 20 février, « le chef de brigade Lefranc rencontre le chef de division Le Moëlle, le bras droit de Charette, le tue et met le peu de brigands qui l'accompagnent en déroute (3). »

Le 21, « Travot atteint Charette, qui avait réuni environ 150 cavaliers et 50 fantassins, tombe sur cette troupe et la taille en pièces ; 40 hommes au moins restent sur le carreau, et plus de 50 chevaux sont pris. Sur l'un d'eux on trouve un porte-manteau de Charette contenant sa correspondance avec le comte d'Artois, les émigrés de Vienne et les autres chefs royalistes ; le reste de la troupe se sauve en désordre (4). »

Le 22, « le commandant du cantonnement de Légé, instruit qu'un chef nommé Dabbaye était dans

---

(1) Bergounioux, *Vie de Hoche*. — (2) Corr. *Lettre de Hoche à Carnot. 19 février 1796.* — Id. *Lettre de Hoche au Ministre de l'Intérieur. 2 février 1796.* — (3) Moniteur. *Hédouville au Ministre de la guerre.* — (4) Moniteur.

les environs avec quelques cavaliers, marche au lieu indiqué, surprend la bande, tue quelques hommes et prend Dabbaye avec 17 chevaux (1). »

Ces défaites répétées, ces pertes continuelles semblaient glisser sur l'âme de Charette qui paraissait y rester insensible, et attendre tranquillement que son tour arrivât. Mais il n'en était pas de même de ses lieutenants ; ils avaient trop présumé de leurs forces le jour où, dans un enthousiasme irréfléchi, ils lui avaient juré de lui rester fidèles jusqu'à la mort ; ils voyaient avec effroi ce moment approcher. Déjà plusieurs s'étaient soumis à la république ; les autres inclinaient à les imiter.

Une nuit, que l'on campait dans un bois, sur une terre détrempée, sans même qu'un feu de bivouac vînt ranimer des membres qu'une pluie pénétrante avait engourdis, Guérin et la Roberie, deux des officiers les plus aimés de Charette, et à cause de leurs services et à cause du souvenir de leurs frères morts en combattant, Guérin et La Roberie s'approchèrent de leur chef. Ils lui représentèrent timidement que la situation était désespérée, et que vouloir la soutenir plus longtemps, c'était tenter Dieu. Il n'y avait plus qu'à accepter les propositions de Hoche. Charette les laissa parler, et, pour toute réponse, leur commanda d'aller faire relever les

(1) Moniteur.

sentinelles. Bientôt ils revinrent ; les sentinelles avaient disparu ; ils n'avaient plus trouvé que leurs armes. « C'est bien, reprit froidement Charette ! »

On avait envoyé cinq cavaliers dans les environs chercher des vivres ; un seul retourna au bivouac : « Toutes les portes lui avaient été fermées ; ses camarades l'avaient quitté pour faire leur soumission. » — Tu pouvais les suivre, lui dit Charette, je ne retiens personne. »

Et il donna encore l'ordre à Guérin et à La Roberie de faire relever les sentinelles mises à la place de celles qui avaient déserté. Cette fois encore le poste était abandonné. Alors Guérin et La Roberie crurent qu'ils pouvaient se montrer plus pressants pour faire renoncer Charette à une plus longue résistance. Il les écouta sans les interrompre ; mais, quand ils eurent fini, il marcha sur eux comme s'il voulait les frapper, et les outragea l'un et l'autre, en rappelant la mémoire de leurs frères morts glorieusement pour la cause. Il avait réuni le petit nombre de soldats qui lui restaient : « Je chasse ces deux lâches qui me proposent de me déshonorer en me soumettant à la république ! » « Le général Travot dit, qu'au moment où ces paroles furent prononcées, La Roberie arma un de ses pistolets et le dirigea contre

Charette, mais que Guérin s'empara de l'arme et empêcha le coup de partir (1). »

Guérin, La Roberie et plusieurs cavaliers s'éloignèrent à l'instant. Charette les fit poursuivre, mais déjà ils étaient hors d'atteinte. « Ils gagnèrent le bourg de Vieillevigne, occupé par un poste républicain et où se trouvait en ce moment l'adjudant-général Auguste Mermet. Guérin, accablé de douleur, se borna à faire sa soumission ; menaces ni promesses ne purent le forcer à donner le moindre renseignement sur la position de Charette. Il ajouta même que s'il lui fût resté une seule chance de sauver son général, aucune considération n'aurait pu le déterminer à se séparer de lui. En le quittant, Guérin espérait, disait-il, donner un exemple qui serait suivi par tous, et forcer Charette, resté seul, à cesser une lutte insensée (2). »

Mais La Roberie était arrivé à Vieillevigne le cœur ulcéré ; il ne parlait de Charette que l'insulte à la bouche ; il confirmait, en les répétant, les accusations dont l'esprit de parti chargeait ce chef malheureux ; il alla même, dit-on, jusqu'à promettre d'aider à le faire prendre.

Quelques paroles imprudentes, échappées sans doute dans la colère, devinrent le germe des calom-

(1) Bergounioux, *Vie de Hoche*. — (2) Id., *Ibid.*

nies qui depuis ont empoisonné sa vie, contre lesquelles il n'a cessé de s'élever, et qui, vieillard, lui arrachaient encore des larmes. On a prétendu que La Roberie ne s'était pas contenté de promettre, qu'il avait joint l'effet aux paroles, avait pris l'habit d'un hussard, qu'il s'était mis à la tête des colonnes, et qu'étonnant les républicains, les révoltant même par l'âpre ardeur avec laquelle il poursuivait son ancien général, dans le dernier combat que livra Charette, quand un déserteur prenant son chapeau attirait sur lui les coups, qu'un autre, chargeant Charette épuisé sur son dos, l'emportait loin du combat, que, dans cette émulation de dévouement pour le chef vendéen, La Roberie, lui, avait crié aux républicains que le panache du déserteur entraînait : « Ce n'est pas Charette, le voilà, il fuit du côté de la Chaboterie (1) ! »

Heureusement, pour la mémoire de La Roberie, une lettre de Hoche prouve la fausseté de ces accusations.

« Ils étaient au combat du 21, Guérin, La Roberie et leurs cavaliers, dit-il; le 21 ils étaient armés contre la république, et le 25, ils sont venus implorer la clémence nationale.

» Ils sont accueillis par le commandant de Vieillevigne, qui, persuadé de leur bonne foi, me les

(1) Bergounioux.

amène. Moi-même, content de voir des Français se rallier au nom de la patrie, je leur donne la permission de rester sous la surveillance du commandant auquel ils avaient promis de faire prendre Charette, quand plusieurs des habitants des campagnes, de ceux mêmes qui les avaient suivis dans les combats, accourent et m'avertissent de n'être pas confiant ; d'autres assurent qu'il se trame quelque chose du côté de Saint-Philibert ; ces notions, qui donnent lieu à mille réflexions, me rappellent la trahison de la pacification, les paroles de paix d'Amédée Béjary, la nouvelle perfidie de Charette.... L'ordre est parti ; l'adjudant-général Simon est chargé d'arrêter à Vieillevigne La Roberie, Guérin et leurs cavaliers, avant qu'ils puissent faire mauvais usage de leur permission. »

« Si les raisons d'Etat, ajoute Hoche, doivent être entendues, c'est surtout dans cette circonstance. La Roberie et Guérin ont perdu naguère leurs frères aînés qu'ils ont cherché à venger et qu'ils auraient vengés au détriment de la république. A la paix générale, il sera possible de les mettre en liberté (1)... »

Le 1er mars, Hédouville, dans son rapport au ministre de la guerre, annonce que : « Ils sont retenus par mesure de sûreté. »

Ils avaient été conduits au château de Saumur.

(1) Correspondance. *Lettre du 25 février* 1796.

La Roberie n'était plus dans le Bocage, lorsqu'un mois après Charette y fut pris.

Le jour même où la défection de Guérin, de La Roberie et de leurs cavaliers aurait dû l'accabler, ce chef indomptable ordonnait un rassemblement. Travot l'apprend. « Dès que la nuit est venue, il part, mais malgré la rapidité de sa marche, quand il arrive, le rassemblement est déjà effectué. Charette est parvenu à réunir quatre cents hommes d'infanterie et cent vingt cavaliers, près de l'Echauffetière, sur les confins de la forêt des Grandes-Landes. Travot n'a avec lui que vingt-cinq chasseurs, il ne peut songer à prendre l'offensive; mais, faisant prévenir les postes de Légé, Palluau, Aizenay, Beaulieu et Saligné, qui forment autour de Charette une enceinte dont ils gardent les issues, à la tête de trois cents grenadiers et de cinquante chevaux qu'on lui amène, il court à la rencontre du rassemblement qu'il n'a pu prévenir, et le surprend dans une sécurité profonde. Voyant, aux premiers coups de fusil, Charette s'éloigner avec ses cavaliers, Travot laisse l'infanterie ennemie à la disposition de la sienne, et, suivi de ses chasseurs, il s'élance à la poursuite de Charette. Charette s'enfonce dans la forêt de Touvois; Travot s'y enfonce après lui, la traverse et le suit l'épée dans les reins jusque dans les landes de l'Echauffetière, où ses chevaux réduits le forcent à s'arrêter. C'est dans cette surprise que furent tués Charette l'aîné, Beaumal, commandant de la cavalerie, le chevalier de La Jaille et l'inspecteur-général de l'armée, l'abbé Reinaud. C'est à peine si les royalistes avaient essayé de résister aux républicains. Le départ de Charette avait fait perdre contenance à sa troupe ; soixante fantassins, une dizaine de cavaliers étaient restés sur le champ de bataille (1). »

« Citoyens, écrit Hoche au Directoire, encore une déroute de Charette qui a tenté son dernier effort ; j'ai lieu de croire que c'est la dernière ; Travot lui a tué 65 hommes, le 28 février, dans la paroisse de Froidefonds. Ne pouvant le poursuivre, tant sa cavalerie était fatiguée, il l'a abandonné, ainsi que les 12 ou 15 cavaliers qui accompagnaient ce chef de rebelles. Travot pense qu'il sera contraint de se déguiser pour échapper aux recherches de nos patrouilles (2). »

Le vide continuait à se faire autour de Charette, soit par la mort, soit par l'abandon : « Lecouvreur, chef de l'une de ses divisions, écrit Hoche au général Chérin, vient récemment de se rendre ; un autre, nommé Mesnard, a été tué incessamment (3). »

Cependant, depuis sa dernière déroute, Charette

---

(1) Bergounioux, *Vie de Hoche*. — (2) Moniteur. *Lettre du 6 mars* 1796. — (3) Corr. *Lettre du 4 mars* 1796.

avait comme disparu. Travot n'en entendait plus parler. « Le 5 mars, mande-t-il à Hoche, je me suis décidé à me mettre en marche, dans l'espoir d'employer cette journée à me procurer quelques indices et de diriger ensuite ma marche d'après ce que j'aurais appris. Je n'avais avec moi que peu de cavalerie et une cinquantaine de chasseurs des montagnes. Arrivé près le château de la Glossetière, paroisse de Froidefonds, entre deux taillis, j'ai rencontré quinze à vingt brigands à pied, qui, dès qu'ils m'ont aperçu, et sans tirer un seul coup de fusil, se sont mis en fuite et se sont jetés dans l'un des taillis. Après avoir pris mes dispositions pour y en atteindre le plus que je pourrais, j'ai, à plusieurs reprises, fait fouiller ce petit bois par mon infanterie. Quatre de ces brigands y ont été tués, et les autres se sont échappés tout dispersés.

» Le 6, à une lieue de là, j'en ai encore atteint deux. C'est à ce moment que j'ai su que Charette était du nombre de cette infanterie, et qu'il s'était échappé du bois avec son domestique et un autre individu seulement. Cela m'a d'autant plus surpris, que je n'aurais jamais cru qu'il était forcé d'aller à pied (1). »

Charette, pour se cacher plus facilement, avait abandonné ses chevaux; il n'avait plus avec lui que

(1) Moniteur. *Lettre de Travot à Hoche.* 8 *mars* 1796.

quelques hommes, et encore ces derniers compagnons, il était réduit à s'en défier. Tant d'autres qu'il croyait lui être solidement attachés l'avaient quitté! La pensée de la mort, sans cesse présente à son esprit, l'assombrissait: l'abandon de ceux de ses officiers qu'il aimait le plus, la trahison dont il se sentait enveloppé, le rendait soupçonneux et cruel. Une nuit, qu'il avait échappé à deux colonnes, il lui vint à l'esprit que le curé de la Rabâtelière, ce même prêtre dont peu de temps avant il s'était servi pour s'entendre avec Hoche, pouvait bien servir d'espion aux républicains, et il envoya plusieurs de ses soldats qui le saisirent avec sa servante et un ouvrier, les entraînèrent dans le cimetière, et là les fusillèrent (1).

Deux ou trois jours après, sur de simples soupçons, Charette fit également fusiller le père et le fils à la Contrie.

Par ces exécutions, il croyait assurer son salut, il ne faisait qu'avancer sa perte. Les habitants, pleins de terreur, commençaient à souhaiter d'être débarrassés de lui; ils aidaient, au moins de leurs vœux, les républicains à le prendre.

Le 23 mars, on savait où était Charette. Grigny, chef d'état-major de la division du sud, avait couvert le pays d'embuscades et de troupes, et mis tous les

(1) Moniteur. *Lettre de Travot.* 8 *mars* 1796.

postes, tous les cantonnements en mouvement (1). L'adjudant-général Valentin le premier rencontra Charette, vers neuf heures du matin, entre la Guyonnière et les Sablans. Charette n'avait que 50 hommes, il ne pouvait soutenir la lutte contre les cent grenadiers de Valentin; il voulut fuir, mais les républicains lancés après lui le poussèrent pendant deux heures et demie, et l'espace de six lieues, la baïonnette dans les reins, et vingt fois sur le point de le saisir : « Il court comme un lapin, écrit Valentin (2). »

Charette échappait encore à ses ennemis épuisés, lorsqu'un dernier coup de fusil fit pousser aux républicains un cri de victoire : le panache blanc si connu du chef vendéen venait de tomber. Mais l'homme qui avait été abattu n'était pas Charette, c'était un Allemand, un déserteur qui, voyant le péril de son général, lui avait donné son chapeau, avait pris le sien, s'était dévoué et mourait pour lui. Charette, pendant ce temps, se cachait. Encore une fois il paraissait sauvé !

Depuis quatre jours Travot battait le pays sans rien trouver; il s'en retournait à Pont-de-Vie, reprendre des vivres et se reposer, lorsque deux de ses

---

(1) Collection d'autographes de M. E. Dentu. *Lettre de Grigny du 23 mars 1796.* — (2) Ibid. *Lettre de Valentin du 23 mars 1796.*

éclaireurs virent, à travers un taillis, des armes briller. Le général, prévenu, accourut : c'était la troupe de Charette qui défilait sur deux rangs : Travot lança son cheval à toute bride et traversa les rangs cherchant Charette : il n'était pas avec ses hommes. Alors Travot fit avancer son infanterie et la mit à la poursuite des Vendéens qui fuyaient. « Ils furent bientôt atteints, dit un lieutenant de la colonne de Travot, et sur trente-sept qu'ils étaient, il ne s'en sauva que quatre et encore ne sait-on comment. Notre général dispersa ses hommes à cheval sur tous les chemins pour chercher le principal chef. Deux chasseurs à cheval passant à côté d'un petit bois ou pour mieux dire d'un marais, aperçurent un jeune homme qui en sortait sans armes et sous la livrée d'un domestique ; ils l'atteignirent et le sommèrent de dire où était Charette. Le jeune homme se défendait, en disant qu'il ne l'avait pas vu, mais quelques coups de plat de sabre lui firent avouer qu'il était dans le marais d'où ils l'avaient vu sortir ; ils retournèrent sur leurs pas avertir le général. On y fit entrer trois ou quatre hommes à pied pour le fouiller. Charette fut découvert par un caporal des chasseurs des montagnes qui composaient notre infanterie. Travot, notre général, l'aperçut et défendit de tirer dessus. Le caporal l'atteignit par les basques de sa veste et cherchait à l'arrêter; mais Charette, qui dans ce moment avait perdu la tête, courait toujours et entraînait celui qui le tenait. Il voulut franchir une haie, tomba dedans et y resta. On l'en retira sans connaissance. On le fit revenir en lui jetant de l'eau sur la figure. Les premières paroles qu'il prononça furent pour demander qui l'avait pris. On lui répondit : Travot. — Tant mieux, dit-il, il n'y avait que lui digne de me prendre. Il était armé d'une carabine et de deux pistolets qu'il avait déchargés dans l'affaire (avec Valentin). Il avait pour habillement une petite veste grise, à retroussis ornés de quatre fleurs de lis en or, un pantalon de tricot, un gilet rose, une ceinture de taffetas blanc avec une frange en or aux deux bouts, des bottines, un chapeau rond et un mouchoir dessous. Il avait été atteint d'une balle qui lui avait glissé au-dessus de l'œil gauche, et blessé au bras gauche de sa carabine qui avait crevé (1). »

Travot entoura son prisonnier de tous les égards. Charette, épuisé de ses fatigues et de ses blessures, pouvait à peine se tenir debout; on lui amena un cheval et on le conduisit au château de Pont-de-Vie. Là, il passa la nuit à refaire ses forces par une nourriture substantielle que depuis plusieurs mois

(1) Récit d'un lieutenant de la colonne qui prit Charette. (*Mémoires politiques et militaires pour servir à l'histoire de la révolution*).

il ne connaissait plus, et à causer sur toute espèce de sujets avec la plus grande liberté d'esprit. Le lendemain, Travot partit avec son prisonnier pour Angers. Déjà on y savait l'importante capture qu'il avait faite. Grigny, informé de la prise de Charette, avait aussitôt écrit à Hoche : « Charette est entre nos mains; ci-joint copie de la lettre que m'écrit Valentin. C'est lui qui l'a chassé à vue toute une journée comme un cerf; il est tombé entre les mains de Travot ne pouvant plus se soutenir..... En vérité nous sommes fous de joie depuis cette bonne nouvelle (1). »

Hédouville, de son côté, s'empresse de l'annoncer au gouvernement : « Citoyens directeurs, vive la république! Charette est pris : on le conduit ici, où il arrivera ce soir ou demain matin; conformément à la loi, il sera jugé de suite..... Le général Hoche le faisait poursuivre avec une activité vraiment étonnante, et il était bien fondé à vous annoncer qu'il ne tarderait pas à tomber en notre pouvoir (2). »

Hédouville, comme Travot, avait trop de délicatesse pour vouloir faire injure à un ennemi vaincu; cependant, dans son empressement à récompenser Travot, il lui remit devant Charette le brevet de général de brigade que le ministre accordait à ses ser-

(1) Collection d'autographes de M. Dentu. *Grigny à Hoche.* 23 mars 1796. — (2) Ib. *Hédouville au Directoire.* 24 mars 1796.

vices. Travot hésita un instant à l'accepter; il lui semblait que c'était le prix du sang. Hoche aussi blâma Hédouville : « On ne récompense pas, lui dit-il, le vainqueur devant le vaincu que l'on veut honorer (1). »

Ce n'était pas à Angers que Charette devait subir sa peine; on le mit sur un chasse-marée qui descendit la Loire et le conduisit à Nantes. Charette n'y trouva pas les mêmes égards qu'à Angers. Un général Duthil, qui ne s'était jamais rencontré en face de lui dans les combats, l'abreuva d'outrages. Pendant toute une journée il le promena dans les rues comme une bête curieuse, et, par un raffinement de barbarie, il le fit passer sous les fenêtres de la maison où s'était retirée sa sœur et le reste de sa famille. Mais Charette, calme sous l'injure, avait un regard plus assuré qu'un an auparavant, quand, après la pacification, il parcourait cette même ville comme en triomphe. Un moment pourtant, la douleur sembla l'emporter en lui sur la résignation, et se tournant vers les officiers républicains : « Messieurs, leur dit-il, si je vous avais pris, je vous aurais fait fusiller sur-le-champ! »

Le lendemain on le conduisit à la place Viarme, au milieu d'un cortége militaire imposant. Avant de mourir, il parla en faveur du général Jacob, retenu

(1) Bergounioux, *Vie de Hoche*.

en prison pour avoir fui devant lui : « Il s'est conduit comme un homme de cœur, dit-il, mais j'avais avec moi mes meilleurs soldats, et il commandait aux plus mauvais de la république. » Ensuite il se plaça à l'endroit qu'on lui désigna, repoussa le bandeau qu'on lui présentait pour couvrir ses yeux, mit la main sur son cœur, et s'adressant aux soldats qui abaissaient déjà leurs fusils : « Visez bien, dit-il, c'est ici qu'il faut frapper un brave ! » Le coup partit, et Charette s'affaissa sur lui-même et tomba. Il avait 33 ans (1).

En apprenant la prise de Charette, Hoche écrivit d'Alençon, où il était, de lever l'état de siége dans le département de la Vendée et dans la partie des départements de Maine et Loire et Loire-Inférieure, qui se trouvaient sur la rive gauche de la Loire. « Cette réputation de moins, dit-il, assure la tranquillité de la république (2). »

Cependant si Rezeau, si Cailleau, les derniers divisionnaires de Charette, leur chef mort, se rendaient (3), Vasselot, sur le territoire de Sapinaud, d'Autichamp, dans les anciens cantonnements de Stofflet, essayaient de rallumer la guerre. Vasselot, battu, tomba entre les mains des républicains et fut fusillé. Quant à d'Autichamp, avec 150 déserteurs

---

(1) Lebouvier-Desmortier, *Vie de Charette*. — (2) Corr. 27 *mars* 1796. — (3) Savary. *Grigny à Hoche*. 31 *mars* 1796.

qu'il avait réunis, il parcourait les campagnes. Mais les habitants, rassurés sur les intentions du gouvernement par les proclamations du général en chef, confiants dans ses promesses, tranquillisés par l'ordre et la discipline qu'ils voyaient garder aux troupes, maintenus d'ailleurs par leurs prêtres que Hoche avait su se concilier, s'étaient remis à leurs travaux et ne voulaient plus de la guerre. Aucun ne répondit à l'appel qu'on leur faisait. D'Autichamp lui-même, malgré les pompeux rapports qu'il adressait au comte d'Artois, aux ministres anglais, et dans lesquels il ne cessait de vanter l'état prospère de son armée, son ardeur, ses succès, avouait dans une lettre à son oncle l'abandon où le laissait le pays.

« Mon armée est pour le moment dans la plus grande désorganisation, et envahie de toutes parts par les bleus. Ces coquins travaillent les esprits dans tous les sens, et malheureusement ils ont réussi à se faire de grands partisans dans le clergé..... Je suis loin de me désespérer, surtout si les prêtres veulent nous seconder un peu, et il est possible de les ramener (1). »

L'abbé Bernier avait, de sa propre autorité, installé d'Autichamp à la place de Stofflet; un instant

(1) Savary. *Le chevalier d'Autichamp au marquis d'Autichamp.* 29 mars 1796.

il avait espéré que ce chef, jeune, ardent, brave, relèverait le parti. Nommé agent-général de toutes les armées catholiques auprès du gouvernement anglais, il avait envoyé en avant son secrétaire le chevalier de la Garde, et était resté dans la Vendée pour servir de toute son influence et de ses talents, le général qu'il avait fait. Mais quand il vit la situation désespérée, il ne pensa même plus à aller à Londres occuper un poste inutile, il demanda à Hoche un passeport et partit pour la Suisse, emportant, dit Hédouville, les derniers fonds de l'armée catholique et des traites pour 200,000 francs (1).

De leur côté, d'Autichamp, son ami Bernetz et les frères Sapinaud ne tardèrent pas à faire leur soumission.

Il n'y avait plus de chefs dans le pays; la guerre qui le dévorait depuis trois ans, qui avait failli être fatale à la république, cette guerre terrible que rien ne semblait pouvoir étouffer, était enfin finie, grâce à l'activité, à la vigueur, et surtout à l'adresse du général Hoche.

La Vendée vaincue, c'était le tour des chouans.

(1) Moniteur. *Bulletin de l'armée des côtes de l'Océan.* 21 *mai* 1796.

CHAPITRE X.

Etat de la chouannerie. — Les troupes de la Vendée passent la Loire. — Hoche vient en aide au général Leveneur. — Soumission de tous les départements insurgés dans l'Ouest.

La chouannerie, depuis que Hoche avait quitté l'armée de Brest pour passer à celle de l'Ouest, avait fait de grands progrès. Elle avait achevé de s'emparer de la Bretagne, s'était encore étendue dans le Maine et la partie de l'Anjou qui est au nord de la Loire, et avait envahi presque toute la Normandie; elle formait trois grandes armées sous les ordres de Scépeaux, de Frotté et de Puisaye.

Puisaye, après le désastre de Quiberon, était revenu en Bretagne. Il s'occupait d'y rétablir son autorité ébranlée, lorsque la défection la plus grave menaça de le ruiner entièrement.

Georges Cadoudal commandait dans le Morbihan. A l'époque où le comte d'Artois était descendu à l'Ile-Dieu, il y avait envoyé son second, Mercier dit la Vendée. Les confidents du prince qui n'aimaient pas Puisaye, circonvinrent ce jeune homme, jetèrent dans son esprit des doutes sur la loyauté du chef de la Bretagne, que, par des insinuations, ils lui représentaient comme l'agent des Anglais, bien plus que comme celui du roi, et en vinrent à lui persuader que ce serait être agréable au comte d'Artois que de l'en débarrasser.

De retour au quartier de Cadoudal, Mercier lui fit partager toutes les préventions dont il était rempli contre Puisaye; peut-être que des idées ambitieuses, l'espoir de succéder à son autorité et à son commandement sur toute la Bretagne, contribuèrent encore à faire voir à Cadoudal un traître dans celui auquel, jusque-là, il avait aveuglément obéi. Il convoqua un conseil de guerre, l'y fit juger et condamner à mort (1).

Puisaye en appela aux autres divisions et aux autres armées royalistes. Il fut, par elles, déclaré innocent et confirmé comme chef de la Bretagne (2).

Quelque temps Cadoudal persista dans sa rebel-

(1) Le comte de Vauban, *Mémoires*. — (2) Correspondance des chefs royalistes. *Lettres de Puisaye*.

lion, mais à la fin il se désavoua, dit qu'il avait été trompé et demanda à Puisaye d'oublier ses torts envers lui.

Ces embarras levés, Puisaye se remit, avec plus d'ardeur que jamais, à étendre, organiser, diriger l'insurrection ; il renoua ses relations avec les ministres anglais, en obtint de nouveaux secours, et, s'entendant avec les chefs des autres armées, il leur fit comprendre combien il serait avantageux à leur cause qu'elle fût représentée à Londres. Il venait de faire choisir l'abbé Bernier comme agent-général des royalistes, pour résider auprès du gouvernement anglais et des ambassadeurs des puissances en guerre contre la république, lorsque la mort de Stofflet et de Charette lui jeta sur les bras de nouvelles troupes, toute une armée, l'armée de l'Ouest.

En effet, la Vendée soumise, Hoche fit passer la Loire aux bataillons qui la couvraient, et les appela contre les chouans.

« Accourez, leur disait-il dans un ordre du jour, accourez, soutiens de mon pays, destructeurs de l'hydre vendéenne ; accourez et venez embrasser des frères dignes de vous, venez triompher avec eux ; qu'une charge générale soit battue de l'Orne au Finistère, de Nantes à Granville (1). »

(1) Correspondance. *Ordre du jour.* 4 avril 1796.

Et dans une proclamation aux habitants : « Il était aguerri ce peuple redoutable qui vous donna l'exemple de la révolte ; ses exploits étaient sans nombre ; ses chefs, fameux dans l'Europe entière, semblaient n'avoir qu'à ordonner la victoire ; leurs armes, trempées mille fois dans le sang par la rage et le fanatisme, devaient relever le trône ! Quelle a été l'issue de ces projets insensés, criminels ? La mort, le désarmement, et, en dernière analyse, la soumission..... Quatre mois d'hiver ont suffi pour terminer la guerre. Habitants de ces contrées ! vous croyez-vous plus braves que ces Vendéens dont le passage de la Loire, seul, aurait fait trembler tous autres qu'eux ? Quels sont vos chefs ? Possèdent-ils les talents de d'Elbée, l'aménité de Bonchamp, le courage de Stofflet, l'activité, la ruse et les connaissances locales de Charette ? Vous n'êtes pas à moitié armés, vous ne devez vos munitions qu'à des trahisons, à des connivences qui ne vont plus exister, vos agents étant arrêtés ou poursuivis. Eh bien, en admettant toutes les suppositions que je viens de faire, en admettant que vous ayez des armes, et des munitions, que vos chefs ne soient pas d'ignorants flibustiers, en admettant que votre valeur égale celle des Vendéens, pourquoi ne seriez-vous pas vaincus et désarmés comme eux ? Prenez-y garde, les légions approchent. Hâtez l'instant du repentir..... Déposez ces armes funestes; venez à nous, vivons ensemble sous les mêmes lois (1)...... »

En même temps il renouvelait ses instructions aux commandants et chefs de corps : « A quoi servent les cantonnements? leur écrivait-il..... Formez de bonnes colonnes mobiles qui, de nuit et de jour, soient sur les talons des chefs chouans..... Ne perdez aucune occasion de vous procurer des renseignements sur les repaires, les desseins et les magasins de nos ennemis. Remarquez que tel que vous avez négligé de consulter jusqu'à ce moment, par ses rapports avec les campagnes, son commerce, ses métayers, aurait pu vous donner, sinon par patriotisme, au moins par intérêt, par amour de la paix, d'utiles et précieux indices. N'avez-vous pas vu, dans la Vendée, plusieurs prêtres succomber sous les coups du féroce Charette? Quels pouvaient donc en être les motifs? Ne le devinez-vous pas?..... C'est particulièrement dans cette guerre que la baïonnette ne doit être regardée que comme un moyen secondaire. Les marches, celles de nuit sont les meilleures, et la bonne conduite des troupes, sont les armes les plus dangereuses que nous puissions employer contre le royalisme; rien n'y résiste; que sera-ce si vous ajoutez un peu de politique, si vous mettez dans vos démarches ce liant si nécessaire? Le Français a

(1) Correspondance. *Proclamation de Hoche.* 8 *avril* 1796.

besoin d'aimer, il est naturellement sensible et confiant; un mot lui fait oublier et les maux et les injures. Les campagnards que le régime révolutionnaire a éloignés de nos villes, y accourront au moment même où ils croiront y trouver la sûreté, la liberté et les bons traitements que nous devons prodiguer sans cesse. Eh! dussent vos travaux n'être pas couronnés de succès, faites plutôt dix ingrats que cent mécontents. Cependant point de faiblesse..... Je ne saurais trop rappeler que le désarmement général est l'unique but que nous devons nous proposer (1)..... »

D'un autre côté, il écrivait au Directoire : « Punissez les citoyens rebelles aux lois, mais ne vous mêlez pas du culte. On guillotine des prêtres à Vannes tous les jours! tous les jours aussi les vieilles femmes et les jeunes garçons viennent tremper leurs mouchoirs dans le sang de ces malheureux, et bientôt ces monuments d'horreur servent de drapeaux aux fanatiques habitants des campagnes, qui se font égorger afin d'aller plus vite en paradis (2)..... »

« Si vous n'êtes tolérants, nous ferons la guerre ; nous tuerons des Français devenus nos ennemis, mais cette guerre ne finira pas (3)... »

(1) Correspondance. *Instruction de Hoche.* 7 avril 1796. —
(2) Ibid. *Lettre du 14 avril* 1796. — (3) Ibid. *Hoche au Ministre de la police.* 12 juin 1796.

« ... Surtout, car j'y reviens toujours, que votre arrêté soit exécuté, n'en départez pas (1)... »

Les mesures de Hoche venaient d'amener de trop heureux résultats en Vendée, pour n'y avoir pas pleine confiance : le Directoire confirma tous ses pouvoirs, rendit tous les décrets qu'il demanda, sûr qu'il viendrait aussi à bout des chouans.

Hoche ne se contentait pas de donner des ordres, il en surveillait, il en pressait l'exécution Pour exciter le zèle, l'animer, le soutenir, il était sans cesse en mouvement. Il allait de Rennes à Vannes, de Vannes à Saint-Brieuc, et de Saint-Brieuc à Laval.

Un jour que, dans une de ces courses, il passait non loin de la demeure de son protecteur d'autrefois, le général Leveneur, il crut qu'il pouvait, un instant, se dérober aux affaires publiques pour satisfaire ses affections privées. Il laissa sa voiture et son escorte gagner Alençon, et lui suivi seulement de quatre chasseurs se dirigea vers le bourg de Carrouge. Il arriva juste à point pour rendre service à son vieil ami.

Le général comte Leveneur, forcé par les soupçons inquiets de la révolution de remettre dans le fourreau une épée qu'il n'avait tirée que pour la défendre, était revenu chez lui, en Normandie. Là,

(1) Correspondance. *Hoche au Directoire.* 5 *avril* 1796.

dans un vieux château, au fond des bois, il avait été oublié de la Terreur. Pour nourrir sa famille, autant que pour s'occuper, il faisait valoir des forges qui lui appartenaient. Il travaillait à fabriquer du fer, quand tout à coup sa tranquillité qu'il croyait désormais assurée, fut encore compromise. Le gouvernement lui enlevait une partie de ses ouvriers pour les envoyer aux frontières : c'était des jeunes gens de la réquisition.

L'ordre qui, en suspendant les travaux du général Leveneur, le menaçait de la gêne et peut-être de la ruine, avait été sollicité par un de ses fermiers devenu agent national. Cet homme non content de ne point lui payer ses fermages, sous le prétexte qu'il ne fallait laisser à un *modéré*, aucun moyen de corruption, voulait encore lui enlever jusqu'aux ressources qu'il s'était créées. Le plus heureux hasard amenait au général Leveneur son ancien aide-de-camp. Il n'hésita pas à s'adresser à lui.

Hoche n'était pas seulement attaché au général Leveneur par les souvenirs déjà lointains d'un patronage affectueux ; depuis leur séparation ils n'avaient cessé d'être en relation : ils s'écrivaient souvent.

Hoche tenait le général Leveneur au courant de tous les événements de sa vie ; il lui parlait de ses espérances, de ses joies, sans lui cacher ni ses découragements, ni ses chagrins, lui demandait avis dans les circonstances difficiles, lui adressait ses proclamations, ses discours, les vers et les chansons patriotiques qu'à l'occasion il composait, et même s'entretenait avec lui de littérature, d'Horace, du vieil Homère et de Montaigne que Hoche trouvait chaque jour *plus appétissant* (1).

En retour, il en recevait des exhortations qui le relevaient aux moments de défaillance :

« Vous êtes dans le chemin de la gloire, il n'est pas seulement plein de périls : comme celui du ciel, il est parfois semé de ronces et d'épines (2). » Ou des conseils tempérés par la plus paternelle bonté :

« Vous savez que j'ai un faible dont je ne guérirai jamais, c'est de me croire intéressé à tout ce qui vous arrive. Je mets mon orgueil dans votre gloire ; je me réjouis de vos succès comme s'ils étaient les miens (3). »

Ou enfin des remerciements du tour le plus aimable :

« J'ai reçu hier votre lettre, cher général, ainsi que votre proclamation et la chanson patriotique qui l'accompagne : la proclamation très-bien écrite, puisqu'il faut vous dire mon avis, a été remise aux autorités constituées ; mes enfants chantent votre

(1) Bergounioux, *Vie de Hoche*. — (2) Id. — (3) Id.

chanson, et votre lettre est dans mon cœur. Chaque chose ne se trouve-t-elle pas à sa place? (1). »

Aussi, du moment que le général Leveneur eut réclamé son secours, Hoche prit en main ses intérêts avec plus de chaleur qu'il n'eût fait pour les siens propres, et, s'appuyant sur un arrêté qui autorisait les directeurs de forges à conserver un certain nombre de jeunes gens de la première réquisition, pour les besoins de l'usine, de sa propre autorité, il suspendit la mesure qui atteignait son ami : « Les jeunes gens déjà prêts à partir pour rejoindre les armées, reprirent sous les yeux mêmes de Hoche leurs travaux accoutumés : ils entendirent de sa bouche, l'éloge du patriotisme, des talents, du courage de leur patron auquel il ne cessa de donner les marques du plus respectueux dévouement (2). »

Mais l'agent national dénonça Hoche et le fit dénoncer par un de ses pareils, agent secret du gouvernement. Du ministère de la guerre, du ministère de la police, on demanda à Hoche des explications (3) :

« L'agent national, répondit Hoche au Directoire est un ennemi public. Quelle est donc la mission des agents du gouvernement? N'est-ce pas de le

---

(1) Bergounioux, *Vie de Hoche*. — (2) Id. — (3) Corr. *Lettre de Hoche au Ministre de la guerre.* 2 *avril* 1796. — *Lettre de Hoche au Ministre de la police.* 15 *mai* 1796.

faire aimer ? Or, celui d'entre eux qui se porte à des violences inutiles n'est-il pas son ennemi ? Petit, envieux et lâche, tel est l'agent national. On pourrait donner des brevets de civisme à ceux qu'il a dénoncés, uniquement parce qu'il les a dénoncés : il est de ceux dont les accusations honorent....

» Quant à ce qui m'est personnel, le fait est vrai. J'ai été avec quatre chasseurs voir l'homme qui a le plus contribué à mon éducation politique et militaire ; je l'ai embrassé : l'agent national qui affermait ses biens depuis trois ans, ne le payant point, il fallait bien que mon ami travaillât pour faire vivre sa femme et ses enfants, et c'est ce que l'agent national, violant le décret sur les usines, ne voulait pas permettre : j'ai parlé en votre nom, j'ai fait respecter la loi et de plus j'ai empêché que des voleurs lui enlevassent les armes avec lesquelles il a servi si honorablement la république à Namur, à Maestricht, à Nerwinden. Me désavouerez-vous ? Vous me le diriez que je ne vous croirais pas (1). »

Hoche avait payé sa dette à l'amitié.

Cependant, les colonnes mobiles étaient formées. A un signal donné, elles fondirent toutes à la fois sur le pays insurgé. Quand elles rencontraient une bande de chouans, suivant les instructions de

(1) Bergounioux.

Hoche (1), elles faisaient un feu nourri, attiraient les détachements voisins, puis, l'ennemi cerné, la cavalerie se jetait sur lui ; les habitants du pays qui connaissaient les sentiers, les haies, les bois parvenaient encore à s'échapper, mais les émigrés que Puisaye avait attirés d'Angleterre en grand nombre, sans leur permettre, une fois qu'ils avaient mis le pied en Bretagne de s'en retourner (2), les émigrés étaient presque tous tués ou pris. Scépeaux aux abois, sans argent, sans munitions, ne tarda pas à mander à Puisaye, qu'il ne pouvait plus continuer la guerre et qu'il allait traiter. Puisaye l'engagea au moins, à traîner les négociations en longueur de manière à profiter des circonstances dans lesquelles seules désormais, il mettait son espoir. Scépeaux essaya, en effet, de parlementer et demanda à Hoche de suspendre les hostilités.

Enfin Hoche pouvait prendre sa revanche des humiliations qu'il avait endurées lors du traité de la Mabilais : il lui répondit une lettre insultante à force de dédain :

« Jusqu'à ce moment, j'ignorais et votre existence et les pouvoirs dont vous m'annoncez être revêtu. J'ignore également ce que vous entendez par suspension réciproque d'hostilités. Peut-être êtes-vous

---

(1) Correspondance. *Hoche à Crublier et à Simon.* 30 *avril* 1796. — (2) Correspondance des généraux royalistes.

un des pacificateurs qui ont déjà trompé le gouvernement et espérez-vous obtenir les avantages qu'à tort on accorde à quelques particuliers rebelles aux lois de la république? C'est en vain. Je me charge de diriger seul l'opération du désarmement de quelques hordes prêtes à déserter leurs chefs qu'elles abhorrent. Si vous faites partie de l'une d'elles, soumettez-vous aux lois : dans le cas contraire, le sort de vos maîtres en perfidie vous est réservé et je saurai vous atteindre.... Si vous vous rendez près de moi, je sais ce qu'on doit au repentir.... (1) »

Il fallait poser les armes sans condition : Scépeaux s'y résigna.

Hoche, à ce qu'il semble, traita Georges Cadoudal avec plus de considération. Peut-être avait-il conçu quelque estime pour cette nature grossière, mais courageuse et franche :

« Vous voulez la paix, lui écrivit-il, et moi aussi, Monsieur, je la veux et je l'obtiendrai. Je vous répète qu'il me sera doux d'épargner le sang ; mais, s'il faut qu'il coule encore, je dirai, l'âme oppressée par la douleur : *Salus populi suprema lex*.

» Les articles que je vous ai fait remettre sont clairs : aucun, je crois, n'a besoin d'explication ; il n'existera sur eux aucune discussion entre vous et moi ; je désire qu'ils vous conviennent.

(1) Correspondance. *Lettre du 3 mai* 1796.

» La suspension d'armes que vous demandez comme préliminaire ne peut être accordée. Lorsqu'il s'agit de former un rassemblement, vous correspondez facilement; pourquoi ne pourriez-vous pas rassembler vos chefs au milieu des hostilités mêmes? Réunissez-les dans la commune que vous désignera l'officier que je vous envoie. Je vous réponds de sa loyauté, et qu'aucune troupe n'y entrera le jour de votre réunion. Faites rendre les armes, faites votre soumission aux lois de la république, et, au moment même, les marches cesseront. Croyez-moi, Monsieur, finissons-en (1)..... »

Cadoudal se soumit. Le 28 juin le général Quantin écrivait:

« Tout va de mieux en mieux dans les districts d'Hennebon et du Faouet, ainsi qu'à Pontivy. Georges et Allègre, chefs de chouans, se sont portés ce matin, avec l'adjudant-général Valentin, dans le district de Roche-des-Trois, pour y accélérer la remise des armes. »

Et Mermet ajoutait: « Enfin, les armes et munitions des fiers Bretons du Morbihan sont dans nos arsenaux (2). »

Frotté jugea impossible de se soutenir dans la Normandie; il entra en pourparlers avec les chefs

(1) Correspondance. *Lettre du 15 mars 1796.* — (2) Id. *Lettre du 30 juin.*

républicains et fut transporté en Angleterre avec les émigrés qu'il avait avec lui.

Puisaye se trouvait abandonné. Il essaya encore de tenir bon, mais, voyant que ses efforts étaient inutiles, que les paysans remettaient leurs armes et que dans quelques jours il serait sans défense, à la merci des républicains, il se jeta dans une barque et repassa à Jersey, attendant des circonstances une autre occasion pour reprendre l'exécution de ses projets.

La tranquillité rentrait peu à peu dans le pays; pour l'assurer, Hoche poursuivait à outrance les derniers restes des bandes qui l'avaient si longtemps troublé, et, par de fréquentes patrouilles, il faisait surveiller les côtes et empêchait de nouveaux débarquements d'émigrés.

En même temps il abdiquait une dictature dont il n'avait usé que pour le bien public, et rendait aux autorités civiles leur pouvoir.

Toutefois il avait l'œil à ce qu'aucune d'elles, par excès de zèle ou peut-être par esprit de vengeance, n'en abusât et ne rallumât des passions qui s'éteignaient. Surtout il veillait avec le plus grand soin à ce qu'on respectât la liberté de conscience et des sentiments intimes qui, à ses yeux, étaient sacrés. Prêt à sévir contre le prêtre qui aurait profité de la confiance que les habitants des campagnes avaient en lui, pour leur prêcher la désobéissance aux lois, il était disposé à soutenir de toute son influence, auprès du Directoire, ceux d'entre eux que l'on inquiétait quand ils ne faisaient qu'exercer légalement leur ministère. Ils le savaient et n'hésitaient pas, dans ce cas, à lui adresser leurs justes plaintes (1).

Cependant ces soins, qui auraient absorbé tant d'autres, déjà ne suffisaient plus à cette âme d'une activité dévorante : Hoche roulait dans sa tête de nouveaux projets ; il méditait de reporter aux Anglais tout le mal qu'ils nous avaient fait.

(1) Bergounioux, *Vie de Hoche.*

CHAPITRE XI.

Expédition d'Irlande. — Hoche, à Dunkerque, pense déjà à envahir l'Angleterre. — L'Ouest soumis, il revient à ce projet. — Difficultés. — Truguet. — Villaret-Joyeuse. — Hoche manque d'être assassiné. — L'expédition met à la voile.

Adjudant-général, commandant provisoire de Dunkerque, Hoche songeait déjà à envahir l'Angleterre. Retenu dans sa chambre par une indisposition, il écrivait à l'un des membres du comité de salut public : « Depuis le commencement de la campagne, je n'ai cessé de croire que c'était chez eux qu'il fallait aller combattre les Anglais. Cinquante vieux bataillons joints à cinquante de nouvelle levée, douze à quinze escadrons, trois compagnies d'artillerie légère, quarante pièces de position ou de siége peuvent suffire; il ne faut que de l'intrépidité et de l'amour de la liberté pour renverser Pitt..... Six mois de réflexion m'ont confirmé dans la persuasion que la descente en Angleterre ne peut être considérée comme une chimère. Un brave homme, à la tête de quarante mille autres, ferait bien du ravage dans ce pays, et forcerait les tyrans coalisés à nous demander la paix. Mais, dira-t-on, les moyens de transport? Eh! hommes pusillanimes, jusqu'à quand douterons-nous de nos forces? Couvrez la mer de bâtiments de la marine marchande : qu'ils soient armés en guerre, qu'ils forment un pont des côtes de France à la superbe Albion; point de manœuvres, point d'art, du fer, du feu et du patriotisme. Si nous sommes attaqués dans la traversée, servons-nous de boulets rouges..... Quelle règle de guerre veut-on suivre avec des barbares qui nous combattent par le poison, l'assassinat, l'incendie! Je ne demande ni place ni grade; je veux mettre le premier le pied sur la terre de ces brigands politiques (1). »

Cette expédition, dont en 1793 Hoche ne demandait à faire partie que comme soldat, trois ans après il allait la conduire en chef.

La guerre de l'Ouest n'était pas encore terminée, mais elle touchait à sa fin lorsque Hoche, par un ordre du jour, demanda, pour une mission particulière, quarante officiers d'une bravoure à toute

(1) Rousselin, *Vie de Hoche*.

épreuve et d'une bonne santé, et peu après cent vingt autres : « Ceux qui se présenteraient pouvaient compter sur un avancement et une fortune rapides (1). »

En même temps il réunissait deux mille hommes, des plus déterminés, et en formait un corps sous le nom de *légion des Francs*.

Il n'était d'abord question que de les jeter en aventuriers, sous la conduite d'un chef hardi, de Humbert, aux côtes d'Angleterre, et de laisser ensuite à leur audace le soin de les tirer d'affaire. Bien armés, pourvus de munitions abondantes, ils entreraient dans le pays, déclareraient la guerre aux riches, appelleraient à eux les pauvres, se grossiraient de tous ceux qui leur viendraient, organiseraient des bandes, feraient une guerre de partisans, causeraient tous les ravages possibles; on ne leur demandait que de faire du mal à l'ennemi; pour tout le reste, on leur laissait carte blanche (2).

C'étaient d'atroces représailles, mais la conduite de l'Angleterre à l'égard de la France, depuis le commencement de la guerre, si elle ne les autorisait, du moins les expliquait.

Cependant les derniers chefs de la chouannerie

(1) Correspondance. *Ordre du jour du 22 mai.* — *Ordre du jour du 13 juillet* 1796. — (2) Savary. *Instruction attribuée à Carnot sur l'organisation d'une chouannerie en Angleterre.*

se rendaient ; la plus grande partie des troupes employées à les combattre devenaient disponibles. Hoche résolut de se mettre à la tête d'une grande expédition et d'aller délivrer un peuple qui, tenu depuis des siècles sous le joug de l'Angleterre, frémissait impatient de le briser.

L'Irlande vivait libre, partagée entre ses tribus et gouvernée par ses rois, lorsque, vers la fin du XII° siècle, des fils de ces Normands, qui cent ans auparavant avaient conquis l'Angleterre, s'y glissèrent sous le prétexte de secourir un des chefs en guerre contre un autre chef, et, une fois dans le pays, s'y attachèrent et y restèrent.

Soutenus par les rois de la Grande-Bretagne, auxquels ils avaient par avance fait hommage de tout ce qu'ils pourraient prendre, ils s'avancèrent peu à peu et finirent par asservir la contrée. Dix fois, et sous Henri II, et sous Jean-sans-Terre, et sous Henri VIII, et sous Élisabeth, et sous Charles II, et sous Guillaume d'Orange, les Irlandais essayèrent de briser les chaînes que ces étrangers leur avaient apportées, dix fois ils retombèrent écrasés sous de plus lourdes. Les Anglais les chassèrent de leurs terres, de leurs demeures, s'emparèrent de leurs biens, réduisirent leurs personnes en esclavage, les tourmentèrent à cause de leur religion, ne leur laissèrent pas même élever leurs enfants à leur gré, et leur enlevèrent jusqu'au droit et aux moyens de faire entendre les plaintes qu'une oppression de tous les instants leur arrachait (1). L'Irlande, tyrannisée, misérable, tournait la tête de tous les côtés, cherchant des libérateurs, lorsque la révolution éclata. La France républicaine promettait aide et protection à tous les peuples qui voudraient reprendre leur liberté; l'Irlande espéra. Des envoyés passèrent la mer et vinrent implorer le gouvernement. Quelques-uns s'adressèrent au général qui commandait dans l'Ouest; ils lui offraient, s'il venait chez eux avec une armée, le renfort de toute une population prête à se soulever. L'occasion de nuire à l'Angleterre était trop favorable pour ne pas tenter Hoche; il partit pour Paris, afin de soumettre ses plans au gouvernement et de le décider à l'expédition.

Hoche fut reçu comme le méritait l'homme qui, en mettant fin à la guerre la plus ruineuse, venait de rendre le service le plus signalé à la république. Le conseil des Anciens, le conseil des Cinq-Cents votèrent d'unanimes remerciements et à lui et à ses troupes, et le Directoire, comme récompense nationale, lui donna deux des plus beaux chevaux des haras de la république et une paire de pistolets de combat (2).

(1) A. Thierry, *Conquête de l'Angleterre par les Normands.* — (2) Corr. *Lettre de Hoche à Hédouville.* 16 *juillet* 1796.

Mais quand Hoche proposa l'expédition d'Irlande, le gouvernement hésita. Trois de ses armées étaient engagées au cœur de l'Allemagne et de l'Italie, irait-il en jeter une quatrième dans une entreprise lointaine? Cependant, lorsqu'avec la parole brûlante d'une ardente conviction, Hoche eut fait voir tous les avantages qui en seraient la suite, un beau royaume enlevé à nos ennemis, les Anglais attaqués chez eux et dès-lors obligés de garder, pour se défendre, et leurs troupes et leur or qu'ils faisaient servir contre nous, l'Europe laissée enfin à elle-même, faisant la paix avec la république; lorsque surtout il eut ranimé les ressentiments en rouvrant les plaies à peine fermées d'une guerre civile dont les dangers, dont les inquiétudes, dont les ravages étaient trop récents pour n'être pas présents à tous les esprits; quand ces dangers, ces inquiétudes, ces ravages entretenus avec soin chez nous par les Anglais, il eut offert de les rejeter sur eux et de les en accabler, le Directoire tout entier se rangea à son avis, et l'adressa au ministre de la marine pour se concerter avec lui.

L'amiral Truguet était un noble cœur. Marin formé dans les luttes de la guerre d'Amérique, il souffrait de l'abaissement où des batailles livrées par la témérité, perdues par l'impéritie, avaient jeté notre marine, et du triste état où, depuis, l'incurie l'avait laissée. Une seule pensée l'occupait jour et nuit, relever le pavillon national et le promener triomphant sur les mers comme peu d'années auparavant. Aussi Hoche et lui n'eurent qu'à se voir pour s'entendre, pour être amis ; ils étaient unis par la haine que l'un et l'autre portaient aux Anglais.

Truguet se dévoua tout entier au succès de l'expédition. Il donna les ordres les plus pressants pour que dans le port de Brest on armât tous les vaisseaux et frégates qui pouvaient tenir la mer, et comme dans la pénurie où l'on était par suite de l'avilissement des assignats, de la rareté du numéraire, de l'anéantissement du crédit public, les coffres de l'Etat étaient vides, Truguet s'adressa aux marchands de la Hollande ; il leur fit voir dans la résurrection de notre marine le seul moyen de recouvrer la source de leurs richesses, leurs colonies de l'Inde qu'avaient capturées les Anglais, et il en obtint de l'argent. Autant qu'il dépendit du ministre, Hoche, dans ses projets, ne rencontra pas d'obstacle.

Mais il en trouva dans les officiers de marine, à commencer par l'amiral qui devait le conduire en Irlande.

Villaret-Joyeuse préparait à Brest une expédition pour les Grandes-Indes, lorsque Hoche arriva avec l'ordre de changer la destination de ses vaisseaux.

Vivement contrarié de se voir enlever un commandement en chef pour être réduit à un rôle secondaire, Villaret eut l'air de se soumettre, mais depuis ce moment, il ne fut plus occupé qu'à faire naître empêchements sur empêchements afin de rebuter Hoche et de l'amener à renoncer de lui-même à son entreprise.

La première fois que Hoche et lui visitèrent le port, Villaret se complut à lui détailler la détresse de notre marine. Il ne lui montra que des vaisseaux mutilés, des carcasses délabrées et hors de service.

« Ah ! continuait-il avec tristesse, Truguet se trompait, s'il espérait redonner la vie à ces débris : c'en était fait de la puissance navale de la France, elle était tombée pour toujours ! » Et quand Hoche cherchant à détourner la pensée des vaisseaux pour la reporter sur les hommes qui en étaient l'âme et le cœur, demandait ce qu'étaient devenus les vaillants officiers qui les avaient jadis conduits à la victoire, Villaret répondait avec une monotonie impitoyable : « Perdus pour la France ! morts à Quiberon ! (1) »

Ces plaintes, ce découragement avaient tout d'abord prévenu Hoche contre l'amiral. Comment avec si peu d'ardeur en donner aux autres ? Hoche ne tarda pas à se convaincre que ses craintes étaient fondées. Dans le port, rien ne marchait. Villaret

(1) Bergounioux, *Vie de Hoche*.

pour être en état de partir, avait d'abord demandé deux mois. Ce délai que l'impatience de Hoche avait trouvé si long et qu'il avait eu tant de peine à accorder, parut bientôt insuffisant. Villaret déclara même qu'il ne pouvait plus assigner de terme au départ : il n'avait ni agrès ni équipages. Des agrès, c'était à la marine à s'en procurer, et Hoche fit sur-le-champ envoyer des officiers à Morlaix et à Nantes pour en chercher. Quant aux équipages, il offrit pour en former six mille soldats de son armée. Mais des soldats n'étaient pas des matelots ! Hoche cita l'exemple des Anglais qui n'étaient pas si scrupuleux pour remplir leurs vaisseaux et qui, en faisant la presse dans les tavernes de Londres, ne s'inquiétaient pas si c'était des ferblantiers, des tisserands qu'ils ramassaient ou bien des hommes habitués à courir les mers. Villaret répondit que les Anglais avaient une bonne *mestrance* et que nous, nous manquions de *gabiers*. Hoche était tenté de reprocher aux chefs de la marine l'ignorance dont ils se plaignaient, car s'ils ne pouvaient former des matelots sur les mers, puisque nos ports étaient bloqués, rien, du moins, ne les empêchait de les exercer dans la rade de Brest, mais il gardait encore des ménagements envers Villaret, il se contenta d'écrire au ministre : « Gloire, honneur, récompense, il semble qu'on soit sourd à ces mots : rien n'émeut les chefs de notre marine..... Les travaux des réparations qui ont été faites sont dus au seul Bruix. Bruix seul est zélé : lui seul est pénétré de l'amour de la gloire et du sentiment qui devrait animer tous les officiers français. Aussi, citoyen ministre, entrave-t-on sa marche ; si on l'écoute, c'est pour agir en sens inverse de ce qu'il dit. Ce brave homme périt de chagrin (1). »

En même temps, il demande à Truguet d'envoyer à Brest les équipages que le blocus de nos ports rend inutiles à Cherbourg, à Lorient, à Rochefort, et il offre une prime aux matelots qui s'enrôleront. Mais ces différentes mesures semblaient ne produire aucun effet. Les cadres restaient toujours vides ou plutôt ils se vidaient à proportion qu'ils se remplissaient. A peine incorporés, les hommes mal nourris, sans paie, désertaient avec d'autant plus de facilité qu'on paraissait se prêter à leur évasion ; sur la plupart des vaisseaux, il n'y avait ni rôles ni appels.

Hoche se désespérait de toutes ces difficultés; pour les vaincre, il appelait à lui le ministre et lui demandait avec instance d'entreprendre un voyage nécessaire, lorsque de nouvelles contrariétés vinrent s'ajouter à celles qu'il éprouvait déjà.

« L'insurrection gagnait tous les corps de l'armée, écrit Hoche au ministre de la guerre, il semble

(1) Corr. *Lettre de Hoche à Truguet.* 15 octobre 1796.

qu'un génie malfaisant dirigeait les têtes des soldats : les compagnies de grenadiers surtout montraient le plus mauvais dessein. Elles correspondaient entre elles soit par députation, soit par lettre.... Faiblir, eût été vouloir livrer le pays dans lequel je commande au plus affreux pillage : déjà les motions s'en faisaient publiquement ; on voulait absolument un emprunt forcé, et cette classe d'hommes qui se trouve, on ne sait comment et pourquoi, dans les fanges de toutes les grandes villes, se joignait aux troupes pour les exciter et augmenter la rumeur générale (1). »

Hoche fit saisir les meneurs et les fit fusiller. Tout rentra dans l'ordre. Mais cette sédition apaisée, une autre fut sur le point d'éclater.

Les troupes destinées à l'expédition arrivaient à Brest pleines d'ardeur, lorsque tout à coup, ces dispositions changèrent. Le bruit courait qu'on les sacrifiait dans une entreprise risquée, que leur général se garderait bien de les accompagner, mais qu'après les avoir menées jusqu'à la sortie de la rade, il rentrerait à Brest.

Hoche, aussitôt qu'il en fut informé, publia cet ordre du jour :

« Afin de dégoûter de l'expédition qui se prépare les braves soldats qui composent cette armée, de

(1) Correspondance. *Lettre du 14 octobre* 1796

lâches ennemis cherchent à répandre les bruits les plus injurieux à la gloire des républicains, et les défiances les plus dangereuses. Quelques-uns ont même affirmé que le général en chef avait l'ordre de n'accompagner l'armée expéditionnaire que jusqu'au sortir de la rade. Sans doute ces lâchetés seront appréciées à leur juste valeur. Il est bien, cependant, que le général, en assurant les troupes qu'il a l'honneur de commander de la confiance qu'il a en elles, leur rappelle celle que tant de fois elles ont témoigné avoir en lui. Jamais, non jamais, il n'abandonnera les braves appelés à une gloire nouvelle et particulière. Ses sentiments lui en feraient un devoir, s'il n'en avait reçu l'ordre précis du gouvernement, et, ainsi qu'on l'a vu ailleurs, il demeurera placé aux premiers rangs (1). »

La confiance revint à l'armée, mais Hoche voulut remonter à la source des menées souterraines qui l'avaient ébranlée, et il arriva aux officiers qui entouraient l'amiral. Il n'en pouvait plus douter : il était trahi. Hoche avait reçu du Directoire des pouvoirs tels qu'il avait la main sur Villaret : il se demanda s'il ne le ferait point arrêter ? « Sans un reste de respect pour je ne sais quel préjugé, écrit-il à Truguet, j'aurais, je vous jure, envoyé Villaret rendre compte de sa conduite au gou-

(1) Bergounioux, *Vie de Hoche.*

vernement. Mais je préfère attendre vos ordres (1). »

Truguet ne se rendit pas sur-le-champ aux accusations de Hoche. Il avait foi en Villaret, et il craignait que des retards peut-être forcés n'amenassent le général à être injuste envers lui : il attendit. Mais Hoche revint à la charge plus pressant : « Villaret, mande-t-il au ministre, Villaret a perdu toute ma confiance : je le déclare indigne de celle de la nation. Je ne voudrais pas lui donner même une corvette à commander. Ainsi, tant qu'il a cru qu'une partie de l'escadre restait toujours destinée à l'expédition des Indes, il m'a dit qu'il pouvait mettre à la mer quatorze vaisseaux et neuf frégates. Mais, dès qu'il a appris que je voulais employer l'escadre tout entière pour l'expédition d'Irlande, il est revenu sur sa première déclaration, et n'a plus mis que cinq vaisseaux à ma disposition. Et c'est vous qui accordez votre confiance à cet homme! Oh! ministre, songez à la république! cinq vaisseaux! Et les neuf autres, qu'en veut-il faire? des transports dans les Indes (2)! »

Et comme Truguet répondait encore qu'il était possible que l'on ne pût mettre que cinq vaisseaux à la mer, que non-seulement l'amiral, mais ses officiers, d'accord avec lui, l'affirmaient : « Quels sont ces officiers? s'écrie Hoche : Cinq ou six

(1) Bergounioux, *Vie de Hoche*. — (2) Id., *Ibid.*

marchands de Lorient qui composent la coterie. J'ai trop d'estime pour le corps de la marine pour croire qu'ils en représentent l'esprit. Si ces cinq ou six veulent rester en rade, vingt demandent à grands cris à sortir. L'amiral se plaint qu'il n'a pas un bon commandant de frégate : mais à qui la faute? N'est-ce pas à lui qui a fait toutes les nominations? Pourquoi le brave Bedou qui défendit si bien le *Tigre* l'an passé, n'est-il pas employé? Pourquoi Lacrosse, connu par sa valeur et ses talents, pourquoi vingt autres ne sont-ils pas employés?... C'est qu'au courage et au mérite qui les distinguent ils joignent un ardent amour de la révolution. Donnez un chef à la marine et nous partons (1). »

Le ministre reconnut enfin que Villaret y mettait au moins du mauvais vouloir : il lui retira son commandement et demanda à Hoche qui il voulait pour le remplacer.

Hoche avait rencontré deux fois un marin dont l'audace et la décision l'avaient frappé. « C'était chez eux, lui avait dit Latouche, sans se douter qu'ils avaient les mêmes idées, c'était chez eux qu'il fallait attaquer les Anglais ! (2) »

Hoche le désigna au ministre. Mais Latouche avant et pendant la révolution, avait été lié avec le duc d'Orléans. Truguet eut peur de se compro-

(1) Bergounioux, *Vie de Hoche*. — (2) Id.

mettre en le nommant ; il choisit Morard de Galles.

Morard de Galles était déjà âgé : il n'avait plus ni le feu ni l'entrain de la jeunesse, mais c'était un honnête homme. Du moment qu'il eut accepté la tâche, il s'y dévoua tout entier. En quelques jours, les choses changèrent. Une vive impulsion était communiquée aux travailleurs ; les mâts se dressaient sur les vaisseaux ; les cordages s'y suspendaient ; les voiles les couvraient. En même temps les matelots qu'il semblait si difficile à Villaret de réunir, affluaient en si grand nombre que Hoche écrivait au Directoire qu'il serait obligé d'en laisser à terre. Tout le monde rayonnait d'espoir ; tous les visages étaient audacieux de confiance ; pas un doute ne troublait les cœurs ; le mauvais génie qui entravait Hoche, qui paralysait tous ses efforts s'en était véritablement allé avec Villaret. Aussi Hoche éclate de contentement : « Je suis d'une joie à étouffer ; ah ! mon cher ministre, comme j'ai dormi depuis trois jours ! Dieu me devait bien ce dédommagement. J'avais pleuré avant ces trois jours-là (1) ! »

Il n'y avait pas jusqu'aux officiers de marine tout de glace sous Villaret que la flamme de Hoche n'eût gagnés. De Paris, Truguet lui-même s'en apercevait. « Il y a quelques jours, écrivait-il à Hoche,

(1) Bergounioux.

on eût dit qu'on partait pour un enterrement : aujourd'hui, il semble qu'on est sûr de marcher à la gloire. Votre présence, mon cher Hoche, les anime tous. J'attends les plus heureux effets de cette influence sans égale à laquelle rien ne résiste (1). »

Débarrassé de l'intrigue, Hoche faillit tomber sous le crime.

Le 16 octobre, à Rennes, il revenait du spectacle avec Hédouville et son beau-frère Debelle : il entrait dans la cour de son hôtel, lorsque derrière lui, partit un coup de feu. Hoche crut que c'était une imprudence de l'un de ses domestiques ; il se retournait pour le réprimander, lorsqu'il entendit crier : A l'assassin ! arrêtez ! C'est sur lui qu'on avait tiré. Un instant après, arrivèrent deux officiers d'Hédouville avec un homme qui s'enfuyait et qu'ils avaient saisi. Le malheureux avoua tout. Ouvrier, chargé de famille, en proie à la gêne, il avait cédé aux offres que depuis deux ou trois jours on lui faisait, cinquante louis, sur lesquels on lui avait donné un écu de six livres, pour tuer le général Hoche. D'après ses indications, on arrêta un ancien chef de chouans, nommé Rossignol. Il essaya de nier, mais confronté avec celui dont il s'était servi, il fut confondu : tous les deux périrent sur l'échafaud (2).

(1) Bergounioux. — (2) Id. *Lettre de Hoche au général Leveneur.*

Quelque temps après, un nouvel accident menaça encore la vie de Hoche. A Brest, après son dîner, il fut pris tout-à-coup de coliques violentes, de déchirements d'entrailles suivis de longs vomissements: on crut à un empoisonnement (1). Mais la crise se passa, le calme et la santé revinrent et Hoche ne fut plus occupé qu'à poursuivre l'exécution de ses projets.

Le gouvernement anglais commençait à s'inquiéter des préparatifs qui se faisaient dans le port de Brest : il cherchait à en surprendre le secret, il envoyait des agents, il payait des espions. Hoche apprend qu'il est parvenu à corrompre l'imprimeur du quartier-général : il en profite habilement pour tromper les Anglais. Il fait imprimer avec une apparence de mystère des pièces relatives à une expédition en Portugal, et, tandis que ces pièces partent pour Londres, d'autres, les véritables proclamations, les véritables manifestes par lesquels Hoche appelle les Irlandais à la liberté, s'impriment à Angers (2).

Enfin, quatorze vaisseaux, douze frégates et quelques corvettes étaient prêts, pour emmener les 24,000 hommes destinés à l'expédition ainsi que tout leur matériel; il aurait fallu y joindre beaucoup de vaisseaux de transport, et le convoi aurait embarrassé la marche de la flotte, quand, au contraire,

(1) Rousselin, *Vie de Hoche.* — (2) Id.

le succès dépendait de son agilité et de sa prestesse à échapper aux Anglais. Hoche aima mieux n'emmener d'abord avec lui que 15,000 hommes. Ces premières troupes mises à terre, les vaisseaux reviendraient chercher le reste. Il ne prit non plus que peu de chevaux et de canons : il comptait sur les baïonnettes de ses grenadiers pour monter sa cavalerie et fournir son parc.

Les troupes placées à bord, Hoche donna aux officiers de terre et de mer ses dernières instructions. On ferait tout pour éviter une rencontre avec l'ennemi, mais si l'engagement était forcé, on ne s'amuserait point à des manœuvres, à un combat à coups de canon qui ne pourrait que nous être funeste, on aborderait les vaisseaux anglais, et on jetterait sur leurs ponts tous les soldats de terre et de mer qui encombraient les nôtres. Hoche avait en outre prescrit l'ordre dans lequel, arrivé aux côtes d'Irlande, on débarquerait (1).

Après avoir pris ces derniers soins, il écrivit au ministre de la marine : « Vienne le vent : tout, terre et mer, est parfaitement disposé : gaîté et sécurité sont sur les fronts, patriotisme et confiance dans les cœurs ! (2) »

(1) Bergounioux. — (2) Id.

CHAPITRE XII.

Départ. — Tempête. — Hoche séparé de la flotte. — Hésitation de Grouchy dans la baie de Bantry. — Retour des vaisseaux à Brest. — Hoche débarque à Rochefort. — Il est nommé général en chef de l'armée de Sambre-et-Meuse.

Le 15 décembre la flotte mit à la voile. Les circonstances les plus heureuses semblèrent d'abord la favoriser. Des coups de vent avaient chassé les croisières ennemies, et les vaisseaux sortirent de la rade sans rencontrer les Anglais. Mais, arrivés à la hauteur d'Ouessant, la plus furieuse tempête s'abattit sur eux, les dispersa, et quand l'orage fut passé, la mer redevenue calme, ils gagnèrent séparément le rendez-vous général, la baie de Bantry, qui s'ouvre dans la partie sud de l'Irlande. Ils y arrivaient successivement, mais la frégate qui portait Hoche et l'amiral Morard de Galles ne paraissait pas. On tint un conseil de guerre à bord du vaisseau que montait le général Grouchy, commandant en second l'expédition.

Les députés irlandais qui étaient venus en France solliciter Hoche, n'avaient pas plutôt aperçu le pavillon tricolore, qu'ils étaient accourus : le moment était favorable; on surprenait l'ennemi sans défense; on pourrait s'avancer jusqu'à Cork et s'emparer de la ville presque sans coup férir (1); la population était prête à courir aux armes!

Chérin, le chef de l'état-major, l'ami de Hoche, le confident de ses projets, voulait que l'on profitât de la fortune, et que, sans plus attendre, on débarquât. Grouchy hésita, n'osa prendre sur lui la responsabilité de l'expédition. Le général en chef ne pouvait tarder; lui seul, s'il le jugeait convenable, donnerait l'ordre de débarquer. Chérin, qui sentait le prix du temps et combien une seule minute perdue enlevait de chances de succès, renouvela ses instances, il ne put arracher Grouchy à sa funeste indécision. Le soir, comme ils se promenaient sur le pont côte à côte, que Chérin pressait plus vivement encore, que Grouchy résistait avec la même obstination, le chef de l'état-major eut, dit-on, l'idée de le jeter par dessus bord et de s'emparer du com-

(1) Moniteur. *Lettre adressée d'Irlande.*

mandement (1). Il ne le fit pas et l'expédition fut manquée. Au bout de quelques jours la mer devint mauvaise, les vents forcèrent de l'est, les vaisseaux déradèrent, une partie fut obligée de se réfugier dans le Lhannon, le reste était en perdition (2); le contre-amiral Bouvet fit le signal d'appareiller et reprit la route de France. Le 1er janvier, avec cinq vaisseaux et trois frégates, il rentra dans la rade de Brest.

Mais le ministre de la marine, instruit de son retour et des circonstances de son départ, le suspendit, et peu après le cassa (3). Les autres bâtiments revinrent dans nos ports les uns après les autres : deux seulement furent pris par les Anglais.

Pendant ce temps, Hoche errait sur les mers. La tempête l'avait jeté plus loin qu'aucun de ses vaisseaux. Il commençait à s'orienter et à reprendre sa route vers la baie de Bantry, lorsqu'il tomba sur un fort navire anglais. Il fallut prendre chasse devant lui, faire fausse route pour se dérober, et s'éloigner encore. Hoche était parvenu à se soustraire à sa poursuite, et aussitôt il avait cinglé vers l'Irlande. En entrant dans la baie de Bantry, quel ne fut pas son étonnement de n'y point trouver sa flotte? Mais peut-être que déjà les vaisseaux avaient

(1) Bergounioux, *Vie de Hoche.* — (2) Moniteur. *Lettre écrite d'Irlande.* — (3) Id.

mis à terre leur première cargaison et qu'ils étaient repartis chercher la seconde. Hoche caressait cet espoir, et, dans son illusion il s'imaginait voir flotter le drapeau tricolore sur une colline élevée, lorsqu'une barque l'accosta et des Irlandais montèrent à bord. Les Français étaient entrés dans la baie, ils y avaient séjourné et en étaient repartis. Repartis! s'écria Hoche indigné, puis, se contenant, il promit aux Irlandais de revenir bientôt, et, à l'instant, faisant mettre le cap sur la France, il ordonna de lever l'ancre (1).

En route il rencontra deux de ses vaisseaux, dont l'un faisait eau de toute part; il prit une partie de l'équipage, fit placer le reste sur l'autre vaisseau, et se dirigea vers Brest. Mais une nouvelle tempête l'assaillit et le poussa le long des côtes du Poitou; il rencontra une flotte anglaise, à laquelle il n'échappa qu'à la faveur d'une brume épaisse, et enfin, le 13 janvier, il mouilla de nuit dans la rade de l'île d'Aix. Aussitôt il fit mettre une chaloupe à la mer, aborda à un moulin, près de Rochefort, et, se jetant dans une chaise de poste, courut sans s'arrêter jusqu'à Paris (2).

Le Directoire savait déjà que si l'expédition n'avait pas réussi, la faute n'en était pas au général. Pour le consoler, il lui donna le commandement de

(1) Bergounioux. — (2) Rousselin, *Vie de Hoche*.

l'armée de Sambre-et-Meuse. Mais Hoche ne pensait qu'à l'Irlande, à son expédition manquée, il voulait la reprendre aussitôt que possible.

« Mon ami, dit-il à Truguet en le revoyant, nous sommes ce qu'il y a de plus malheureux sous le ciel..... Nous serions les plus vils des mortels si nous abandonnions le peuple irlandais à la vengeance de ses tyrans, et notre entreprise n'est qu'ajournée. L'armée navale est rentrée en bien mauvais état; je sais qu'on vous refusera les moyens de réparer ses désastres; vous trouverez des ressources dans votre zèle imperturbable. Mon ami, équipez de nouveau votre escadre..... Je suis prêt à me rembarquer. Le Directoire vient de me confier le commandement de l'armée de Sambre-et-Meuse; cette armée est désorganisée..... Je vais créer, réorganiser; vous, hâtez-vous de réparer votre marine..... Ecrivez-moi que vos dispositions sont achevées; aussitôt j'appelle un général pour me succéder; je quitte à l'instant les bords du Rhin pour voler à ceux de l'Océan (1)..... »

(1) Rousselin, *Vie de Hoche*.

TROISIÈME PARTIE.

L'Armée de Sambre-et-Meuse. — 1797

CHAPITRE Ier.

L'armée de Sambre-et-Meuse. — Sa réorganisation. — Passage du Rhin. — Bataille de Neuwied. — Hoche arrive sur le Mein. — Préliminaires de Léoben.

Tant qu'il y aura des cœurs français, le nom de l'armée de Sambre-et-Meuse ne périra pas plus que celui de l'armée du Rhin, de l'armée d'Italie, de la Grande armée.

C'est l'armée de Sambre-et-Meuse qui, dans la lutte engagée entre la France républicaine et l'Europe monarchique, quand la fortune flottait encore indécise, la fixa dans nos rangs; c'est elle qui, rejetant l'ennemi établi sur notre territoire et menaçant notre capitale, reporta le péril dans son propre pays, et, éloignant la crainte de nos foyers, le fit, à son tour, trembler pour les siens; c'est elle qui triompha à Fleurus, aux bords de l'Ourthe, sur la Roër, et conquit à la France la Belgique et les bords du Rhin, que nous gardâmes longtemps, et vers lesquels notre pensée se reporte toujours. Le nom de Sambre-et-Meuse est attaché à la première et peut-être à la plus belle de nos gloires, car elle en est la plus pure. Dans la campagne de 1796, les braves qui la composaient avaient pénétré, sous la conduite de Jourdan, au cœur de l'Allemagne et presque jusqu'aux frontières de la Bohême, mais, pressés par des forces supérieures, ils avaient été ramenés sur le Rhin; ils y étaient arrivés dans un désordre inséparable d'une aussi longue et aussi pénible retraite. Beurnonville, qui succéda à Jourdan, ne put ou plutôt ne sut pas le réparer; Hoche arrivait pour le remplacer.

L'armée de Sambre-et-Meuse et Hoche se connaissaient déjà autrement que par la renommée. L'armée de Sambre-et-Meuse avait été formée, en grande partie, par cette armée de la Moselle que Hoche avait organisée, qu'il avait menée à l'assaut des redoutes prussiennes à Kaiserslautern, avec laquelle il avait culbuté les Autrichiens dans la vallée du Rhin, enlevé les lignes de Wissembourg et débloqué Landau.

Arraché à ses compagnons d'armes par Saint-Just, Hoche n'avait cessé de les suivre dans leur course vers le Rhin, s'intéressant à leurs travaux, jouissant de leurs triomphes et regrettant de n'y pouvoir plus prendre part. De leur côté les Lefebvre, les Championnet, les Grenier, ces lieutenants aimés de Hoche, n'avaient point oublié leur chef. Tout en marchant en avant, ils tournaient quelquefois la tête du côté de l'Ouest, et Quiberon, et les luttes, et la pacification de la Vendée et de la Bretagne le rappelaient souvent d'une manière glorieuse à leur souvenir. Aussi, chefs et soldats de Sambre-et-Meuse accueillirent Hoche avec joie. Son nom était pour tous un présage de victoire.

Hoche, tout d'abord, s'occupa de les mettre en état de la remporter. Il visita ses cantonnements : l'état dans lequel il trouva les troupes l'affligea, mais ne le surprit point. Les agences étaient partout les mêmes. Sur le Rhin, comme en Vendée et en Bretagne, elles agiotaient, faisaient des fortunes scandaleuses, et laissaient mourir de faim les soldats. Celle que les cris publics lui dénoncèrent comme la plus odieuse par ses trafics, était l'agence des fourrages.

A chaque instant elle en laissait manquer les

chevaux; quand on lui en demandait, elle déclarait qu'elle ne pouvait faire d'achats; le gouvernement ne lui envoyait pas d'argent. Alors on frappait des réquisitions, et on donnait en échange des bons payables sur le Trésor. Mais le moyen, pour de pauvres paysans allemands, de les recouvrer? Les fournisseurs les leur faisaient acheter sous main à 80 pour 100 de perte, et à la trésorerie nationale, des employés gagnés les leur payaient au pair; soldats et paysans étaient victimes de leur exploitation (1).

Une autre agence qui se livrait à des spéculations non moins coupables, était celle des transports.

Beurnonville, poussé par le Directoire à reprendre l'offensive, avait demandé à cette agence des voitures. Elle n'en avait pas et ne pouvait, toujours faute de fonds, s'en procurer. Beurnonville avait requis 900 voitures et 1,800 chevaux dans les pays conquis. Voitures et chevaux n'étaient pas rendus à leur destination, qu'une compagnie les avait achetés à vil prix, les avait loués très cher à l'armée, et était rentrée bien vite dans les sommes qu'elle avait avancées. Ce n'était là encore que la moitié de l'affaire. La compagnie avait stipulé que la caisse lui paierait les chevaux qui périraient. Il y en avait, dans les 1,800, beaucoup de très bons et de très forts; elle les avait remplacés par de chétifs et de malingres,

(1) *Mémoires du maréchal Ney.*

et, au bout de quelques semaines, deux ou trois cents étaient morts. La compagnie avait réalisé d'énormes bénéfices. L'argent destiné à équiper, nourrir et vêtir l'armée, était passé dans la poche des munitionnaires. Toutes les ressources avaient été absorbées par eux (1).

Après avoir pris connaissance de ces abus dans tous leurs détails, Hoche écrivit au Directoire :

« J'avais lu que le roi de Prusse, de vénérable mémoire, avait fait bâtir des palais avec les deniers que lui avait procurés la guerre. Je ne concevais pas, après tant de conquêtes, comment nous étions obligés de vendre nos maisons pour subvenir aux frais que nécessite la défense de la liberté. Oh ! je suis éclairé maintenant. Quels trésors, quelles mines pourraient jamais fournir aux dépenses scandaleuses de quelques-uns de nos militaires, aux superbes trains de nos fournisseurs, aux maisons brillantes de nos commissaires de toutes les classes ? à nos employés de tous les étages ? Faut-il s'en étonner ? la fortune publique est passée en leurs mains, et, au milieu de ce fracas brillant, les défenseurs de la patrie vont nu-pieds, manquent du strict nécessaire dans les hôpitaux, meurent faute de bouillon et de tisane (2) ! »

Hoche résolut de balayer toutes ces agences

(1) *Mémoires du maréchal Ney.* — (2) *Id.*

infidèles, sangsues de l'armée, et de les remplacer par des régies qu'il intéresserait aux marchés qu'elles passeraient pour les troupes.

Désormais aussi il ne demanderait rien à un gouvernement qui ne pouvait rien donner. Le pays conquis subviendrait à toutes les dépenses. Mais pour cela, il fallait encore en réformer l'administration.

Sous le prétexte de les soustraire aux violences des gens de guerre, on avait livré les provinces du Rhin en proie aux officiers civils. Les employés étaient venus s'abattre sur ces malheureuses contrées, en si grand nombre, qu'elles ne pouvaient pas même suffire à payer leurs gages, et, tous les mois, le Trésor était obligé d'ajouter aux 300,000 francs que rapportait l'archevêché de Trèves, rien que pour compléter les traitements de ceux qui l'administraient. « Tout a son temps, dit Hoche à celui qui en était le chef; je me charge de faire les choses à moins de frais. Je vais organiser une administration nouvelle, et je vous garantis qu'elle ne coûtera pas 15,000 francs, tout compris. Personne, il est vrai, ne fera fortune sous peine d'être fusillé. En revanche, l'armée profitera des subsides du pays, et l'habitant ne sera plus impitoyablement pillé (1). »

Sur sa demande, le Directoire rappela les em-

(1) *Mémoires du maréchal Ney.*

ployés civils. Hoche, à leur place, établit une commission intermédiaire entre le pouvoir militaire et les habitants.

Il la composa d'hommes d'une probité irréprochable, et pour leur donner plus d'indépendance vis-à-vis lui-même, il les déclara inamovibles (1). Du reste leur tâche ne consistait guère que dans une surveillance active : l'administration du pays avait été rendue à ceux qui l'exerçaient avant l'arrivée des Français, aux baillis, aux chapitres, même aux moines et aux curés. Hoche répondait à ceux qui le trouvaient mauvais, que pour tirer le meilleur parti des ressources d'un pays, il fallait les connaître, et il citait en exemple l'abbaye de Closterbock, qui, administrée par ses moines, nourrissait 10,000 individus, et qui, aujourd'hui, ne pouvait suffire à sept ou huit cents (2).

Quant aux impôts, afin de diminuer les frais de perception, Hoche les afferma. Mais, en même temps, il prit toutes les précautions pour que cette mesure, avantageuse à l'armée, ne devînt pas une cause de vexations pour les habitants, et il chargea spécialement la commission intermédiaire d'en suivre avec attention le recouvrement.

Bientôt les caisses se remplirent, les services

---

(1) Corr. *Hoche au Ministre des finances.* 15 mars 1796. — Au même. 20 mars. — (2) *Mémoires du maréchal Ney.*

furent assurés, les soldats nourris, vêtus, chaussés, même payés. Hoche trouva encore de l'argent pour acheter des chevaux, remonter la cavalerie et refaire les attelages de l'artillerie. Il comptait tellement sur lui-même, qu'il abandonna à Moreau la part qui lui revenait sur le million que Bonaparte envoyait aux armées du Rhin afin de les remettre en état de rentrer en campagne, et qu'il offrit des vivres à son collègue, s'il en manquait (1).

Tous ces heureux changements étaient arrivés en moins de deux mois, et encore, pendant ce temps, Hoche avait réorganisé l'armée.

Des renforts venus des côtes de l'Océan avaient comblé les vides que le fer, les maladies ou la désertion avaient faits dans les rangs de l'armée de Sambre-et-Meuse. Elle comptait 80,000 hommes.

Hoche, de son infanterie, forma trois corps de deux divisions chacun, et les confia, la droite à Lefebvre, la gauche à Championnet, et le centre à Grenier.

La division Watrin était en réserve.

La cavalerie était disséminée. Cette dispersion, utile peut-être au moment du combat, gênait l'administration et nuisait à la bonne tenue et à l'entretien des hommes. Hoche rassembla les cavaliers par masses, suivant les armes : les chasseurs, sous les

(1) *Mémoires de Saint-Cyr.* — *Lettre de Hoche à Desaix.*

ordres de Richepanse, furent attachés à l'aile droite ; les dragons, que commandait Klein, ami de Championnet, soutinrent la gauche ; les hussards, à la tête desquels était Ney, restèrent au centre ; d'Hautpoul, avec la grosse cavalerie, servit de réserve (1).

L'armée de Sambre-et-Meuse était impatiente d'entrer en action et de seconder l'armée d'Italie, engagée déjà au milieu des gorges du Tyrol, mais l'armée du Rhin n'était pas prête.

Moreau répondait qu'il n'avait pas de bateaux pour passer le fleuve. Hoche finit par lui signifier que le 17 avril, avec ou sans lui, il attaquerait l'ennemi (2).

A la fin de la campagne précédente, les Autrichiens avaient accablé sous le nombre l'armée de Sambre-et-Meuse, mais, depuis, ils avaient envoyé de nombreux renforts en Italie ; l'équilibre s'était rétabli ; l'avantage même était passé de notre côté, et l'archiduc Charles, quittant les bords du Rhin pour aller combattre Bonaparte, avait recommandé à ses lieutenants Latour et Werneck de se tenir sur la défensive. Aussi, inquiet des préparatifs qu'il voyait faire en face de lui, Werneck offrit-il à Hoche de renouveler l'armistice conclu l'année d'auparavant. Mais Hoche rejeta ses propositions (3).

(1) Soult, *Mémoires*. — (2) Saint-Cyr, *Mémoires*. — (3) Correspondance. *Lettre du 14 avril* 1797.

L'armée de Sambre-et-Meuse avait conservé deux débouchés en Allemagne : le camp retranché de Düsseldorf et la tête de pont de Neuwied, mais, devant la tête de pont surtout, les Autrichiens avaient élevé des ouvrages formidables. Les mamelons qui entourent et dominent le bassin étroit de Neuwied étaient couverts de redoutes fermées, fraisées, palissadées, armées de pièces de gros calibre et les villages crénelés. Cependant, ce fut contre ces obstacles accumulés que Hoche résolut de lancer la plus grande partie de son armée (1).

Pour faire diversion, il ordonna à l'aile gauche de partir de Düsseldorf et de menacer les Autrichiens de les prendre à revers. En conséquence, Championnet se porta le 17 avril sur la Sieg. Aussitôt Werneck concentra ses troupes à Dierdorf, espérant écraser Championnet avant qu'il ne fût secouru. Mais, dans la nuit du 17 au 18, Hoche, avec le centre et l'aile droite, passa le Rhin à Neuwied. Kray, que Werneck avait laissé devant lui, essaya de gagner du temps ; il envoya un parlementaire à Hoche. Hoche demanda, avant de consentir à aucun armistice, que l'armée autrichienne repassât la Lahn et lui remît la forteresse d'Ehrenbreistein ; on ne pouvait s'entendre. Le parlementaire était à peine retourné vers eux que les Autrichiens, démasquant

(1) Jomini, *Histoire des guerres de la révolution*.

leurs batteries, couvrirent de boulets la plaine de Neuwied (1).

Les troupes étaient rangées en bataille : Hoche donna le signal. Conduits par Bastoul, les grenadiers et carabiniers soutenus par le reste de la division Grenier, s'avancèrent, la baïonnette croisée, sur le village d'Hettersdorf où s'appuyait la droite de Kray, et, sans tirer un seul coup de fusil, l'enlevèrent ainsi que les redoutes voisines.

De leur côté, Lefebvre, Lemoine, Gratien, Spithal rejetèrent la gauche ennemie par delà le ruisseau de la Sayn. Les Autrichiens essayèrent de tenir dans le village de Bendorf, mais, chargés avec impétuosité par Richepanse, ils furent rompus, culbutés, écrasés.

Au centre, Ollivier éprouvait plus de résistance. Il fut obligé de revenir à plusieurs reprises à l'attaque d'une redoute fermée, et ce ne fut qu'au troisième assaut que ses soldats y entrèrent.

A dix heures du matin, la bataille était gagnée et les Autrichiens en retraite. Ils suivaient différentes directions. Hoche lança Lefebvre et Richepanse du côté de Montabauer, et lui, avec les divisions du centre, les hussards et la grosse cavalerie, il marcha sur Dierdorf. Ney s'était jeté dans les gorges des montagnes, avait sabré les traînards et atteint l'arrière-

(1) Moniteur. *Hoche au Directoire*.

garde du corps de Kray. Il la harcelait, l'entamait, lorsque tout-à-coup il se vit en face d'une troupe nombreuse et qui tenait ferme : c'était sa réserve que Werneck envoyait pour recueillir son lieutenant. Ney manœuvre, impose par sa contenance et donne à Hoche le temps de le rejoindre. Les divisions de Grenier et de d'Hautpoul formées, la charge sonne. Infanterie, cavalerie se précipitent à la fois : les six ou sept mille hommes de Werneck sont enfoncés; Hoche entre à Dierdorf.

L'aile gauche n'était pas moins heureuse que le centre et la droite. Championnet avait franchi la Sieg, enlevé les hauteurs d'Ukerath et d'Altenkirchen, détruit le régiment des hussards de Barco presque en entier, et fait un grand nombre de prisonniers. Le soir, il était en communication avec le centre de l'armée. Dans la journée du 18, les Français avaient pris aux Autrichiens 7,000 hommes, 7 drapeaux, 27 bouches à feu et 60 caissons (1).

Mais ce n'était là que les premiers fruits de la victoire. Werneck, disaient les rapports, se retirait sur le plateau de Neukirchen et paraissait vouloir s'y défendre. Il fallait le prévenir sur sa ligne de retraite, le couper de l'Autriche, le cerner et le broyer.

Hoche ordonna à Lefebvre et à Grenier de se

(1) Moniteur. *Hoche au Directoire.*

porter sur la Lahn, et de s'y établir tandis que lui, avec une division du centre, les hussards et la grosse cavalerie, il se joindrait à Championnet, débusquerait l'ennemi des hauteurs et le pousserait sur ses lieutenants. Mais Werneck ne s'était pas arrêté à Neukirchen, il avait gagné Wetzlar en toute diligence et se dirigeait vers le Mein.

Toutefois, serré de près par l'infatigable Ney, il n'avançait pas aussi vite qu'il l'aurait voulu ; il était encore possible d'arriver avant lui sur la route de la Franconie. Hoche fit dire à Lefebvre de forcer de marche pour gagner Francfort. Le 22, les Français avaient franchi la Nidda ; Richepanse, à l'avant-garde, ne voyant devant lui qu'un rideau de cavalerie, s'apprêtait à le percer ; la charge sonnait, l'ennemi allait être poussé sur Francfort où peut-être on entrerait avec lui, quand le commandant de la place se présenta en parlementaire : un estafette apportait la nouvelle des préliminaires de Léoben. Lefebvre, qui se voyait enlever une victoire certaine, ne put s'empêcher d'apostropher en soldat le malencontreux courrier : « Eh ! ne pouvais-tu, lui dit-il, t'amuser en route à boire une bouteille (1) ? » Cependant il consentit à suspendre le combat jusqu'à la réponse du général en chef, auquel il fit passer sur-le-champ les nouvelles. Hoche approuva ce qu'il avait fait, et

(1) Rousselin, *Vie de Hoche.*

peu après fut conclu, avec les Autrichiens, un armistice qui fixait la Nidda comme barrière entre les deux armées.

Hoche, en arrêtant sa course victorieuse, était généreux. Francfort enlevé, il ne restait plus aux Autrichiens, pour regagner le Danube et l'Autriche, que la route de Hanau, et encore les Français pouvaient les prévenir à Aschaffenbourg et les obliger à se jeter dans les montagnes de la Franconie, d'où peut-être ils ne seraient pas sortis. Et Werneck qui, hors de danger, chercha à présenter sous un meilleur jour sa triste situation, n'aurait pas été tiré d'affaire par une diversion de Latour sur le flanc de Hoche. Ce même jour, 22, Moreau passait le Rhin et le battait.

Mais Hoche ne poussait les maux de la guerre que jusqu'où ils étaient nécessaires pour amener la paix. Cette fois encore, il fit à l'humanité le sacrifice de sa gloire. Elevé au-dessus de l'envie, comme supérieur aux petites passions de la vanité, il écrivit au chef d'état-major de l'armée d'Italie, au général Berthier :

« Je dois me féliciter avec tous les Français, de la bonne nouvelle que vous voulez bien me transmettre. Nous n'oublierons jamais que c'est à vos travaux que nous devons la paix et ses inestimables résultats (1). »

(1) Correspondance. *Lettre du 25 avril* 1797.

Mais les préliminaires de Léoben n'étaient pas la paix définitive; la guerre, d'un moment à l'autre, pouvait se rallumer.

Hoche distribua son armée de manière qu'au premier signal elle pût se rassembler, et, pour rester en communication prompte avec ses divisions, il exigea que chacune d'elles entretînt un officier à son quartier-général, à Friedberg (1).

Il recommanda à tous les chefs de corps de mettre à profit cet intervalle de repos, en étudiant les routes et les chemins de manière à éviter les fausses marches; il leur recommanda encore de veiller à l'entretien des troupes, à leur instruction et à leur discipline, causes des succès passés et garants des succès à venir.

En même temps, pour réparer les pertes que cette campagne, si courte qu'elle eût été, avait fait éprouver, il ordonna de lever des chevaux entre la Sieg et le Mein, et de les donner aux régiments qui avaient le plus souffert.

D'autre part, il imposa le pays conquis, et cette contribution de guerre permit de solder l'arriéré et de fournir encore à la paie des troupes pendant un mois.

Mais, pour ne point surcharger la contrée, Hoche défendit de faire des réquisitions de vivres : les sol-

(1) Correspondance. *Ordre du 27 mars* 1797.

dats furent logés et nourris chez les habitants (1).

Ces mesures rendirent à l'armée toute sa force : « Vous n'avez pas d'idée, citoyen, écrit-il au ministre de la guerre, de la beauté et de la bonté de l'armée de Sambre-et-Meuse; elle se trouve ne manquer d'aucun effet d'équipement et d'habillement. Je ne dirai pas que tous soient exactement uniformes, mais toujours est-il vrai que la nudité et la misère ont disparu; aussi la discipline est parfaite (2). »

Hoche ne s'était pas contenté de témoigner à l'armée sa satisfaction par des ordres du jour, il avait visité les divisions, complimenté chaque corps, et donné à ses principaux lieutenants des armes, pistolets, sabres, ceinturons, simples mais précieuses marques de son estime (3).

Aussi tous, chefs et soldats, pleins d'ardeur et de confiance dans leur général, étaient prêts à le suivre partout où il voudrait les conduire, et à ce moment, bien plus véritablement encore qu'avant l'ouverture de la campagne, Hoche aurait pu écrire au Directoire :

« Quelle que soit votre décision, je crois devoir vous prévenir que l'armée, forte de 86,000 hommes, peut en porter 70,000 sur le Danube et forcer ainsi

---

(1) Correspondance. *Hoche au Ministre de la guerre.* 25 avril 1797. — (2) Id. *Lettre du 25 avril* 1797. — (3) *Mémoires du maréchal Ney.*

l'ennemi à accepter une paix avantageuse pour la république (1).

Mais il n'en fut pas besoin : l'Autriche accablée paraissait cette fois décidée à renoncer à la lutte.

Hoche, aussitôt, tourna ses pensées et ses regards vers l'Angleterre, vers l'Irlande. Ayant reçu du gouvernement l'ordre de se préparer à une nouvelle expédition, il descendit en Hollande, se fit rendre compte des ressources maritimes de ce pays, conféra avec l'amiral de Winter, le général Daendels, vit embarquer de belles troupes sur une belle flotte mouillée dans les passes du Texel et prête à en sortir pour le seconder (2), revint à Cologne, donna l'ordre à la division de chasseurs du général Richepanse (3), à la légion des Francs, commandée par Lemoine, à un régiment d'artillerie légère, de se rendre à marche forcée à Brest, en passant par Chartres et Alençon, puis, prenant les devants, il partit pour Paris.

(1) Correspondance. *Hoche au Directoire*. 14 *avril* 1797. — (2) Id. *Lettre du 26 juin* 1797. — (3) Moniteur. *Déclaration du général Richepanse.*

CHAPITRE II.

Hoche à Paris. — Situation de la république. — Hoche s'entend avec Barras. — Il est nommé ministre de la guerre. — Richepanse entre dans le rayon constitutionnel. — Accusations contre Hoche. — Il quitte Paris et retourne au quartier-général de l'armée de Sambre-et-Meuse.

Depuis 1789, l'esprit public avait subi bien des transformations. Enthousiaste de liberté, la France entière avait applaudi à l'assemblée Constituante abattant les privilèges, fondant l'égalité civile, et, en lui arrachant ses prérogatives, désarmant la royauté; plus tard, en présence de la guerre extérieure et de l'invasion imminente, elle avait soupçonné la bonne foi de Louis XVI et douté de son concours pour repousser des alliés armés en apparence pour sa cause; elle avait approuvé la Législative assaillant le trône et finissant par le renverser; enfin, avec la Convention, elle avait acclamé la république. La mort du roi, la proscription des Girondins, tout en l'attristant, ne l'avaient pas encore découragée, lorsque les prisons s'ouvrirent pour renfermer tout ce qu'elle avait de distingué, et que les échafauds se dressèrent pour faire couler le plus pur de son sang. Pendant tout le temps que Robespierre pesa sur elle, elle n'osa même respirer; mais le tyran ne fut pas plutôt tombé qu'elle se rejeta en arrière épouvantée, et que devant le spectre effrayant de la Terreur, que des hommes qui avaient intérêt à augmenter encore son effroi ne cessaient de lui mettre sous les yeux, elle recula jusqu'au royalisme.

Déjà les agents que Louis XVIII entretenait à Paris avaient cherché à profiter de cette disposition des esprits; déjà, en vendémiaire 1795, ils avaient poussé les sections armées sur la Convention, mais, mitraillés par Bonaparte sur les degrés de l'église Saint-Roch, ils avaient renoncé à s'emparer du pouvoir par la force.

« Il faut, disait Frotté dans des lettres saisies sur l'un de ses émissaires, il faut corrompre et s'emparer des élections. »

« Les royalistes, ajoutait-il, doivent faire le sacrifice de leur opinion et accepter les places »; et cependant la république exigeait de ses fonctionnaires le serment de haine à la royauté.

Mais Louis XVIII semblait d'avance absoudre du parjure : « Les moyens qui, en d'autres temps, pourraient être proscrits pour parvenir à un but quelconque, sont dans ce moment permis, légitimes même. »

Et le comte d'Artois allant plus loin : « On doit se défaire de ceux qu'on ne pourra séduire (1). »

En suivant ce plan avec fidélité, les royalistes étaient déjà arrivés à de grands résultats. Ceux de ses membres que la Convention, pour défendre son œuvre, avait, par précaution, laissés dans le conseil des Anciens et dans celui des Cinq-Cents, avaient été successivement écartés et remplacés par des hommes qui, avec conscience ou sans le savoir, meneurs ou menés, travaillaient pour la royauté. Les deux chambres en étaient pleines. On ne demandait pas compte du passé à ceux qu'on y faisait entrer, il suffisait qu'ils eussent à se plaindre de la répupublique : les généraux, les amiraux rappelés, disgraciés, destitués, étaient sûrs d'obtenir la faveur du parti.

Les royalistes espérèrent même un instant attirer Hoche dans leurs rangs. Les persécutions dont il avait été l'objet sous Robespierre, la modération de

(1) Correspondance. *Hoche au Directoire.* 25 août 1796.

sa conduite dans l'Ouest, ses principes de tolérance qu'il proclamait hautement et qu'il mettait en pratique, les avaient amenés à penser qu'il n'avait pas pour leur cause d'éloignement. Frotté lui écrivit (1) et on lui adressa une intrigante habile, qui, sous le prétexte de réclamer la liberté d'un prêtre détenu, était chargée de démêler ses vrais sentiments.

« La conversation, dit Hoche en rendant compte de cette entrevue au gouvernement, s'engagea sur les affaires du temps; elle se loua beaucoup de leur état et de la tranquillité dont ces départements jouissent. Seulement, me dit-elle, nos messieurs craignent le retour de la terreur (car Terreur est le cheval de bataille). Oh! général, si vous saviez comme vous êtes aimé, comme vous en seriez plus aimé encore, si on savait que vous n'êtes pas véritablement terroriste! Dites-moi donc, général, si la Terreur revenait, que feriez-vous? — Pourquoi? — C'est que nos messieurs voudraient la combattre sous vos ordres. — Fort bien; mais, en cas de réussite, où irions-nous? — Où nous irions, général? Tenez, on sait positivement que le retour de la monarchie est impossible; on conserverait la constitution actuelle; mais on dit que vous êtes de la faction d'Orléans? — Moi, Madame, je suis son plus cruel ennemi. — Eh bien! général, on ne demanderait qu'un président

(1) Corr. *Hoche au Directoire.* *14 septembre* 1796.

perpétuel du Directoire. — En vérité, Madame, et ce serait le roi de Vérone. Qu'en dites-vous? — Bon, général (1). »

On lui fit des propositions plus directes encore : Suzannet vint lui offrir, s'il voulait servir la cause royaliste, l'épée de connétable; lui-même raconte sa tentative auprès de Hoche :

« On me donna des pouvoirs illimités, des instructions fort détaillées, et je partis assez mal déguisé. J'arrivai sans risques..... Le général Hoche fit signe à ses officiers de sortir : « Général, lui dis-je....., vous êtes dans la patrie de Duguesclin, vous commandez comme lui de nombreux soldats qui vous obéissent aveuglément; le roi de France peut faire et ferait un connétable; immortalisez votre gloire, général, en la consacrant à la prospérité, au repos de votre pays; nos soldats seront les vôtres, et les vôtres seront nos frères; vos officiers seront nos camarades; un seul homme au monde sera au-dessus de vous, et cet homme est le petit-fils de Henri IV et de Louis XIV; il vous traitera presqu'en égal; nos rois récompensent les services en élevant jusqu'à eux ceux qui les leur rendent..... Voilà ma mission remplie, et les signatures de ceux que le roi de France ne démentira pas!.... »

» Pendant tout ce temps, le général avait les yeux

(1) Correspondance. *Hoche au Directoire.* 25 août 1796.

fixés sur moi avec une profonde attention ; son regard était haut et pénétrant comme ses pensées ; il avait l'air de peser chaque phrase, chaque mot. Il regardait négligemment les papiers que je lui montrais ; puis, laissant tomber sa tête sur sa main droite, il couvrit ses yeux..... Tout à coup, laissant tomber sa main et découvrant sa figure bouleversée, il s'écria avec un profond soupir, et comme si je n'étais pas là : « Les misérables! ils ont mis Quiberon sur mon compte, ils m'en accusent!.... Les souvenirs..... l'histoire..... tout sera contre moi..... c'est impossible!.... impossible !....

» ..... Je voulais parler, il ne me le permit pas, il se leva en me reconduisant (1)..... »

Mais, lors même que l'amour de Hoche pour la république ne l'eût pas prévenu contre les séductions des royalistes, la vue des Pichegru, des Willot, des Villaret-Joyeuse, ses ennemis personnels, qui étaient dans leur camp, eût suffi pour le lui faire prendre en aversion.

Hoche suivait avec inquiétude la marche des royalistes. Déjà, pendant le voyage qu'il avait fait à Paris avant sa première expédition d'Irlande, il avait été alarmé de leurs progrès.

Il avait vu affiché partout le luxe le plus effréné, et cependant partout il avait entendu se plaindre de

(1) Champrobert, *Pièces justificatives.*

la gêne et de la misère des temps : le gouvernement, unissant la fermeté à la modération, faisait tous ses efforts pour maintenir l'ordre et ramener la confiance, on ne lui savait aucun gré de ses tentatives, on calomniait même ses intentions (1). Les victoires de nos armées, ces victoires immortelles qui mettaient l'Europe à nos pieds et l'amenaient à nous demander la paix, on affectait de ne point les connaître ou bien on les rabaissait, tandis qu'au contraire, on grossissait démesurément nos moindres revers. Nos généraux, les meilleurs surtout, ceux qui attiraient le plus de gloire sur nos drapeaux étaient en butte à toutes les accusations. Le plus illustre, Bonaparte, à en croire les royalistes, méditait déjà de renverser les institutions de sa patrie ; le gouvernement s'en défiait, et il envoyait Hoche en Italie l'arrêter et prendre sa place. Hoche, mêlé à ces bruits inventés par l'esprit de parti, écrivit, pour les démentir, au ministre de la police, une lettre qu'il rendit publique : « Pourquoi donc, y disait-il, pourquoi Bonaparte se trouve-t-il être l'objet de la fureur de ces messieurs ? Est-ce parce qu'il a battu leurs amis et eux-mêmes en vendémiaire ? Est-ce parce qu'il dissout les armées des rois ? et qu'il fournit à la république le moyen de terminer glorieusement cette honorable guerre ? Ah ! brave

---

(1) Correspondance. *Hoche à Hédouville.* 21 *juillet* 1796.

jeune homme! Quel est le militaire républicain qui ne brûle du désir de t'imiter? Courage! courage, Bonaparte! Conduis à Naples, à Vienne nos armées victorieuses ; réponds à tes ennemis personnels en humiliant les rois, en donnant à nos armes un lustre nouveau. Laisse-nous le soin de ta gloire, et compte sur notre reconnaissance ; compte aussi que, fidèles à la constitution, nous la défendrons contre les attaques des ennemis de l'intérieur (1). »

Hoche, depuis ce moment, n'avait cessé de signaler au ministre de la police et au Directoire tous les symptômes de la conspiration qui se tramait contre l'Etat, et il leur en avait envoyé les preuves dans les lettres interceptées de Frotté.

Des bords du Rhin, il avait continué à pousser le gouvernement aux mesures énergiques, à chercher, au besoin, en dehors de la légalité, des moyens de sauver la république. « Tout gouvernement, disait-il, attaqué dans son principe même, est perdu s'il se borne à la défensive. Ce n'est plus là une opposition plus ou moins sincère qui peut éclairer ou contenir, ce sont des ennemis qu'il faut mettre hors la loi, si la loi est impuissante pour les écraser (2). »

Le Directoire lui-même était divisé. Personne, assurément, ne mettra en doute la probité politique

---

(1) Correspondance. *Hoche au Ministre de la police générale.* 30 *juillet* 1796. — (2) Bergounioux.

de Carnot; sa vie tout entière en a été une preuve éclatante, mais l'ancien membre du comité de salut public, lassé des violences ou croyant que le temps ne les demandait et ne les comportait plus, inclinait du côté du parti qui semblait celui de la France, et il entraînait avec lui son collègue Barthélemy.

Mais Barras, mais Rewbell, mais Larevellière-Lépeaux, les trois autres directeurs étaient persuadés que suivre l'opinion publique, ne point lui résister quand elle s'égarait, c'était se livrer à un courant qui emporterait la république et l'abîmerait avec ses défenseurs et ils voulaient la sauver.

Les royalistes espéraient avoir raison de l'opposition du Triumvirat. La chance du sort devait tôt ou tard faire sortir du Directoire un de leurs ennemis, et, comme ils avaient la majorité dans les deux conseils, ils feraient élire à sa place un directeur qui leur serait dévoué. Maîtres du gouvernement et du corps législatif, ils auraient la victoire.

Les choses en étaient là lorsque, dans le commencement de juillet 1797, Hoche arriva à Paris. Il trouva les royalistes triomphants et glorieux, gardant encore dans les chambres un semblant de respect pour la constitution, mais, dans leurs clubs, dans leurs réunions de la rue de Clichy, dans leurs journaux, avouant leurs projets et parlant hautement du rétablissement de la royauté; au contraire, les patriotes abattus, consternés, s'attendaient d'un jour à l'autre au renversement de la république, et se voyaient, dans un avenir peu éloigné, l'objet de persécutions sans fin (1). Hoche eut avec Barras plusieurs conférences, dans lesquelles il lui offrit et lui-même et son armée, et ils convinrent que l'on profiterait de l'approche des troupes de l'armée de Sambre-et-Meuse, pour sauver la république.

Le 18 juillet, on apprit que presque tout le ministère était congédié et que Hoche remplaçait Petiet à la guerre. Cette nouvelle commençait à alarmer les royalistes qui pressentaient dans cette mesure une menace, lorsque le 20 juillet, Aubry, un des commissaires chargés de veiller à la sûreté du conseil des Cinq-Cents, monta à la tribune et déclara que, contrairement à la constitution qui défendait de faire entrer des troupes dans un rayon de douze lieues tracé autour de la commune où se tenait le corps législatif, une division venant de l'armée de Sambre-et-Meuse devait, le 31 juillet et les jours suivants, arriver avec une partie de l'état-major à la Ferté-Aleps, petite ville distante à peine de sept à huit lieues de Paris. Les logements et les vivres y étaient déjà préparés (2).

Alors grand tumulte dans l'assemblée : la consti-

(1) Rousselin, *Vie de Hoche*. — (2) Moniteur. *Séance du conseil des Cinq-Cents.*

tution est violée; le corps législatif en danger. On envoie demander des explications au gouvernement; le gouvernement ignore la marche des troupes, le ministre de la guerre n'en a pas été non plus informé. Le conseil des Cinq-Cents n'accueille qu'avec une défiance injurieuse le message du Directoire, et Pichegru, chargé de lui présenter un rapport, propose de prendre immédiatement des mesures pour prévenir le péril, de faire tracer et marquer la limite constitutionnelle, de faire lire à la tête des corps l'article de la constitution qui punit des fers tout chef de troupes qui la dépassera. En outre, il demande qu'on organise la garde nationale pour, au besoin, repousser la force par la force (1).

Cependant le Directoire avait mandé Hoche. Sa justification était simple : il avait ordonné à la légion des Francs, à quelques compagnies d'artillerie légère, à la division de chasseurs commandée par Richepanse de se rendre à Brest. S'il n'avait pas prévenu le ministre de la guerre, c'est que dans la première expédition, n'ayant eu affaire qu'au ministre de la marine, il avait cru encore cette fois ne devoir correspondre qu'avec lui. Qu'ensuite, un commissaire des guerres ou le général Richepanse lui-même, se fussent trompés en traçant la marche des troupes, il ne pouvait être responsable de leur erreur.

(1) Moniteur.

Mais Carnot pressait Hoche de questions, lui parlait de tribunal, de jugement, de punition, et Hoche tournait sans cesse la tête vers Barras, espérant qu'il prendrait sa défense, tandis que le directeur tenait obstinément les yeux baissés sur un papier qu'il avait devant lui. La situation devenait embarrassante, lorsqu'enfin Larevellière-Lépeaux se leva.

« Je demandai à Carnot, dit-il lui-même dans ses mémoires, de quel droit il faisait subir au général un interrogatoire en forme? de quel droit il lui annonçait qu'il allait être mis en jugement? Je lui rappelai ce qu'il n'aurait pas dû oublier, qu'en sa qualité de président il n'avait, comme chaque autre membre du Directoire exécutif, qu'une volonté privée et individuelle, qu'il ne pouvait parler qu'au nom du gouvernement, qu'en vertu de délibérations prises légalement par le Directoire collectivement. Or, ajoutai-je, le Directoire n'a par aucun acte, par aucune délibération arrêté rien de semblable à ce que se permet le président, aussi je m'oppose, pour ma part, à ce que cette espèce de formalité judiciaire se continue. Puis, m'adressant à Hoche, je lui dis d'un ton ferme : « Quant à vous, général, ne prenez aucune inquiétude de ces vaines menaces; les ennemis de la liberté poursuivent avec acharnement les généraux comme les magistrats qui la défendent; mais ils doivent être parfaitement assurés les uns et les autres, que s'ils ont des ennemis qui les attaquent ici, ils ont des amis qui les défendront avec énergie. Vous pouvez entre autres compter sur moi tant que je respirerai et que vous serez un des défenseurs de la liberté. Je ne crains pas de vous donner la même assurance, au moins au nom de la majorité des membres qui siégent dans le conseil (1). »

Hoche, abandonné par Barras, ne pouvait plus compter sur personne. Le 22, il écrivit au Directoire que son âge ne lui permettait pas d'accepter le ministère de la guerre, et il partit au-devant de ses troupes (2). Il avait été bien inspiré. Le 23, Willot monta à la tribune des Cinq-Cents et demanda si le général, que le bruit public désignait comme le nouveau ministre de la guerre, avait bien les trente ans qu'exigeait la constitution (3).

Hoche avait arrêté ses troupes, mais ne les avait pas fait rétrograder. Il les avait cantonnées sur la limite constitutionnelle et s'était établi de sa personne à Rheims. De là, il avait les yeux fixés sur Paris, prêt à y marcher au premier signal. Mais Barras, Rewbell et Larevellière étaient indécis ou n'étaient pas encore prêts. Ils ne faisaient que lasser et mécontenter les troupes par des marches et des contre-marches. Hoche, à la fin, ne voulant plus se

(1) Bergounioux. — (2) Correspondance. — (3) Moniteur.

compromettre pour des hommes qu'il devait croire sans énergie, ramena ses soldats sur le Rhin et retourna avec sa femme et sa fille, tout ce qu'il avait de plus cher, à Wetzlar, au milieu de l'armée de Sambre-et-Meuse.

Là calomnie l'y poursuivit : un jour, on disait que se sentant coupable et craignant une condamnation flétrissante, il avait pris la fuite et s'était retiré en Amérique ou en Suisse (4). Le lendemain, un membre des Cinq-Cents l'accusait de n'avoir versé dans le trésor public qu'une faible partie des sommes levées sur les pays vaincus, d'en avoir gardé une autre pour lui, et livré le reste aux officiers de son état-major qui l'avaient gaspillé (2).

Hoche qui, en Vendée, avait réprimandé vertement et failli destituer deux chefs de service parce qu'ils avaient seulement, l'un, fourni pour son usage particulier, sur la demande d'un de ses aides-de-camp, des objets tirés des magasins de l'Etat, l'autre, réparé une voiture qui lui était destinée (3); Hoche qui toute sa vie n'avait jamais eu de plus grands ennemis, des ennemis qu'il poursuivit plus activement que les fripons; Hoche qui poussait la probité jusqu'à répondre si noblement à sa femme : « Tu me recommandes de songer à la fortune de notre

---

(1) Moniteur. *Réponse de Hoche à un Américain.* — (2) Moniteur. — (3) Correspondance.

enfant ; je lui laisserai un nom sans tache, c'est tout ce que je lui dois! » Hoche, atteint dans son honneur, bondit d'indignation, et il écrivit à Dufresne :

« Vous avez osé avancer ceci : « Le général de l'armée de Sambre-et-Meuse a imposé une contribution de 3,725,000 fr.; dont 210,400 fr. seulement ont été versés dans la caisse de la trésorerie nationale, 713,600 fr. ont disparu dans les mains de l'état-major, le reste a été versé dans la caisse d'un agent particulier, sur lequel le général a donné des délégations à divers fournisseurs. »

» Je suis ce général que vous osez peindre à la tribune comme un homme qui, non-seulement a contrevenu aux lois, mais comme un fripon qui a privé ses frères d'armes de la solde qu'on leur doit.

» Avant de m'afficher, vous auriez dû éclaircir les faits : avant de compromettre tout un état-major qui combat depuis longtemps pour la république que vous commencez à servir, vous auriez dû prendre des renseignements sur ma moralité et sur celle des officiers qui composent cet état-major. Etes-vous trompé? ou trompeur? Etes-vous l'agent de la faction qui poursuit tout ce qui s'est comporté avec honneur à la tête des armées, ou seulement la dupe de quelques fripons? C'est à quoi vous répondrez sans doute.

» En attendant voici le fait : » Et il raconte dans

quel état il a trouvé l'armée, comment il l'a nourrie, vêtue, équipée aux frais des pays conquis, sans qu'il en coûtât rien au Trésor, et il ajoute :

« J'attends de votre loyauté que vous voudrez bien répondre à la présente que je fais imprimer. Si les faits avancés par vous sont vrais, je dois être poursuivi par les tribunaux ; dans le cas contraire, vous me devez une réparation publique (1). »

Non-seulement Dufresne ne se rétractait pas, mais il apportait à la tribune de nouveaux chiffres, grossissait ses accusations contre Hoche et demandait une enquête quand Jourdan qui, si longtemps avait commandé l'armée de Sambre-et-Meuse, prit la parole.

« Pendant deux ans, dit-il, j'ai commandé 150,000 hommes ; eh bien ! je n'ai jamais reçu plus de 10,000 rations par jour ; j'étais forcé de procurer le reste à l'armée sur le pays où elle vivait ; et cependant la trésorerie a constamment payé les 150,000 rations. Entre les mains de qui passaient-elles ? Entre les mains des sangsues publiques, des vampires qui dévorent la substance du peuple et dont les fortunes excessives et le luxe scandaleux attestent l'infamie (1). »

Ainsi, il pouvait se faire que le trésor eût payé à des fournisseurs la nourriture de l'armée, et que,

(1) Moniteur. *Séance du Conseil des Cinq-Cents du* 27 *avril* 1797.

cependant, le général eût été obligé, sous peine de laisser périr les troupes de besoin, de faire servir à leur entretien les contributions imposées aux pays conquis.

L'assemblée ne donna pas suite à la proposition de Dufresne.

Hoche était désormais engagé dans la lutte contre les royalistes. Champion déclaré de la république il se posa hardiment comme son défenseur.

« Amis, disait-il à ses soldats, à la fête du 10 août, je ne dois pas vous le dissimuler : vous ne devez pas encore vous dessaisir de ces armes terribles avec lesquelles vous avez tant de fois fixé la victoire. Avant de le faire, peut-être aurons-nous à assurer la tranquillité intérieure que des fanatiques et des rebelles aux lois de la république essaient de troubler (1). »

Et, en même temps, il faisait imprimer à Wetzlar toutes les pièces qui devaient le justifier, aux yeux de la France, des odieuses imputations de Dufresne. Mais arriva le 18 fructidor.

(1) Correspondance.

CHAPITRE III.

Le 18 fructidor.—Maladie de Hoche.—Sa mort. — Ses funérailles.

Les soldats, sans cesse devant l'ennemi, n'avaient pas subi l'influence qui avait si complétement changé l'esprit des citoyens. Ils étaient restés patriotes, et d'autant plus attachés à la liberté qu'ils avaient versé et versaient encore leur sang pour elle. Ils confondaient dans la même haine tous ceux qui voulaient ravir à leur pays un bien qu'ils croyaient lui avoir assuré, et ils mettaient au même rang que les Autrichiens les émigrés et tous ceux qui, au dedans, les favorisaient. Les royalistes commirent encore la faute, en choquant l'armée par leur défiance et les mesures qu'ils prenaient contre elle, d'irriter ses sentiments. C'était surtout l'armée d'Italie et son glorieux chef qu'ils attaquaient. Ils critiquaient les opérations de Bonaparte, blâmaient ses mesures, et quand, pour punir la perfidie des patriciens de Venise qui, à genoux devant lui, profitaient du moment où il leur tournait le dos pour l'attaquer, couper ses communications, piller ses convois, massacrer ses blessés, il supprimait d'un mot leur gouvernement vieilli, et trouvait dans leur territoire des compensations à offrir à l'Autriche, en échange de l'Italie qu'elle nous cédait ; quand il facilitait ainsi la paix à laquelle ses victoires contraignaient nos ennemis, les clubistes de Clichy élevaient la voix pour réclamer; ils s'étonnaient qu'un général républicain détruisît la plus ancienne république de l'Europe, et, pour cet acte, le dénonçaient à la France.

Mais en réponse à leurs déclamations arrivèrent d'Italie des adresses foudroyantes.

« Soldats, y disait Bonaparte, je sais que vous êtes profondément affectés des malheurs qui menacent la patrie, mais la patrie ne peut courir de dangers réels ; les mêmes hommes qui l'ont fait triompher de l'Europe coalisée sont là. Des montagnes nous séparent de la France, vous les franchiriez avec la rapidité de l'aigle, s'il le fallait, pour maintenir la constitution, défendre la liberté, protéger le gouvernement et les républicains... »

« A la destruction du club de Clichy, s'écriait dans

un banquet le général Lannes, encore souffrant des trois blessures qu'il avait reçues à Arcole. Les infâmes ! ils veulent encore des révolutions ! que le sang des patriotes qu'ils font assassiner retombe sur eux ! »

« Tremblez ! ajoutait la deuxième division; de l'Adige au Rhin et à la Seine il n'y a qu'un pas; tremblez ! vos iniquités sont comptées et le prix en est au bout de nos baïonnettes (1). »

Et tous, chefs et soldats, n'avaient qu'un langage, et Augereau était envoyé à Paris, et il prenait le commandement de la dix-septième division militaire, et le 18 fructidor, de très grand matin, il envahissait le Corps législatif, et Pichegru et ses amis étaient arrêtés et déportés à la Guyane.

Hoche était revenu malade à Wetzlar; la pâleur de son visage, une toux sèche qui le déchirait, un feu brûlant qui semblait lui courir dans les veines et lui faisait se demander parfois s'il n'était pas revêtu de la robe empoisonnée de Nessus, une irritation nerveuse, des oppressions de poitrine, des spasmes qui le jetaient épuisé sur un lit de souffrance, enfin tous les symptômes d'un mal que déjà, un an auparavant, il avait éprouvé à Brest, alarmaient vivement ses amis. Mais un courrier apporte la nouvelle du coup d'Etat de fructidor. Hoche se

(1) Moniteur. *Adresses de l'armée d'Italie.*

ranime, il s'élance à bas de son lit, et courant à Poussielgue, son médecin, qui entrait avec plusieurs officiers : « Docteur, s'écrie-t-il, je n'ai plus besoin de vos remèdes, voilà le meilleur ! » et il lui tend la lettre dans laquelle Barras lui annonçait l'arrestation des royalistes. Mais, presqu'au même instant, sa figure devient blême, ses traits se contractent, il se soutient à peine, un tremblement nerveux agite tout son corps, et il laisse tomber une plume qu'il tenait à la main. Hoche ne pouvait plus se dissimuler à lui-même la gravité de son mal. Le repos seul pouvait le guérir. Poussielgue le lui conseillait; il voulait que, renonçant à toute occupation, il quittât son quartier-général et se retirât à Metz. La tranquillité, le calme qu'il trouverait dans le sein de sa famille rétablirait bien vite sa santé.

Mais Hoche ne croyait pas encore la république hors de péril. Le coup d'Etat de fructidor avait dissipé les conspirateurs royalistes, mais tous n'avaient pas été arrêtés, plusieurs s'étaient échappés. S'ils en appelaient à la France, s'ils tentaient d'y rallumer la guerre civile ! Non, il ne pouvait dans un pareil moment s'éloigner de ses troupes. D'ailleurs, le gouvernement se défiant de Moreau venait de lui retirer son commandement et de le joindre à celui de Hoche. C'était une nouvelle armée à administrer. Hoche rejeta les propositions de Poussielgue : l'armée, disait-il, était son élément, le travail sa vie, l'inaction son tourment. Le forcer à vivre à Metz, loin de son quartier-général, c'était le condamner à mourir d'impatience et d'anxiété. « Il ne demandait à son médecin qu'un remède contre la fatigue! »

Poussielgue fut réduit à en venir avec lui à une sorte d'accommodement. Hoche assurerait d'abord les résultats de la révolution de fructidor, l'annoncerait aux troupes, écrirait à ses correspondants, à Paris, pour se procurer tous les renseignements qu'il désirait, et ensuite il se remettrait entre les mains de Poussielgue qui lui promettait, au bout de huit jours, de le laisser partir pour Strasbourg.

Cette espèce de traité commença par être exécuté avec assez de loyauté de part et d'autre, Poussielgue parvint même à emmener Hoche se distraire à la foire de Francfort. Le général avait assisté au spectacle et s'y était amusé, et quoiqu'il eût reçu pendant le cours de la représentation des dépêches qui avaient paru l'agiter, il n'en avait pas moins soupé avec gaîté. Déjà Poussielgue s'applaudissait, déjà il croyait voir une amélioration dans la santé de Hoche et ses forces se ranimer, lorsque l'ayant laissé seul quelques heures, Hoche en profita pour mander un empirique fameux qui lui offrit de le guérir sans le condamner au repos. C'est ce qu'il désirait. Hoche partit brusquement de Francfort et s'en retourna à

Wetzlar sans prévenir Poussielgue. Le médecin courut après lui, mais, sous différents prétextes, Hoche refusa de le recevoir. Quand enfin il put arriver jusqu'à son malade, Poussielgue le trouva pâle et défait. Hoche cependant prétendait qu'il allait mieux. Des soupçons vinrent à Poussielgue qui interrogea les domestiques et apprit ce qui s'était passé à Francfort. Sur-le-champ il alla trouver le pharmacien qui avait préparé les recettes de l'empirique, se les fit livrer, et les jugeant dangereuses, défendit de les donner au général. Hoche les exigea. Alors Poussielge, puisqu'il n'avait plus sa confiance, se retira. Mais deux jours après Hoche le fit rappeler. Quand le médecin entra dans sa chambre il était assis près d'une fenêtre, soutenu par un de ses amis, la figure livide et décomposée, ne parlant plus, respirant à peine, étouffant. Cette atroce crise passée, Hoche demanda à Poussielgue la vérité sur son état. Le médecin cherchait encore à le rassurer, mais Hoche lisant dans ses yeux lui reprocha amicalement de vouloir lui donner une espérance qu'il n'avait plus. Dès lors, acceptant son sort, il ne s'impatienta plus contre le mal.

Le calme que lui donnait la résignation amena un peu de mieux. Hoche voulut voir encore une fois ses compagnons d'armes. Les portes de sa chambre qui avaient été fermées s'ouvrirent, et les officiers-généraux, que la crainte de le perdre avait plongés, ainsi que toute l'armée, dans la douleur, accoururent joyeux espérant que le danger était passé. « Hoche les accueillit avec un visage souriant autour du lit de repos où par sa fermeté d'âme et la douce aménité de ses paroles, il leur fit croire que la faiblesse et la fatigue le retenaient plutôt que la maladie même. Il s'entretint avec eux près d'une heure, ramenant de préférence la conversation sur les affaires politiques. Il répéta à plusieurs reprises, comme s'il eût répondu à ses propres scrupules, que le coup d'Etat de fructidor était indispensable non-seulement pour sauver la république, mais pour prévenir la guerre civile. Il ajouta qu'il valait mieux pour la liberté qu'un des généraux qui commandaient en chef les armées de la république ne fût pas intervenu directement dans cette circonstance; qu'une république était bien près de sa ruine quand elle était visiblement sous l'égide d'une renommée militaire trop éclatante, qu'il fallait qu'elle fût servie et non protégée (1). »

Hoche s'oubliait dans ce dernier épanchement avec ses amis; il fallut que Poussielgue l'avertît de sa faiblesse. Il serra une dernière fois la main de ses lieutenants et se sépara d'eux.

Cette entrevue l'avait un peu fatigué, il s'assou-

(1) Bergounioux, *Vie de Hoche.*

pit; mais la nuit paraissait devoir être tranquille. Poussielgue, vers huit heures, engagea la jeune femme du général qui veillait près de lui à le laisser un instant pour prendre quelque nourriture.

A peine s'était-elle assise à une table avec son beau-frère, le général Debelle, qu'un officier resté près de Hoche entre précipitamment. Le général vient de se réveiller aux prises avec une crise terrible. On court, Hoche suffoquait. On le porte à une fenêtre; ne pouvant déjà plus parler, il remercie d'un signe de tête; mais les spasmes, mais les convulsions redoublent; malgré les soins, malgré les médicaments, la douleur torture Hoche pendant plusieurs heures; il finit par perdre connaissance, et le 19 septembre 1797, le troisième jour complémentaire de l'an v, à quatre heures du matin, il expire.

Hoche était robuste, il avait toutes les apparences d'une belle et florissante santé. On ne voulut pas voir une cause naturelle dans le coup qui l'abattait d'une manière si soudaine; des bruits de poison circulèrent; on ouvrit son corps, et des taches que l'on remarqua à l'estomac et dans les intestins semblèrent les confirmer, mais les contrariétés, les inquiétudes, les alarmes que cet homme d'une imagination si ardente, d'une sensibilité si vive, avait récemment éprouvées, la joie immense qui ensuite était venue tout d'un coup fondre sur lui, avaient suffi pour le tuer; il était mort foudroyé (1).

Le 22 septembre, le Directoire, les ministres, les grands corps de l'Etat, le peuple, l'armée réunis au Champ-de-Mars, y célébraient l'anniversaire de la fondation de la république, lorsque la fatale nouvelle y tomba inattendue : « Hoche n'est plus! » D'abord personne n'y crut : tant de jeunesse, tant de force enlevées si vite! On apprenait sa mort et on ne savait pas sa maladie! Mais le doute n'était pas possible : une lettre du général Debelle au président du Directoire, et qu'un courrier venait de lui remettre, en contenait la malheureuse certitude. La fête finit; chacun s'en retourna triste; on sentait que la France perdait un grand citoyen et la république son plus dévoué défenseur.

Le lendemain le corps législatif décréta qu'une cérémonie funèbre en l'honneur de Hoche, aurait lieu le décadi suivant, 1er octobre, au Champ-de-Mars, et le 21 du même mois dans les camps et les principales communes de la république (2).

Cependant l'armée de Sambre-et-Meuse en deuil, rendait les derniers devoirs à son jeune et bien aimé chef. C'était à Coblentz, dans le camp retranché, qu'il devait être enterré. Le 21 septembre, à midi, le convoi partit de Wetzlar. Le corps était

(1) Moniteur. *Lettre du général Debelle au Directoire.* 19 *septembre.* — Saint-Cyr, *Mémoires.* — (2) *Moniteur.*

porté sur un char couvert d'un drap noir; aux angles marchaient deux aides-de-camp, deux adjudants-généraux ; venaient ensuite les lieutenants-généraux, les officiers supérieurs et d'état-major; des détachements de tous les corps formaient l'escorte ; les troupes portaient leurs armes renversées ; des crêpes étaient suspendus aux drapeaux; les tambours voilés faisaient entendre des sons lugubres ; la musique jouait des airs funèbres; le canon tonnait; les cloches sonnaient le glas. De tous les côtés accouraient les paysans, et leur tristesse, d'accord avec la douleur des soldats, attestait que dans le vainqueur ils regrettaient l'homme plein de bonté et de commisération pour eux. A Braüenfels, le prince souverain de cette petite ville avait rangé ses troupes en bataille sur la grande place; à la tête de sa maison, il présenta les armes quand passèrent les restes de Hoche. A une demi-lieue de Weilburg, l'état-major de la division cantonnée dans le voisinage, vint à la rencontre du cortége avec le drapeau de l'armée qui se plaça en avant du char. Les magistrats, les principaux bourgeois en grand deuil, l'attendaient à la porte de leur ville, et, à la lueur des torches, ils conduisirent le corps dans une chambre mortuaire où il passa la nuit. Le lendemain on se remit en marche de bonne heure. Le gouverneur autrichien de la forteresse d'Ehrenbreistein avait été prévenu; il avait fait ranger une partie de ses troupes sur le glacis et disposé le reste en haie sur le côté droit de la route; son artillerie, sa mousqueterie saluèrent le convoi; lui-même, entouré de ses officiers, vint le recevoir aux avant-postes et le conduisit jusqu'aux bords du Rhin.

Le corps de Hoche fut accueilli de l'autre côté du fleuve par les décharges de l'artillerie des forts et des chaloupes canonnières; ensuite entouré d'enseignes à la romaine avec des inscriptions qui rappelaient, non-seulement les hauts faits du général, mais encore tous les services qu'il avait rendus à l'armée, suivi par plus de cinquante lieutenants-généraux ou officiers supérieurs qui tous s'avançaient à pied, une torche à la main, et dont plus d'un avait peine à retenir ses larmes, il traversa Coblentz et se dirigea vers le Petersberg où la plus grande partie de l'armée était rangée en bataille.

Avant de se séparer de Hoche, Lefebvre, Championnet, ses vieux amis, ses vieux compagnons de l'armée de la Moselle, lui dirent un dernier adieu, et l'armée le saluant de ses décharges, auxquelles d'Ehrenbreistein, les Autrichiens répondaient, on le descendit à côté de Marceau, dans la tombe que l'on venait d'élever à ce jeune général, enlevé comme Hoche par une mort prématurée, un an auparavant (1).

(1) Rousselin, *Vie de Hoche*.

A Paris, le 1ᵉʳ octobre, ainsi que le corps législatif l'avait décrété, on rendit à la mémoire de Hoche de nouveaux honneurs. Au milieu du Champ-de-Mars, en avant de l'autel de la Patrie, on avait élevé une pyramide sur les faces de laquelle on lisait les principales actions de la vie de Hoche. Tout autour flottaient des banderolles et se dressaient des colonnes funéraires avec des inscriptions à sa gloire.

Les troupes de la garnison avaient pris les armes et formaient l'enceinte; depuis le matin, le canon tirait de quart d'heure en quart d'heure. A midi, le cortége sortit de l'Ecole militaire et s'avança au son d'une marche funèbre; quatre vétérans portaient le buste de Hoche, qu'entouraient les généraux Hédouville, Augereau, Bernadotte et Tilly; venaient ensuite le Directoire, les ministres, les ambassadeurs des puissances amies, les membres de l'Institut et des grands corps de l'Etat, ayant tous à la main une branche de chêne.

Au milieu, à une place d'honneur, on remarquait la famille de Hoche, et surtout son vieux père que la douleur accablait et qui, parmi les sanglots ne laissait échapper que ces mots: « Mon fils, mon cher fils! je ne te verrai donc plus! »

Arrivé près de l'autel de la Patrie, le cortége s'arrêta; on déposa sur une estrade le buste de Hoche. Le président du Directoire prononça un dis cours; un des membres de l'Institut, Daunou, montant les degrés de la pyramide, fit l'éloge du général; des chœurs chantèrent des hymnes patriotiques; les troupes défilèrent; chacun des assistants déposa au pied de la pyramide sa branche de chêne, et le cortége s'en retourna (1).

Dans toutes les armées et par toute la France, des cérémonies du même genre mirent au jour le sentiment public. Mais, nulle part, les regrets que faisait naître la mort de Hoche, n'éclatèrent avec plus de vivacité que dans l'Ouest. A Segré et dans plusieurs autres communes, on éleva à Hoche des monuments, et l'un des administrateurs du département de Maine et Loire, le citoyen Bancelin, écrivit au père de Hoche que la perte qu'il venait de faire laissait dans un état voisin de l'indigence, pour lui offrir un asile dans sa maison (2).

C'était en effet à cette contrée, qu'il avait tirée des malheurs de la guerre civile et qui commençait à jouir des avantages de la paix publique, c'était à cette contrée qu'il convenait de témoigner, d'une manière toute particulière, la reconnaissance que la France devait aux services immortels du général Hoche.

(1) Moniteur. — (2) Rousselin, *Vie de Hoche*.

CHAPITRE IV.

Jugements de Soult et de Napoléon sur Hoche. — Conclusion.

« C'est une chose bien remarquable, disait Napoléon, que le nombre de grands généraux qui ont surgi tout à coup de la révolution, et presque tous de simples soldats!.... C'est qu'à cette époque tout fut donné au concours parmi trente millions d'hommes; et la nature doit prendre ses droits (1)..... »

A la tête de ces hommes distingués, il faut placer le général Hoche. Sorti des plus humbles rangs, il s'éleva non-seulement par son courage et son mérite guerrier, mais encore par son intelligence qui, se pliant aux tâches les plus diverses, ne se montra inférieure à aucune. Organisateur aux armées de la Moselle et de l'Ouest, politique en Vendée et en Bretagne, marin à Brest, administrateur à l'armée de Sambre-et-Meuse, guerrier dans le Palatinat, à

(1) Mémorial.

Quiberon et au-delà du Rhin, son esprit se développe, s'étend, s'élève et paraît l'égal de toutes les circonstances, lorsque la mort le saisit. Voici comment un homme qui l'a bien connu aux armées de la Moselle et du Rhin, le maréchal Soult, parle de lui dans ses mémoires:

« Le général Hoche possédait les qualités qui constituent le grand capitaine, et il les faisait ressortir par les dons extérieurs les plus séduisants. Son front noble et majestueux, sa physionomie ouverte et prévenante attiraient la confiance, à première vue, comme sur le champ de bataille, toute son attitude commandait l'admiration. Un coup d'œil prompt et sûr, un caractère entreprenant qu'aucune difficulté n'était capable d'arrêter, des sentiments très-élevés et en même temps une très grande bonté, une sollicitude constante pour le soldat, il n'en fallait pas tant pour que l'armée aimât en lui un chef qui avait toujours été heureux, et qui avait la gloire d'avoir pacifié la Vendée (1). »

Napoléon aussi, à Sainte-Hélène, dans cette imposante revue qu'à distance, dégagé désormais de presque tout intérêt, toute passion, il fait des choses de son temps, lui, le plus grand des acteurs qui y eussent pris part, et, qu'avec une souveraine autorité il marque les rangs à ses contemporains, et pro-

(1) Soult, *Mémoires*.

nonce sur chacun d'eux les arrêts de l'histoire, Napoléon aussi a parlé de Hoche.

« Le général Hoche, dit-il à propos de la guerre de la Vendée, le général Hoche justifia, par sa conduite dans cette malheureuse circonstance, l'estime de tous les partis. Ce fut une des plus belles réputations militaires de la révolution..... Hoche était un véritable homme de guerre (1)..... »

Et à l'occasion de l'expédition d'Irlande : « Hoche fut un des premiers généraux que la France ait produits. Il était brave, intelligent, plein de talents, de résolution et de pénétration. Il était en outre ambitieux. Si Hoche eût débarqué en Irlande, selon son dire, il aurait sans doute réussi dans ses projets, parce qu'il possédait toutes les qualités nécessaires pour en assurer le succès. Il était accoutumé à la guerre civile, et savait comment s'y prendre pour la faire avec avantage; il avait pacifié la Vendée et aurait dirigé les Irlandais avec intelligence, s'il eût été à leur tête. Belle figure et beaucoup de talents! il était entreprenant (2)..... »

Un jour un de ses compagnons d'exil disait devant lui que Hoche était bien jeune, mais qu'il donnait beaucoup d'espérances : « C'est bien mieux que cela, reprit Napoléon, dites qu'il les avait déjà beau-

(1) *Mémoires de Napoléon*, écrits par Gourgaud et Montholon, t. VI. — (1) *Mémoires de Napoléon*, O'Méara.

coup remplies! » Et sentant qu'il eût pu trouver dans Hoche un rival, Napoléon cherchait par quoi il était supérieur au général de l'armée de Sambre-et-Meuse. Il n'avait vu Hoche qu'une ou deux fois, et il se flattait, peut-être à tort, de l'emporter sur lui par une profonde instruction et les principes d'une éducation distinguée. Il faisait entrer en compte jusqu'à l'admiration que Hoche avait pour lui, il ajoutait que ce général n'avait que des créatures, tandis que lui s'était fait un parti; que Hoche était impatient et ne savait pas attendre le moment, lorsque lui, au contraire, ne prenait conseil que des circonstances; enfin, se fondant sur l'amour de Hoche pour les plaisirs, il finissait en disant : « Il se serait rangé ou je l'aurais écrasé (1) ! »

Que serait-il arrivé, en effet, si Hoche eût vécu? si Bonaparte voulant le pouvoir et marchant pour le prendre, eût trouvé devant lui Hoche prêt à le défendre ? si ces deux hommes égaux alors en réputation, et peut-être en génie, se fussent heurtés? N'eût-on pas vu se renouveler entr'eux la lutte fratricide de César et de Pompée et la France déchirée par la guerre civile?

Mieux vaut alors que la Patrie ait suivi ses destinées, que Hoche descendant dans la tombe, ait laissé le champ libre à Bonaparte, et que, maître de la

(1) Mémorial.

France, Napoléon aspirant à l'être du monde, l'ait promenée pendant quinze ans, de l'ouest à l'est, du midi au nord.

Cependant, en songeant à la variété infinie des changements auxquels le plus petit dérangement dans les combinaisons humaines peut donner lieu, il ne semble pas invraisemblable de penser que l'ambition de Bonaparte se déversant sur l'Asie, Hoche, resté seul, eût pris en main les affaires de la France, qu'il l'eût réorganisée, réédifiée, rassise sur la base où elle chancelait depuis la révolution, qu'il l'eût présentée forte à ses ennemis, qu'il eût imposé à l'Europe ou que, si elle eût persisté à nous faire la guerre, il l'eût vaincue, mais que préservé par sa modération et son équité naturelle contre l'entraînement du succès, il n'eût pas compromis les fruits de la victoire, que s'il n'eût pas au dehors élevé la France jusqu'aux splendeurs de l'Empire, du moins il l'eût maintenue à la hauteur où l'avait portée la république et, qu'au dedans, non-seulement il nous eût assuré l'égalité, cette première conquête de la révolution, mais encore qu'il nous eût fait jouir d'une liberté à laquelle soixante ans de révolutions successives ont tant enlevé de son prestige, et que désormais il semble si difficile de naturaliser dans notre beau mais trop mobile pays !

TABLE.

Préface 1

PREMIÈRE PARTIE.
Dunkerque. — Landau. — 1793.

Chap. I. — Jeunesse de Hoche. — Ses commencements. 3
Chap. II. — La révolution. — Première campagne.... 8
Chap. III. — Siége de Dunkerque..................... 20
Chap. IV. — Hoche à l'armée de la Moselle.......... 26
Chap. V. — Landau. — Les Vosges. — Attaque de Kayserslautern 34
Chap. VI. — Nouveau plan. — Bataille de Werdt. — Reprise des lignes de Wissembourg. — Déblocus de Landau 39
Chap. VII. — Rivalité des représentants en mission. — Pichegru passe pour le vainqueur de Wissembourg. — Réclamation de Hoche. — Haine de Saint-Just... 49
Chap. VIII. — Mariage de Hoche. — Il est envoyé à l'armée d'Italie. — Son arrestation................. 57
Chap. IX. — Hoche à la Conciergerie. — Le 9 thermidor. 66

DEUXIÈME PARTIE.

Hoche dans l'Ouest. — 1794. — 1795. — 1796.

Chap. I. — Insurrection des départements de l'Ouest. — La chouannerie. — Puisaye..................... 73

Chap. II. — Hoche réorganise l'armée de Cherbourg. — On ajoute à son commandement le commandement de l'armée de Brest............................. 83

Chap. III. — Amnistie. — Cormatin. — Traité de la Mabilais. — Dénonciations contre Hoche. — On lui retire le commandement de l'armée de Cherbourg .. 98

Chap. IV. — Puisaye à Londres. — Préparatifs d'expédition. — Insolence des chouans après le traité de la Mabilais. — Arrestation de Cormatin. — Proclamation de Hoche. — Débarquement des émigrés à Carnac. 126

Chap. V. — Les Emigrés. — Quiberon. — Sombreuil. — La capitulation................................ 140

Chap. VI. — Hoche remplace Canclaux à l'armée de l'Ouest. — La Vendée. — Charette. — Stofflet. — L'abbé Bernier. — Le comte d'Artois à l'Ile-Dieu. — Espérances des royalistes. — Retour du prince en Angleterre. — Hoche se rend à Paris............. 219

Chap. VII. — Hoche à Paris. — Les salons. — Le Directoire. — Arrêté du 28 décembre 1795........... 246

Chap. VIII. — Retour de Hoche. — Ses instructions à ses lieutenants. — Exécution de l'arrêté du Directoire. — Plaintes. — Dubayet quitte le ministère de la guerre. — Hoche découragé................... 250

Chap. IX. — Mort de Stofflet et de Charette. — Soumission de la Vendée.............................. 265

Chap. X. Etat de la chouannerie. — Les troupes de la Vendée passent la Loire. — Hoche vient en aide au général Leveneur. — Soumission de tous les départements insurgés dans l'Ouest.................. 305

Chap. XI. Expédition d'Irlande. — Hoche, à Dunkerque, pense déjà à envahir l'Angleterre. — L'Ouest soumis, il revient à ce projet. — Difficultés. — Truguet. — Villaret-Joyeuse. — Hoche manque d'être assassiné. — L'expédition met à la voile............... 321

Chap. XII. — Départ. — Tempête. — Hoche séparé de la flotte. — Hésitation de Grouchy dans la baie de Bantry. — Retour des vaisseaux à Brest. — Hoche débarque à Rochefort. — Il est nommé général en chef de l'armée de Sambre-et-Meuse............... 339

TROISIÈME PARTIE.

L'armée de Sambre-et-Meuse. — 1797.

Chap. I. — L'armée de Sambre-et-Meuse. — Sa réorganisation. — Passage du Rhin. — Bataille de Neuwied. — Hoche arrive sur le Mein. — Préliminaires de Léoben... 345

Chap. II. — Hoche à Paris. — Situation de la république. — Hoche s'entend avec Barras. — Il est nommé ministre de la guerre. — Richepanse entre dans le rayon constitutionnel. — Accusations contre Hoche. — Il quitte Paris et retourne au quartier-général de l'armée de Sambre-et-Meuse..................... 362

Chap. III. Le 18 fructidor. — Maladie de Hoche. — Sa mort. — Ses funérailles......................... 373

Chap. IV. — Jugements de Soult et de Napoléon sur Hoche. — Conclusion............................ 392

EN VENTE OU SOUS PRESSE :

Les Guerres de la Vendée. — L'armée de Sambre-et-Meuse. — Kléber et Marceau. — Lazare Hoche.

Angers, imp. de Cosnier et Lachèse, chaussée St-Pierre, 13.

www.ingramcontent.com/pod-product-compliance
Lightning Source LLC
Chambersburg PA
CBHW071908230426
43671CB00010B/1523